政治文化与政治文明书系

主 编：高 建 马德普

行政文化与政府治理系列

执行主编：吴春华

国家重点研发计划资助项目
"行政许可流程优化的方法与技术规范"
（2017YFF0207702）

国家社会科学基金重大项目
"中国政府职责体系建设研究"
（17ZDA101）

国家社会科学基金项目
"行政审批事项转移与行业协会承接的衔接机制研究"
（15BZ2076）

马克思主义理论研究和建设工程重大项目
"关于平等的若干重大理论和现实问题研究"
（2016M2D008）

政治文化与政治文明书系

行政文化与政府治理系列

贵州贵安新区
行政审批制度改革创新研究

Research on the Reform and Innovation of the
Administrative Approval System
of Guian New Area Guizhou

宋林霖　朱光磊 ◎主编

天津出版传媒集团

天津人民出版社

图书在版编目(ＣＩＰ)数据

贵州贵安新区行政审批制度改革创新研究 / 宋林霖,朱光磊主编. -- 天津:天津人民出版社,2019.10

(政治文化与政治文明书系. 行政文化与政府治理系列)

ISBN 978-7-201-15441-1

Ⅰ.①贵… Ⅱ.①宋… ②朱… Ⅲ.①地方政府—行政管理—政治体制改革—研究—贵州 Ⅳ.①D625.73

中国版本图书馆 CIP 数据核字(2019)第 219814 号

贵州贵安新区行政审批制度改革创新研究
GUIZHOU GUIAN XINQU XINGZHENG SHENPI ZHIDU GAIGE CHUANGXIN YANJIU

出　　版	天津人民出版社
出 版 人	刘　庆
地　　址	天津市和平区西康路35号康岳大厦
邮政编码	300051
邮购电话	(022)23332469
网　　址	http://www.tjrmcbs.com
电子信箱	reader@tjrmcbs.com
策划编辑	王　康
责任编辑	郑　玥
特约编辑	王　倩
装帧设计	卢炀炀
印　　刷	北京虎彩文化传播有限公司
经　　销	新华书店
开　　本	710毫米×1000毫米　1/16
印　　张	17.25
插　　页	2
字　　数	200千字
版次印次	2019年10月第1版　2019年10月第1次印刷
定　　价	68.00元

政治文化与政治文明书系

天津师范大学政治文化与政治文明建设研究院·天津人民出版社

编 委 会

前　言

党的十八大以来,在以习近平同志为核心的党中央坚强领导下,贵州贵安新区以敢于啃硬骨头、敢于涉险滩的担当和勇气,坚决破除各方面体制机制弊端,全面贯彻落实党的十八大和十八届三中、四中、五中、六中全会精神,特别是在党的十九大胜利召开之后,深入学习贯彻习近平新时代中国特色社会主义思想和党的十九大精神,坚定改革方向,牢固树立"政治意识、大局意识、核心意识、看齐意识",深入贯彻习近平总书记对贵安新区工作"高端化、绿色化、集约化"的重要要求,统筹推进"五位一体"总体布局,协调推进"四个全面"战略布局,牢固树立"创新、协调、绿色、开放、共享"五大发展理念,围绕"转变政府职能,深化简政放权,创新监管方式,增强政府公信力和执行力,建设人民满意的服务型政府",推进简政放权、放管结合、优化服务,瞄着行政审批改革的前沿,打造一流营商发展环境,不断提高行政审批服务效率和服务供给水平,开展相对集中行政许可权改革、大数据审批平台建设,形成了行政审批"一章审批、一网审管、一单规范"和政务服务"一号申请、一窗受理、一网通办"的改革新路。"审批服务六个一"新模式的探索与实践,开创了行政审批和政务服务3.0时代,贡献了一大批行政审批制度改革的制度成果和实践成果。贵州贵安新区行政审批制度改革创新有以下五个较为突出的特点:

(1)领导高度重视,改革有动力。习近平总书记、李克强总理对贵安新区的重要指示,为贵安新区创新发展指明了方向和路径,并对贵安新区的行政审批制度改革寄予了殷切期望。2015年6月17日,习近平总书记视察贵安新区时指出,"中央提出把贵安新区建设成为西部地区重要经济增长极、内陆开放型经济新高地、生态文明示范区,定位和期望值都很高,务必精心谋划、精心打造。新区的规划和建设,一定要高端化、绿色化、集约化,不能降格以求"。2015年2月14日,李克强总理视察贵安新区时指出,"贵安新区预示着贵州的未来。不远的将来,这里一定会是一座超乎想象的现代化园林城市。贵安新区要有新模式、新体制,着力转变政府职能,简政放权、放管结合、优化服务,充分激发市场活力和创新动力,把贵安新区建设成为国家新型城镇化综合示范区和现代化新兴城市"。贵州省委、省政府更是举全省之力加快建设贵安新区,要求建设成为全国极具特色的一流城市新区,提出了一年有框架、两年有效果、三年有形象、五年大发展"三有一大"的阶段性发展目标,并赋予了"建设五大新发展理念先行示范区"的重任。

(2)干部积极参与,改革有活力。随着国家级新区贵安的批复设立,贵州全省规模最大、最集中的板房办公区也随之矗立在黔中大地上。5万余平方米、容纳近2000人的贵安新区临时行政中心成为贵安新区发展进程中的一道亮丽风景线。为方便企业和群众办事,贵安新区行政审批局和政务服务中心坐落在板房办公区的临街位置,我们团队调研过全国比较典型的百余家行政服务中心,贵安新区的审批局和政务中心是全国唯一在板房中诞生和办公的行政服务机构。以朱麟局长为首的贵安审批人干在板房、吃在板房、住在板房,充分发挥5+2、白加黑的吃苦耐劳精神,没有周末休息的概念,24小时甚至48小时连轴转成为一种常态,正是这种只争朝夕、夜以继日的艰苦奋斗精神,创造了贵安新区行政审批制度改革创新的奇迹!

(3)顶层设计科学,改革可持续。贵安新区成立以来,中央赋予贵安新区创建国家大数据产业发展集聚区、国家绿色数据中心、国家双创示范基地,开展国家服务贸易创新发展试点、国家相对集中行政许可权试点、国家新型城镇化试点、国家海绵城市建设试点、国家美丽乡村标准化建设试点、国家行政执法三项制度改革试点、国家绿色金融改革创新试验区等十大试点试验示范任务,明确了贵安新区规划建设和创新发展的具体方向和路径,赋予了系列先行先试支持政策。贵安新区的改革从一开始就有生态、绿色、高科技的前沿基因,站位高,发展快。

(4)制度机制完善,改革有新意。2013年1月31日,贵州省委、省政府印发实施《贵安新区管理体制方案》(黔委厅字〔2013〕31号),从顶层设计上明确了贵安新区"统分结合"的创新管理体制。"统",即成立由贵州省政府主要领导担任组长,省委、省政府有关领导担任副组长的贵安新区规划建设领导小组,负责决定贵安新区规划建设的重大方针政策,统筹协调解决规划建设中的重大问题。"分",即贵安新区管委会作为贵州省政府派出机构,行使设区的市一级经济社会事务管理职权,全面管理贵安新区直管区经济社会各项事务,统筹协调新区规划建设工作;贵阳市、安顺市承担贵安新区非直管区所辖区域的具体开发建设事宜。大部门制度、社会管理精细化、公共服务均等化和城乡发展一体化等方面建立了先行先试的创新机制,体现了制度后发的绝对优势。根据贵安新区建设发展需要,坚持能放则放、能减则减、能快则快,从强化经济发展自主权、对外开放自主权、生态保护自主权等方面向贵安新区下放省级管理权限,全力支持贵安新区构建"新区事新区办"的体制政策环境,贵安新区已有效承接68项行政许可权。

(5)公众获得感强,改革有效力。根据贵安新区行政审批局的数字显示,截至2016年2月17日,共有332家企业在贵安新区注册设立,其中外资企业4家,注册资本金累计达763亿元人民币和4.9亿美元。同时,有80余家企业办理注册资本金增资业务,累计办理企业设立、变更业务1200余项。

宏伟蓝图催奋进,未来征程再扬帆!战略决定方向,思路决定出路,播种决定收获。回首走过的三年,贵安新区践行了先进的"贵安理念",创造了快进的"贵安速度",树立了崭新的"贵安形象",探索了高效的"贵安模式",塑造了昂扬的"贵安精神"。站在发展的新起点,放眼更加广阔的未来,贵安新区信心百倍、充满期待。习近平总书记在党的十九大报告中提出,"中国特色社会主义进入新时代，我国社会主要矛盾已经转化为人民日益增长的美好生活需要和不平衡不充分的发展之间的矛盾"。为适应我国经济社会发展的新矛盾，随着全面深化改革的不断推进，行政审批制度改革必将进一步深化。在继续推进简政放权、加强监管创新、优化政府服务等方面，仍有旧问题与新矛盾需要解决。期望贵安新区的实践探索能够成为创新政府治理体系的重要经验，期望本书对这一改革实践的介绍和总结能够有助于这些问题的探讨和解决，为新时代的政府治道变革贡献贵安智慧！

贵安新区行政审批制度改革创新，一直在路上！

目　录

第一章　贵州贵安新区行政审批制度改革历程

第一节　全国深化行政审批制度改革的探索

行政审批权是指各级政府依法组织和管理公共事务的一项重要公权力,它的科学配置和正当行使,事关政府管理的有效性、廉洁性和合法性。行政审批是计划体制的产物,改革和完善行政审批制度,不仅是世界许多国家和地区行政改革的重要课题,也是中国深化行政管理体制改革,改变政府职能、创新管理方式、规范权力运行、提高行政效能的重要内容。在我国现阶段,审批事项多分散在不同的职能部门,对老百姓、投资者来说,不啻是个"暗箱",各部门利益牵连,审批不公开、不透明,审批效率低、速度慢,已经成为制约国家发展的桎梏。当前我国深化经济体制改革的核心问题是改革政府和市场的关系,如何释放市场主体活力,尽可能缩小政府对市场干预的范围,这是改革的总体方向。行政审批制度改革指向建设一个"小政府、大社会"的目标,这是一个还权于社会、还权于市场、还权于企业、还权于民众的过程。行政审批制度改革,是进一步转变政府职能、巩固政府机构改革成果,逐步建立和完善社会主义市场经济体制和现代行政管理体制的一项重要改革;是整顿、规范市场经济秩序,促进经济发展而作出的一项重大决策;是突破影响生产力发展的体制性障碍,为国民经济和社会发展提供强大动力和体制保障的一项重要措施;也是从源头上预防和治理权力腐败的一项重要举措。

中央对于行政审批制度改革非常重视,2001年9月24日,国务院办公厅下发《关于成立国务院行政审批制度改革工作领导小组的通知》(国办发〔2001〕71号),成立国务院行政审批制度改革工作领导小组,将办公室设在监察部,国务院领导同志担任领导小组组长,积极、稳妥地推进行政审批制度改革,标志着行政审批制度改革工作全面启动。同年10月9日,中华人民共和国监察部、中华人民共和国国务院法制办公室、中华人民共和国国家经济体制改革委员会、中央机构编制委员会办公室提交《关于行政审批制度改革工作的实施意见》。10月18日,国务院下发《国务院批转关于行政审批制度改革工作实施意见的通知》(国发〔2001〕33号)。2002年4月,国务院行政审批制度改革工作领导小组办公室下发了《关于对建立与社会主义市场经济体制相适应的审批制度进行课题研究的实施方案》,确定了15个大中城市率先开展行政审批制度改革课题研究,此后又组织了国务院各部门开展这项工作。各地区、各部门领导高度重视,承担课题研究的15个大中城市和一些国务院部门专门成立了课题研究小组,认真组织开展研究,结合实际,突出重点,增强针对性和有效性。一些地方和部门还聘请专家学者参与研究,多方协作,集思广益,提高研究质量。

党的十六大以后,国务院进一步充实和加强了领导小组及其办公室建设。2003年9月18日,国务院行政审批制度改革工作领导小组办公室下发《关于进一步推进省级政府行政审批制度改革的意见》。9月19日,国务院办公厅转发国务院行政审批制度改革工作领导小组办公室《关于进一步推进省级政府行政审批制度改革意见》的通知。2004年7月1日,以中华人民共和国主席令第七号颁布出台了《中华人民共和国行政许可法》,在顶层设计的意义上为行政审批制度改革提供了法律依据。

党的十七大以来,为适应国务院机构改革的需要,取消了原国务院行政审批制度改革工作领导小组,成立了由中华人民共和国监察部牵头、中央机构编制委员会办公室和中华人民共和国国家发展和改革委员会等12个部门组成的行政审批制度改革工作部际联席会议,负责继续深入推进行政审批制度改革。与此同时,各地区和国务院各部门都建立了改革工作领导机构,形成了党委、政府统一领导,办事机构组织协调,有关部门各负其责,集中各方面智慧和力量推进改革的工作格局。在取消、调整行政审批项目的同时,对国务院部门拟新设的行政审批项目进行了严格把关。党的十七大以来,联席会议办公室先后对四十多部法律、行政法规起草修订过程中涉及的六十多项拟新设或调整的行政审批项目,提出了明确的审核意见。一些地方也加强了对拟新设行政审批项目的审核把关,严格遵循法定程序,确保于法有据。目前已初步建立了比较完善的新设行政审批项目审查论证机制。

为指导和规范行政审批制度改革工作,2008年,中华人民共和国监察部、中央机构编制委员会办公室、中华人民共和国国家发展和改革委员会、中华人民共和国工业和信息化部、中华人民共和国民政部、中华人民共和国财政部、中华人民共和国农业部、中华人民共和国商务部、中国人民银行、中华人民共和国国家工商行政管理总局、中华人民共和国国家质量监督检验检疫总局、国务院法制办公室提交《关于深入推进行政审批制度改革的意见》。10月17日,国务院办公厅转发监察部等部门《关于深入推进行政审批制度改革意见的通知》(国办发〔2008〕115号)。中央先后制定了《关于行政审批制度改革工作的实施意见》《关于贯彻行政审批制度改革的五项原则需要把握的几个问题》《关于进一步深化行政审批制度改革的意见》等四十多个政策规定和相关文件,明确了改革的指导原则、基本思路、工作目标和方法步骤,使改革工作有章可循。据统计,全国已建立行政审批配套制度八千余项。目前,以行政许可法为核心,有关法律、法规、规章相配套的行政审批法规制度体系已基本建立。

一些地方引入现代企业优化业务流程理念和方法,对政府部门原有的审批流程进行全面梳理,实现了审批层次、环节的大幅度精简,提高了审批效能。积极推广网上审批,解决传统审批模式信息不透明、流程烦琐、时间过长等问题。天津、河北、湖北、重庆等地对保留的行政审批项目编制了目录,推动行政审批公开、透明,防止"暗箱操作"。北京、江苏、浙江、安徽等地积极推进"两集中、两到位"相对集中行政许可权改革。目前各地已建立政务服务中心2800多个,省(区、市)、县、乡联动的政务服务体系基本形成。

此外,各级纪检监察机关及其派驻机构还加强了对审批权力的监督,对违法设立审批等违纪违法行为,坚持发现一起、严肃查处一起。目前,全国31个省(自治区、直辖市)都不同程度地开展了电子监察工作,浙江、湖南、江西、广东、广西、贵州等地实现了省(区)、市、县三级联网监察。水利部、农业部、国家税务总局、国家工商总局等部门也相继开展了电子监察工作。通过电子监察系统,基本实现了对行政审批事项的实时监控、预警纠错、绩效评估、信息服务和投诉处理等功能。

2010年6月12日,时任国务院总理温家宝主持召开国务院常务会议,会议提出深化行政审批制度改革,对于加快转变政府职能,建设服务型政府,预防腐败,具有重要意义。会上决定进一步取消和下放184项行政审批项目,其中取消行政审批项目113项,下放行政审批项目71项。会议要求各地区、各部门要加强监督检查,切实抓好落实,完善行政审批实施配套制度,促进行政审批权力规范运行。下一步要继续深化审批制度改革,按照应减必减、该放就放的原则,进一步取消和下放行政审批项目,研究清理规范非行政许可审批项目。

2011年11月14日,国务院召开深入推进行政审批制度改革工作电视电话会议。时任国务院总理温家宝出席会议并讲话,时任国务院副总理李克强主持会议。温家宝强调指出,行政审批制度改革是行政管理体制改革的重要内容,是民主政治建设的重要内容,是政府职能转变的关键环节,一定要坚定不移地继续推进,进一步破除制约经济社会发展的体制机制障碍。温家宝指出,十年来,各部门和各级政府认真贯彻落实中央的部署和要求,加快转变政府职能,全面推进依法行政,加强政府管理创新,大力加强廉政建设,不断深化行政审批制度改革,取得明显成效。市场在资源配置中的基础性作用和各级政府及其工作人员依法行政的意识明显增强,法治国家建设迈出重要步伐。温家宝指出,包括行政审批制度在内的行政管理体制改革还滞后于经济社会发展,不适应发展社会主义市场经济的要求。政府职能转变不到位,行政审批设定管理不严,监督机制还不健全。要推动我国走上科学发展的轨道,全面建设小康社会,必须继续深化改革,激发全社会的活力和创造力。要坚定不移地继续推进行政审批制度改革,推动政府职能转变取得实质性进展,推动行政管理体制改革取得实质性进展。这次会议提出未来加快行政审批制度改革的四个方面的重点工作:

(1)进一步清理、减少和调整行政审批事项,推进政府职能转变。坚持市场优先和社会自治原则,凡市场机制能够有效调节的,公民、法人及其他组织能够自主决定的,行业组织能够自律管理的,政府就不要设定行政审批;凡可以采用事后监管和间接管理方式的,就不要再搞前置审批。突出三个重点领域:一是投资领域。进一步深化投资体制改革,真正确立企业和公民个人的投资主体地位。二是社会事业领域。加大审批事项的清理、精减和调整力度,放宽限制,打破垄断,扩大开放,公平准入,鼓励竞争。三是非行政许可审批领域。清理一些部门和地方利用"红头文件"等对公民、企业和其他社会组织提出的限制性规定,没有法律法规依据、不按法定程序设定的登记、年检、监制、认定、审定以及准销证、准运证等,要一律取消。

(2)严格依法设定和实施审批事项,推进法治政府建设。行政机关设定审批事项必须于法有据,严格遵循法定程序,进行合法性、必要性、合理性审查论证;涉及人民群众切身利益的,要通过公布草案、公开听证等方式广泛听取意见。没有法律法规依据,行政机关不得设定或变相设定行政审批事项。

(3)创新行政审批服务方式,推进服务型政府建设。按照公开透明、便民高效的要求,依法进一步简化和规范审批程序,创新服务方式,优化流程,提高效能。加强政务中心建设。原则上实行一个部门、一级地方政府一个窗口对外。加强电子政务建设。进一步推进行政审批公开,实行网上公开申报、受理、咨询和办复,为群众办事提供更多便利。推行服务质量公开承诺制和亲切服务。

(4)强化对权力运行的监督制约,推进反腐倡廉建设。加快建立健全决策、执行、监督相对分离、相互制约的行政运行机制。建立健全行政审批责任制度。强化行政审批的全过程监控。建立健全相关制度,保障行政审批利益相关方的知情权、陈述权、申辩权、监督权。违法设定和实施行政审批侵害当事人合法权益的,要依法追究责任,并给予当事人合理赔偿。

温家宝强调,要加强对行政审批制度改革工作的组织领导,建立健全有利于推进改革的领导体制和工作机制,把改革工作纳入各级政府履行职责和廉政建设责任制中。

通过近年来的不懈努力,行政审批制度改革在政治、经济、社会等方面都产生了广泛的积极影响。

——加快了政府职能转变。通过深化行政审批制度改革,把政府不该管的交给企业、社会和市场,逐步理顺政府与市场、政府与社会的关系,市场配置资源的基础性作用进一步增强。各级政府在加强和改善宏观调控、强化市场监管的同时,更加注重履行社会管理和公共服务职能,促进经济社会协调发展。

——推进了依法行政。2004年7月,国务院提请全国人大常委会审议通过的《中华人民共和国行政许可法》正式实施,标志着我国行政审批制度改革和行政审批工作走上法制化、规范化轨道。各地、各部门按照国务院统一部署,全面清理、废止和修订与法律相违背和不一致的行政法规、规章、规范性文件,新制定了一系列有关行政审批的法规、规章和制度,依法规范政府的权限和履行职能的程序。

——加强了政府管理创新。坚持把推进政府管理创新作为深化行政管理体制改革的重要内容。行政审批的所有环节,凡不涉及国家秘密、商业秘密和个人隐私的,一律向社会公开,实行"阳光审批"。各地在改革中还积极探索,建立了政务中心或政务大厅,实行一个窗口对外,"一站式"服务;发展电子政务,实行网上申报、网上审批等。这些做法对于减少政府工作流程、优化政府组织结构、提高行政效能,都发挥了重要作用。

——促进了廉政建设。行政审批是行政权力最为集中的领域。建立健全有效规范行政权力运行的监督制约机制,是行政管理体制改革的重要任务,也是行政审批制度改革的重要内容。通过深化行政审批制度改革,进一步健全了行政职责体系和问责制度,遏制了滥用权力、以权谋私等违纪违法行为和腐败现象蔓延,推动了政府反腐倡廉建设。

2012年8月,时任国务院总理温家宝主持召开国务院常务会议,决定取消和调整314项部门行政审批项目,其中取消171项,这次重点对投资领域、社会事业和非行政许可审批项目,特别是涉及实体经济、小微企业发展、民间投资等方面的审批项目进行了清理。会上批准广东省在行政审批制度改革方面先行先试,此前,广东省政府也公布实施《关于加快转变政府职能深化行政审批制度改革的意见》。10月正式颁布的《国务院关于第六批取消和调整行政审批项目的决定》中明确规定:凡公民、法人或者其他组织能够自主决定,市场竞争机制能够有效调节,行业组织或者中介机构能够自律管理的事项,政府都要退出;凡可以采用事后监管和间接管理方式的事项,一律不设前置审批。

国务院十年来分六批共取消和调整了2497项行政审批项目,占原有项目总数的69.3%,这标志着我国行政审批制度改革进入深水区。在国务院部门层面取消和调整行政审批项目的同时,31个省(区、市)级政府部门近年来也取消和调整了3.7万余项审批项目,占原有总数的近七成。

党的十八大以来,行政审批制度改革在进一步加速推进。2013年8月14日,四川省人民政府办公厅首设行政审批制度改革处,这是地方行政审批制度改革机构的首次设立。2013年全国两会期间国务院总理李克强答记者问时表示,目前国务院各部门行政审批事项有1700多项,本届政府下决心要削减1/3以上。全国两会通过的国务院机构改革和职能转变方案提出,除涉及国家安全、公共安全等重大项目外,按照"谁投资、谁决策、谁收益、谁承担风险"的原则,最大限度地缩小审批、核准、备案范围,切实落实企业和个人投资自主权。抓紧修订政府核准投资项目目录。对确需审批、核准、备案的项目,要简化程序、限时办结。方案要求,对已列入国家有关规划需要审批的项目,除涉及其他地区、需要全国统筹安排或需要总量控制的项目以及需要实行国家安全审查的外资项目外,在按行政审批制度改革原则减少审批后,一律由地方政府审批。按照市场主体能够自主决定、市场机制能够有效调节、行业组织能够自律管理、行政机关采用事后监督能够解决的事项不设立审批的原则,最大限度地减少对生产经营活动和产品物品的许可,最大限度地减少对各类机构及其活动的认定等非许可审批。依法需要实施的生产经营活动审批,凡直接面向基层、量大面广或由地方实施更方便有效的,一律下放地方。

2013年3月14日,中华人民共和国第十二届全国人民代表大会第一次会议第四次全体会议表决通过了《国务院机构改革和职能转变方案》,按照《国务院机构改革和职能转变方案》,职能转变的第一项就是"减少和下放投资审批事项",可见放权在此轮改革中的重要地位。为落实《国务院机构改革和职能转变方案》,4月24日,国务院总理李克强主持召开的国务院常务会议决定,第一批先行取消和下放71项行政审批项目等事项,重点是投资、生产经营活动项目。会议指出,这是深化改革、加快职能转变的重要一步,必须精心组织实施,做好与相关法律法规的衔接,及时公布,接受各方监督。对取消审批的事项,要相应加强事中、事后监管。下一步,各部门要加强减少和下放行政审批事项工作力度,加快进度,科学评估,成熟一批推出一批。各级政府要适应职能转变新要求,把该放的事坚决放开,把该管的事管住管好,以政府职能转变的新成效为经济社会发展注入新的动力和活力。5月6日,国务院总理李克强主持召开国务院常务会议,会议决定在第一批取消和下放71项行政审批项目等事项基础上,再取消和下放62项行政审批事项,并依法依规及时公布。随后《国务院关于取消和下放一批行政审批项目等事项的决定》(国发〔2013〕19号)明确取消和下放一批行政审批项目等事项,共计117项。其中,取消行政审批项目71项,下放管理层级行政审批项目20项,取消评比达标表彰项目10项,取消行政事业性收费项目3项;取消或下放管理层级的机关内部事项和涉密事项13项(按规定另行通知)。另有16项拟取消或下放的行政审批项目是依据有关法律设立的,国务院将依照法定程序提请全国人民代表大会常务委员会修订相关法律规定。《决定》要求各地区、各部门要认真做好取消和下放管理层级行政审批项目等事项的落实和衔接工作,切实加强后续监管。要按照深化行政体制改革、加快转变政府职能的要求,继续坚定不移推进行政审批制度改革,清理行政审批等事项,加大简政放权力度。要健全监督制约机制,加强对行政审批权运行的监督,不断提高政府管理科学化、规范化水平。

2013年5月13日,国务院召开全国电视电话会议,动员部署国务院机构职能转变工作。李克强指出,转变政府职能,是在当前形势下稳增长、控通胀、防风险,保持经济持续健康发展的迫切需要和重大举措,也是经济社会发展到这一阶段的客观要求。李克强强调,行政审批制度改革是转变政府职能的突破口,是释放改革红利、打造中国经济升级版的重要一招。

一要以简政放权稳增长。市场主体是社会财富的创造者,是经济发展内生动力的源泉。要发挥市场配置资源的基础性作用,进一步打开转变政府职能这扇大门,激发市场主体发展活力和创造力,这是不花钱能办事、少花钱多办事的"良方"。要最大限度减少对生产经营活动、一般投资项目和资质资格等的许可、审批,切实防止审批事项边减边增、明减暗增。

二要以简政放权推转型。把"稳当前"和"增后劲"结合起来,加快体制、机制创新,使企业和产业在公平的市场竞争中优化升级,为转型提供"源头活水"。

三要以简政放权促就业。"稳增长、促发展"从根本上讲是为了扩大就业。要加快企业工商登记等制度改革,大力发展中小微企业和服务业,提供更广就业门路、更多就业机会。

同时,要调动中央和地方两个积极性,发挥地方政府贴近基层的优势,把由地方实施更有效的审批事项,坚决下放给地方。李克强指出,改革不仅要取消和下放权力,还要创新和改善政府管理,管住、管好该管的事。放和管两者齐头并进。要切实加强市场监管,营造公平竞争的市场环境,对食品、环境、安全生产等领域群众高度关注、反映强烈的问题,要重拳打击违法、违规行为,让不法分子付出昂贵的代价。要创新公共服务提供方式,把政府工作重点放在"保基本"上,在非基本的公共服务领域,更多发挥市场和社会组织作用。必要的行政审批也必须规范,防止滋生腐败,做到标准明确、程序严密、运作透明、制约有效、权责分明。要腾出更多精力抓大事、议长远、谋全局,增强宏观调控的针对性、有效性和权威性,坚决完成遏制产能严重过剩行业盲目扩张等硬任务。李克强指出,市场经济的本质是法治经济,行政权力必须在法律和制度的框架内运行,同时也要依法规范企业、社会组织和个人的行为。李克强最后强调,新一轮转变政府职能的大幕已经拉开。要严格落实任务和责任,对工作不力的进行问责。要把职能转变工作纳入年度考核,建立长效机制。改革要公开透明,把取消、下放和保留的行政审批事项,依法及时向社会公布,接受群众监督。

2013年6月,国务院明确行政审批制度改革工作牵头单位由监察部调整为中央编办,国务院审改办设在中央编办。《国务院关于取消和下放50项行政审批项目等事项的决定》(国发〔2013〕27号)决定再取消和下放一批行政审批项目等事项,共计50项。截至2013年10月,中央政府分三批取消和下放行政审批事项共计221项,简政放权向前迈出稳健步伐。

《国务院关于取消和下放一批行政审批项目的决定》(国发〔2013〕44号)决定再取消和下放68项行政审批项目,另建议取消和下放7项依据有关法律设立的行政审批项目,国务院将依照法定程序提请全国人民代表大会常务委员会修订相关法律规定。《国务院关于取消和调整一批行政审批项目等事项的决定》(国发〔2014〕27号)决定取消和下放45项行政审批项目,取消11项职业资格许可和认定事项,将31项工商登记前置审批事项改为后置审批。另建议取消和下放7项依据有关法律设立的行政审批事项，将5项依据有关法律设立的工商登记前置审批事项改为后置审批，国务院将依照法定程序提请全国人民代表大会常务委员会修订相关法律规定。一年多来，国务院已经先后取消和下放7批共632项行政审批等事项，约占改革前行政审批项目总数的1/3。

国务院总理李克强2014年1月8日主持召开国务院常务会议，决定推出进一步深化行政审批制度改革三项措施。

一是公开国务院各部门全部行政审批事项清单，推进进一步取消和下放，促进规范管理，接受社会监督，切实防止审批事项边减边增、明减暗增。除公开的事项外，各部门不得擅自新设行政审批事项。逐步向审批事项的"负面清单"管理迈进，做到审批清单之外的事项，均由社会主体依法自行决定。

二是清理并逐步取消各部门非行政许可审批事项。对面向公民、法人或其他组织的非行政许可审批事项原则上予以取消，确需保留的要通过法定程序调整为行政许可，其余一律废止。堵住"偏门"，消除审批管理中的"灰色地带"。今后也不得在法律法规之外设立面向社会公众的审批事项。同时要改变管理方式，加强事中事后监管，切实做到"放""管"结合。

三是在2013年分三批取消和下放行政审批事项的基础上，重点围绕生产经营领域，再取消和下放包括省际普通货物水路运输许可、基础电信和跨地区增值电信业务经营许可证备案核准、利用网络实施远程高等学历教育的网校审批、保险从业人员资格核准和会计从业资格认定等70项审批事项，使简政放权成为持续的改革行动。

随后国务院办公厅印发通知，对各部门公开行政审批事项等工作进行部署。通知指出，各部门要于近日在门户网站公开本部门目前保留的行政审批事项清单。公开内容包括：项目编码、审批部门、项目名称、设定依据、审批对象，以及收集社会各界对进一步取消和下放行政审批项目意见的具体方式等。各部门分别公开后的一定期限内，国务院审改办要在中国机构编制网公开各部门行政审批项目汇总清单。中央政府门户网站也将适时公开汇总清单。通知强调,各部门不得在公布的清单外实施其他行政审批,不得对已经取消和下放的审批项目以其他名目搞变相审批,坚决杜绝随意新设、边减边增、明减暗增等问题。对违反规定的将严肃追究相关单位和人员责任。同时,对国务院此前决定取消和下放的行政审批事项要落实到位,及时清理修改有关规章和规范性文件,切实加强事中事后监管。通知要求,各部门要按照党中央、国务院关于行政审批制度改革精神,认真收集并研究清单公开后各方面提出的意见,进一步梳理本部门目前保留的行政审批事项,对取消或下放后有利于激发市场主体创造活力、增强经济发展内生动力的行政审批事项,进一步加大取消或下放力度。要改革管理方式,向"负面清单"管理方向迈进,清单之外的事项由市场主体依法自主决定、由社会自律管理或由地方政府及其部门依法审批。

《国务院关于取消和下放一批行政审批项目的决定》(国发〔2014〕5号)决定再取消和下放64项行政审批项目和18个子项。另建议取消和下放6项依据有关法律设立的行政审批项目,国务院将依照法定程序提请全国人民代表大会常务委员会修订相关法律规定。这次取消和下放的行政审批事项有两个鲜明的特征:一是突出了生产经营这个重点领域,二是含金量有所提高。继续释放企业主体活力,使市场在资源配置中起决定性作用,就必须把行政审批制度改革的重点放在生产经营领域。这批取消和下放的行政审批事项中,涉及企业主体设立、生产许可、经营范围、资本和资产处置等与企业发展息息相关的关键环节的有48项(含子项)。相对于数量,社会各界更关心取消和下放行政审批事项的质量。在这批取消和下放的行政事项中,"含金量"比较高的有:工业与信息化部的基础电信和跨地区增值电信业务经营许可证备案核准(取消)、交通运输部的省际普通货物水路运输许可(下放)、民航局的国内通用航空企业承担境外通用航空业务审批(取消),这些事项的社会关注度比较高,申报量和审批量都比较大,取消和下放后受益面较广。

在中华人民共和国第十二届全国人民代表大会第二次会议上,李克强在政府工作报告中提出要深入推进行政体制改革。进一步简政放权,这是政府的自我革命。2014年要再取消和下放行政审批事项200项以上。深化投资审批制度改革,取消或简化前置性审批,充分落实企业投资自主权,推进投资创业便利化。确需设置的行政审批事项,要建立权力清单制度,一律向社会公开。清单之外的,一律不得实施审批。全面清理非行政审批事项。基本完成省、市、县政府机构改革,继续推进事业单位改革。在全国实施工商登记制度改革,落实认缴登记制,由先证后照改为先照后证,由企业年检制度改为年报公示制度,让市场主体不断迸发出新的活力。随后,国务院审改办于2014年3月17日在中国机构编制网公开了国务院各部门行政审批事项汇总清单。此次公开的汇总清单涵盖了60个有行政审批事项的国务院部门,各部门目前正在实施的行政审批事项共1235项。国务院审改办有关负责人表示,公开国务院各部门行政审批事项清单,是中央政府加快权力清单制度改革,大力推进职能转变的重要举措。今后,各部门将不得在公布的清单之外实施行政审批,不得对已取消和下放的审批项目以其他名目搞变相审批,坚决杜绝随意新设、边减边增、明减暗增等问题,努力做到让市场主体"法无禁止即可为",让政府部门"法无授权不可为"。汇总清单除公布行政审批事项的项目编码、审批部门、项目名称、设定依据、审批对象外,还公布了收集社会各界对进一步取消和下放行政审批项目意见的具体方式,旨在开门搞改革,广泛听取社会各方面意见,更加有针对性地深入推进行政审批制度改革,进一步推动简政放权。自党的十八大以来,党中央、国务院始终高度重视政府"自我革命",截至2014年6月,共取消下放行政审批等事项468项。

2014年11月24日,《国务院关于取消和调整一批行政审批项目等事项的决定》(国发〔2014〕50号)决定取消和下放58项行政审批项目,取消67项职业资格许可和认定事项,取消19项评比达标表彰项目,将82项工商登记前置审批事项调整或明确为后置审批。另建议取消和下放32项依据有关法律设立的行政审批和职业资格许可认定事项,将7项依据有关法律设立的工商登记前置审批事项改为后置审批,国务院将依照法定程序提请全国人民代表大会常务委员会修订相关法律规定。自2013年5月至2014年11月,国务院已先后7次取消和下放了600多项行政审批等事项。政府在大刀阔斧推进审批制度改革的同时,坚持依法行政,善于运用法治思维和法治方式推进改革。不仅取消了一些审批事项,而且在推进改革的同时,及时修改相关法规或向全国人大提请修改相关法律。

2014年2月18日,李克强在省部级主要领导干部学习贯彻党的十八届三中全会精神全面深化改革专题研讨班上指出,要"逐步建立各级政府的权力清单制度,为市场主体营造公平竞争的发展环境",并在此后多次强调"清单"思维。2014年李克强在夏季达沃斯论坛开幕式上详解了"三张清单"——政府要拿出"权力清单",明确政府该做什么,做到"法无授权不可为";给出"负面清单",明确企业不该干什么,做到"法无禁止皆可为";理出"责任清单",明确政府该怎么管市场,做到"法定责任必须为"。这进一步阐释了政府的权责边界,这"三张清单"与中国共产党第十八届中央委员会四次全体会议建设法治政府的理念一致,党的十八届四中全会决定提出了推进五个"法定化",即政府的组织、职能、权限、程序、责任的法定化。权限法定,法治政府首要的是对行政权力的规范,划定一个边界,给行政权力打造一个法律制度的笼子。责任法定,政府的责任,要通过法律的形式固定下来。从这个意义上来说,李克强提出的"三张清单",也是建设法治政府的重要途径。

国务院总理李克强2015年1月7日主持召开国务院常务会议,确定规范和改进行政审批的措施、提升政府公信力和执行力,讨论通过部分教育法律修正案草案。会议认为,针对群众反映较多的审批"沉疴",着力规范和改进行政审批行为,治理"审批难",是在不断取消和下放审批事项、解决"审批多"基础上,政府自我革命的进一步深化,是推进转变政府职能、简政放权、放管结合的关键一环,有利于提高行政效能,促进行政权力法治化,防止权力寻租,营造便利创业创新的营商环境,激发社会活力和创造力。按照依法行政、公开公正、便民高效、严格问责的原则,会议确定,一是推行"一口受理"。承担行政审批职能的部门全面实行"一个窗口"对外统一受理,申请量大的要安排专门场所,对每一个审批事项都要编制服务指南,列明申请条件、基本流程、示范文本等,不让地方、企业和群众摸不清门、跑累了腿。二是实行"限时办理"。建立受理单制度和办理时限承诺制,各部门受理申请要出具受理单,依法依规明确办结时限,不得以任何理由自行延长审批时限,防止审批事项久拖不决。探索对多部门审批事项实行一个部门牵头、其他部门协同的"一条龙"审批或并联审批,让审批提速。三是严格"规范办理"。各部门要对承担的每项审批事项制定工作细则,明确审查内容、要点和标准等,严禁擅自抬高或降低审批门槛,避免随意裁量。四是坚持"透明办理"。除涉及国家秘密、商业秘密或个人隐私外,所有审批的受理、进展、结果等信息都要公开。各部门要切实履行对申请人的告知义务,及时提供咨询服务。强化内部督查和社会监督,建立申请人评议制度。杜绝暗箱操作,给群众一个"明白"。

2015年2月,国务院印发《关于规范国务院部门行政审批行为改进行政审批有关工作的通知》(以下简称《通知》),部署深化行政审批制度改革,解决审批环节多、时间长、随意性大、公开透明度不够等问题,进一步提高政府工作效率和为人民群众服务水平。《通知》强调,要加快转变政府职能,坚持依法行政,推进简政放权、放管结合,规范行政审批行为、提高审批效率,激发市场社会活力、营造公平竞争环境,减少权力寻租空间、消除滋生腐败土壤,确保行政审批在法治轨道运行,进一步提升政府公信力和执行力,建设创新政府、廉洁政府和法治政府。《通知》提出了规范行政审批行为的六个方面具体举措。一是全面实行"一个窗口"受理,积极推行网上集中预受理和预审查,创造条件推进网上审批。二是推行受理单制度,对申请材料符合规定的要予以受理并出具受理单,对申请材料不齐全或不符合法定形式的,要一次性书面告知申请人需要补正的全部内容。三是实行办理时限承诺制,进一步压缩审批时限,提高审批效率。四是编制服务指南,列明各项相关内容,作到具体详实、一目了然。五是制定审查工作细则,严格规范行政裁量权。六是探索改进跨部门审批等工作。《通知》指出,要强化监督问责。各有关部门要主动公开本部门行政审批事项目录及有关信息,及时、准确公开行政审批的受理、进展情况和结果等,实行"阳光审批"。要依法保障申请人知情权,切实履行告知义务,及时、耐心解答申请人有关问题。要强化监督检查,建立健全内部监督机制,明确各层级监督责任,主动接受社会监督。要严格责任追究,对违反行政审批相关规定、失职渎职的经办人员和有关责任人,依法依纪严肃处理。《通知》要求,各有关部门要高度重视,把规范行政审批行为、改进行政审批工作列入重要议事日程。要建立工作机制,形成工作合力。要按照通知明确的时间节点,狠抓落实。对各有关部门落实情况,国务院将适时组织督查。

《通知》的出台意味着,审改已从近两年着力取消下放审批事项,解决"审批多"的"数量"控制目标,走向依法规制审批行为、限定审批自由裁量边界的"质量"控制目标,昭示着这场"自我革命"正在进入触及行政审批行为及其权力行使方式的纵深阶段。

2014年,国务院各部门分3批取消下放行政审批事项247项,完成了2014年政府工作报告提出的再取消和下放行政审批事项200项以上的任务。截至2014年年底,国务院共取消下放部门审批事项538项,初步实现了该届政府任期内国务院部门行政审批事项削减1/3以上的目标。非行政许可审批事项已取消205项,还剩248项,2015年完成工作目标。

《国务院关于取消和调整一批行政审批项目等事项的决定》(国发〔2015〕11号)决定,再取消和下放90项行政审批项目,取消67项职业资格许可和认定事项,取消10项评比达标表彰项目,将21项工商登记前置审批事项改为后置审批,保留34项工商登记前置审批事项。同时,建议取消和下放18项依据有关法律设立的行政审批和职业资格许可认定事项,将5项依据有关法律设立的工商登记前置审批事项改为后置审批，国务院将依照法定程序提请全国人民代表大会常务委员会修订相关法律规定。

2015年4月27日《国务院办公厅关于清理规范国务院部门行政审批中介服务的通知》（国办发〔2015〕31号）提出，近年来，行政审批中介服务在促进政府部门依法履职、为企业和群众提供专业技术服务等方面发挥了重要作用，但同时存在着环节多、耗时长、收费乱、垄断性强等问题，一些从事中介服务的机构与政府部门存在利益关联，在一定程度上消解了行政审批制度改革的成效，加重了企业和群众负担，扰乱了市场秩序，甚至成为腐败滋生的土壤。为进一步深化行政审批制度改革，促进中介服务市场健康发展，国务院部门开展行政审批时，要求申请人委托企业、事业单位、社会组织等机构（以下统称中介服务机构）开展的作为行政审批受理条件的有偿服务（以下称中介服务），包括各类技术审查、论证、评估、评价、检验、检测、鉴证、鉴定、证明、咨询、试验等。清理规范的措施如下：

（1）清理中介服务事项。对国务院部门行政审批涉及的中介服务事项进行全面清理。除法律、行政法规、国务院决定和部门规章按照行政许可法有关行政许可条件要求规定的中介服务事项外，审批部门不得以任何形式要求申请人委托中介服务机构开展服务，也不得要求申请人提供相关中介服务材料。审批部门能够通过征求相关部门意见、加强事中事后监管解决以及申请人可按要求自行完成的事项，一律不得设定中介服务。现有或已取消的行政审批事项，一律不得转为中介服务。严禁将一项中介服务拆分为多个环节。依照规定应由审批部门委托相关机构为其审批提供的技术性服务，纳入行政审批程序，一律由审批部门委托开展，不得增加或变相增加申请人的义务。

（2）破除中介服务垄断。放宽中介服务机构准入条件，除法律、行政法规、国务院决定明确规定的资质资格许可外，其他各类中介服务机构资质资格审批一律取消。各部门设定的区域性、行业性或部门间中介服务机构执业限制一律取消。进一步放开中介服务市场，严禁通过限额管理控制中介服务机构数量,各部门现有的限额管理规定一律取消。

(3)切断中介服务利益关联。审批部门所属事业单位、主管的社会组织及其举办的企业,不得开展与本部门行政审批相关的中介服务,需要开展的应转企改制或与主管部门脱钩。对专业性强、市场暂时无力承接,短期内仍需由审批部门所属(主管)单位开展的中介服务,审批部门必须明确过渡期限,提出改革方案,由国务院审改办组织专家论证后按程序报批。审批部门不得以任何形式指定中介服务机构,对各类中介服务机构提供的服务应同等对待;对申请人已委托中介服务机构开展的服务事项,不得再委托同一机构开展该事项的技术性审查。行业协会商会类中介服务机构一律与审批部门脱钩,平等参与中介服务市场竞争。政府机关工作人员一律不得在中介服务机构兼职(任职),政府机关离退休人员在中介服务机构兼职(任职)的,必须符合国家有关规定且不得领取报酬。

(4)规范中介服务收费。对于市场发育成熟、价格形成机制健全、竞争充分规范的中介服务事项,一律通过市场调节价格;对于垄断性较强,短期内无法形成充分竞争的,实行政府定价管理,同时深入推进中介服务收费改革,最大限度地缩小政府定价范围。事业单位提供中介服务的,纳入行政事业性收费管理。审批部门在审批过程中委托开展的技术性服务活动,必须通过竞争方式选择服务机构,服务费用一律由审批部门支付并纳入部门预算。严禁通过分解收费项目、重复收取费用、扩大收费范围、减少服务内容等变相提高收费标准,严禁相互串通、操纵中介服务市场价格。

(5)实行中介服务清单管理。对清理规范后保留为行政审批受理条件的中介服务事项,实行清单管理,明确项目名称、设置依据、服务时限,其中实行政府定价或作为行政事业性收费管理的项目,同时明确收费依据和收费标准。国务院审改办会同国家发改委、民政部、财政部、国务院法制办等有关部门对审批部门提出拟保留的中介服务事项进行研究论证,在听取各方面意见、组织专家评估的基础上,编制中介服务事项清单并向社会公布,接受社会监督。凡未纳入清单的中介服务事项，一律不得再作为行政审批的受理条件。今后确需新设的，必须进行必要性、合理性、合法性审查论证，依照法定程序设定并纳入清单管理。各审批部门要在本部门网站将中介服务事项及相关信息与行政审批事项一并向社会公开。

（6）加强中介服务监管。各行业主管部门要制定完善中介服务的规范和标准，指导监督本行业中介服务机构建立服务承诺、限时办结、执业公示、一次性告知、执业记录等制度，细化服务项目、优化服务流程、提高服务质量。规范中介服务机构及从业人员执业行为。建立惩戒和淘汰机制，严格查处违规收费、出具虚假证明或报告、谋取不正当利益、扰乱市场秩序等违法违规行为。完善中介服务机构信用体系和考核评价机制，相关信用状况和考评结果定期向社会公示。

行政审批中介服务是指政府部门在审批过程中，要求企业等申请人委托中介服务机构开展的作为政府部门审批必要条件的有偿服务。企业要通过审批就必须委托中介服务机构来给它提供这些材料。现在存在的问题主要有以下五点：第一，中介服务的事项太多，申请人需要提交检验、检测、认证、认定、咨询、评估、评价等中介服务材料，种类、数量繁多。第二，中介服务时间很长，现在审批事项减少了，保留的审批事项也在不断加快进度，但企业仍需把大量的时间精力都放在中介服务这个环节上，结果办事时间仍然很长。第三，中介服务收费乱。中介服务是需要收费的，因为它要靠自己的专业水平和技术条件提供有偿服务，但是现在收费情况还不规范，整体而言费用偏高，企业负担比较重。第四，垄断现象突出。一些审批部门在企业申报项目时，要求企业必须到它指定的中介机构提供这方面的材料。否则就很难获得审批，企业没有选择余地，这就有些不公平。第五，与审批部门存在利益关联。一是部分中介机构本身就是审批部门所属的事业单位，或者主管的行业协会；二是有些审批部门有现职人员或离退休人员在中介机构里面兼职或者是任职。这些中介机构与审批部门存在千丝万缕的利益关联，很难保障中介服务的公正合理。

《国务院办公厅关于清理规范国务院部门行政审批中介服务的通知》(以下简称《通知》)的发布,标志着行政审批制度改革进入了更深、更广的新阶段。做好清理规范行政审批中介服务工作,解决好"最后一公里"问题,可进一步释放简政放权红利,有利于政府依法行政、厘清政府和市场的边界。

2016年2月经李克强签批,国务院印发《关于第二批取消152项中央指定地方实施行政审批事项的决定》,决定再取消一批中央指定地方实施行政审批事项。此次取消的事项,依据法律、法规和国务院决定设定的有65项;依据部门规章、规范性文件设定的有87项,涉及33个部门。这些取消的事项主要有以下特点:一是与投资、生产经营、促进就业等相关的审批事项有87项。取消这些事项,有利于缩短投资审批周期、减少环节,给企业松绑,激发市场活力。二是多数由省、市、县三级实施,量大面广,与人民群众联系密切。取消这些事项,有利于推动地方开展工作,方便群众办事。三是由地方实施"初审"和"预审"的有53项,取消后能进一步理顺国务院部门和地方审批事项的权责关系,明确各自的法律责任,减少管理层级,提高效率。经过两轮清理,已完成2015年政府工作报告中提出的取消和下放行政审批事项200项以上的任务。同时,以部门规章、规范性文件等形式设定的面向公民、法人和社会组织的审批事项已全部清理完毕。决定要求,今后行政许可只能依据行政许可法的规定设定。

第二节　贵州行政审批制度改革的启动

早在2011年,贵州省监察厅、贵州省机构编制委员会办公室、贵州省人民政府法制办公室组成贵州省行政审批清理工作领导小组,就共同对省直单位实施的978项行政许可事项及318项非行政许可审批事项进行了集中清理,此次清理工作中发现贵州省原有的行政审批事项存在三个方面的问题：第一是政出多门，多头管理，部门之间协调不足；第二是审批程序复杂，流程设计不合理；第三是审批行为不规范，标准不统一，自由裁量权过大。针对清理中发现的问题，贵州省行政审批清理工作领导小组严格标准，依法对审批事项逐项审核，形成了清理意见。通过此次清理，贵州省政府决定取消行政许可事项84项，下放管理层级185项，转变管理方式75项，合并321项为87项，取消、下放、转变和合并行政许可事项占省直单位原实施行政许可事项的59%，保留省直单位继续实施的行政许可事项404项，占41%。另外，此次清理工作中取消、下放、转变以及合并的非行政许可审批事项占原来实施的52%。全省行政许可审批事项清理和非行政许可审批事项清理均超额完成了贵州省委、省政府提出的力争减少30%以上的行政审批事项的目标。

2011年，贵州省委、省政府以"环境建设年"为主线，以开展行政审批事项清理规范工作为抓手，进一步深化行政审批制度改革。按照"能放则放、该放必放"和"权责利相一致"的原则，贵州省机构编制委员会办公室会同贵州省监察厅、贵州省人民政府法制办公室等部门对省直部门行政许可、非行政许可事项开展了集中清理、审核工作，着重理顺"省直部门之间、上级和下级之间、政府与市场中介之间"三大职责关系。共取消行政许可事项84项、下放管理层级183项、转变管理方式76项、合并325项为89项，占全部省直机关原有行政许可事项的59.5%。全省行政审批事项明显减少，行政审批期限明显压缩，行政审批效率明显提高，行政审批制约监督机制进一步健全，为全省经济社会发展提供有力保障。

一是着重理顺省直部门之间职责关系。在清理规范活动中，按照凡是不符合《中华人民共和国行政许可法》规定的一律取消，凡是不适应贵州全省经济社会又好又快发展需要的全部取消，凡是中央已经取消的坚决取消的要求，逐一对省直部门职责和行政审批事项进行梳理，对设置过细、审批程序烦琐的审批事项，按照简程序、减时限的要求进行简化。对职能交叉或相近的，会商相关部门提出整合意见，防止推诿扯皮。通过清理规范，部门之间职责更加明晰,同时为下一轮政府机构改革科学设置机构,合理解决部门职责交叉问题奠定了基础。

二是着重理顺上级和下级之间职责关系。按照凡是可由市县级行政机关办理的一律下放,凡是中央下放到省级行政机关行使的许可事项,能下放到市县级行使的坚决下放,凡是属于地方性法规和地方政府规章设定的,以及取消、下放、归并和公告中的未决事项,比照先进省(区、市)的做法予以取消、下放、归并的原则。进一步理顺省、市、县的权责关系,突出不同层级政府职责重点,取消、下放、转移出一大批微观管理事项,做到分工合理、事权清晰,避免权力责任脱钩,有权无责的现象。同时,突出对下放的行政许可项目的落实和衔接工作,加强监督指导,防止出现以备案、核准等名义进行变相许可,也防止出现行政许可项目下放后监管职能缺位或不到位现象。

三是着重理顺政府与市场中介之间职责关系。除对行政许可事项进行合法性审查外,清理工作还特别突出了合理性审查,更加务实,更加符合贵州经济社会发展的实际。突出政府的社会管理和公共服务职能,进一步提高行政效率和公共服务水平。凡市场机制能够有效调节的,公民、法人及其他组织能够自主决定的,行业组织能够自律管理的一律取消。切实减少政府对经济社会事务的直接干预,把不该由政府管理的事项转移出去,避免政府越位、缺位、错位。鼓励和支持社会组织依法参加社会管理,引导各类社会组织加强自我管理,充分发挥社会组织协调服务、反映诉求、规范行为的作用,增强社会服务能力。

2011年以来,贵州省深入推进行政审批制度改革,大幅度精简省直机关实施的行政审批事项,对于不符合《中华人民共和国行政许可法》规定的,已经不适应本省经济社会发展需要的,中央已经取消的,坚决予以取消,共取消省直行政机关实施的行政许可事项128项、非行政许可审批事项33项。同时,为方便群众就近办事,贵州将直接面向基层、量大面广,与人民群众日常生产、生活直接相关的行政审批事项,一律交由市、县两级政府管理。截至

2016年,省直行政机关共向市县政府及部门下放行政许可事项256项、非行政许可审批事项28项。

在大幅度精简行政审批事项的同时,贵州省人民政府还赋予新区和试点乡镇更多管理权限。贵州省人民政府2016年以来对贵安新区、国家级经济技术开发区、国家级高新技术产业开发区和贵阳综合保税区合计下放了96项行政管理权限。此外,为推动乡镇行政管理体制改革,贵州省人民政府赋予100个试点乡镇192项县级经济社会管理权限。贵州省各地、各部门坚持"放、接、管"并重,对承接的行政审批事权进一步明确承接机构,制定办事指南和操作规程,确保承接工作顺利开展。省直机关加强对承接工作人员的业务培训,确保事权下放"接得住、拿得稳、办得好"。

2013年8月,根据《省人民政府关于提高行政效能的若干规定》,贵州省政府组织开展省级网上办事大厅建设,并梳理确定49个省直部门共558个办理事项纳入首批省级网上办事大厅办理事项,其中行政许可类大项285项,非许可类大项63项,服务类大项210项,事项公开率100%,能在网上实现申报的事项163小项,占所有事项的21.73%。2013年12月31日,贵州省政府召开省级网上办事大厅暨省市县三级政府协同办公系统建设和应用工作推进会,省政府与省级网上办事大厅单位签订了年度工作责任书,明确了工作职责、目标任务和完成时限。2014年4月10日,贵州省级网上办事大厅(www.gzegn.gov.cn)正式上线运行,标志着贵州省省级政务服务进入了集中统一、规范高效的新阶段,更标志着贵州省推进行政审批制度改革迈出了崭新步伐。贵州省人民政府政务服务中心位于贵阳市南明区遵义路282号贵州省公共服务中心二楼,面积7800余平方米。按前台接件、后台审件办公要求,设前台148间、后台办公室74间。截至2016年,已进驻中心的部门和单位50个(含二级单位),进驻人员178人,纳入中心办理的行政审批服务事项723项。中心严格按照"应进必进、进必授权、进能办事"的原则确定进驻事项和选派工作人员及首席代表,并按照省委、省政府"三集中、三到位"的要求和实行一个窗口受理、一站式审批、一条龙服务、一个窗口收费的"四个一"的模式运行。2015年,政务服务中心还启动行政审批事项"负面清单"制度,把不能办理的情况向社会公开,不仅让权力在阳光下透明运行,还能进一步提高办事效率。

按照贵州省政府有关会议和文件要求,2014年年底前,省级行政审批单位网上办事大厅可办理事项占本单位行政审批事项的80%以上,2014年下半年建成省政府政务服务中心(实体大厅),省政府各部门、各有关单位行政审批事项原则上一律进入办理。网上办事大厅和实体大厅"虚实结合",有关部门和群众可对网上办事大厅办理的行政审批事项的办理时限等进行监督。

为提升公众对省级网上办事大厅的知晓度和参与度,省有关部门将继续强化宣传,并督促、协调省各有关部门加快其余办理事项梳理和纳入大厅进度,确保全年目标任务完成。同时,省政府办公厅还将建立通报制度,不定期通报省级网上办事大厅相关工作开展情况。贵州省政府将进一步扩大网上事项范围,并建设贵州省省级证照共享系统,为办事群众提供方便快捷的验证服务,同时拓展网上其他个性化精准服务。

2015年4月2日,中央编办、国务院法制办报经国务院领导同志批准后联合下文,确定在贵州开展相对集中行政许可权改革试点工作。中央编办、国务院法制办对相对集中行政许可权试点工作提出了五点要求:一要根据精简统一、效能的原则,将政府各部门行政许可权交由一个部门行使,或者将一个部门的行政许可权交由另一个部门行使。二要重点研究探索集中哪些行政审批权,如何更好地实现相对集中行政审批等问题。三要积极探索相对集中行政许可权以后,行政审批部门等承担管理职能部门的职责定位、工作机制,完善行政审批部门与同级其他部门以及上下级政府部门间的工作衔接办法和协调配合机制。四要探索相对集中行政许可权后,进一步优化审批流程、规范审批行为,逐步实现行政审批程序化、标准化、科学化。探索建立统一的行政审批网络平台,实现网上受理、审批、公示、查询、投诉等。五要探索建立健全审批、管理、监督运行机制,加强事中、事后监管,建立健全内外部监督制约机制,明确行政复议机关和行政复议被申请人,加强廉政制度建设。中央编办、国务院法制办明确,贵州省的试点工作由省政府负总责,所在地政府具体组织实施。贵州省可自行确定2~3个市、县(市、区)或所属国家开发区开展改革试点。试点方案要经省委、省政府批准,报中央编办、国务院法制办备案。

为此,一方面以省政府令的形式公布《省人民政府关于省直机关继续实施的行政许可项目的决定》,将2013年以来省直机关实施的569项行政审批事项再行取消、下放,调整为295项,行政审批减少48%,位居全国省级部门审批数量最少前列。另一方面在贵安新区开展试点并于2015年8月正式挂牌成立行政审批局,成为全国第二家正式开展相对集中行政许可权改革试点的行政审批局。积极支持贵安新区整合13个方面57项法律法规规定的行政审批职能,成立行政审批局,实现行政审批一颗章、审管服务一张网、标准规范一清单,行政许可权集中率达95%,行政许可精简到92项,打造审批最少、办理最快、服务最优的国家级新区。同时向黔东南、黔南、黔西南三个少数民族自治州各下放社会经济管理权限30项,有利于提升自治州政府服务经济社会发展能力、助推经济社会发展。向基层扩大行政管理权限。省政府决定赋予行政管理体制改革164个试点乡镇行政管理事项195项,进一步扩大基层行政管理权限,扩权力推强镇。全面取消省直机关非行政许可审批和行政服务事项。已全面取消省直机关保留的28项非行政许可审批事项,从此终结了"非行政许可"这一审批类别。同时全部取消行政服务事项,共取消、调整省级部门行政服务事项435项。进一步规范行政审批行为。到目前为止,省、市、县、乡、村五级6689个审批服务部门统一在审批服务系统上集中办理行政许可和其他服务事项75457项,审批时限压缩到法定时限的50%以下,实行一次性告知,优化审批流程,大大提高了行政审批和办事效率。

贵州省是被国务院列为全国"互联网+政务服务"试点的4个省份之一,"云上贵州"作为省级政府数据统筹储存、共享开放的云服务平台,为集聚的海量行政审批业务数据提供网络资源、存储资源以及安全防护,为"互联网+"政务服务一体化平台建设提供支撑。全省统一行政审批系统是全省各级政务服务中心办理行政审批业务的统一业务办理系统,全省各级、各部门的行政审批事项统一纳入系统进行管理。具有行政审批职权的人员均在系统内实现业务受理、业务办理、业务审批,办结出证。在业务办结后,系统自动将全省所产生的证照、批文、材料统一入库进行保存,在办理了审批业务的同时还搜集了全省的批文证照,为资源共享、协同审批打下坚实基础。全省统一行政审批系统与贵州省网上办事大厅互联互通,实现公开信息统一标准、办事流程统一标准、办理结果统一标准、服务质量统一标准、监督管理统一标准。服务群众是贵阳市建设"互联网+"政务服务一体化平台核心目的之一,市政务服务中心以问题为导向,针对当前群众"审批难"的诸多问题,找准存在问题的根本原因,通过业务创新与互联网技术相结合,破除长久以来"审批难"的问题,建成全省统一行政审批系统。

2016年8月,国务院同意设立贵州内陆开放型经济试验区(下称"试验区"),建设实施方案由国家发展改革委印发。其中提到,贵州要加快发展新经济,培育新动能,改造提升传统动能,着力建设内陆投资贸易便利化试验区、现代产业发展试验区、内陆开放式扶贫试验区,营造良好的营商环境,为内陆地区在经济新常态下开放发展、贫困地区如期完成脱贫攻坚任务、生态地区实现生态与经济融合发展探索新路径、积累新经验。贵州迎来新的发展机遇。

第三节　贵安新区行政审批制度改革的推进

贵安新区是国家级新区,位于贵州省贵阳市和安顺市接合部,区域范围涉及贵阳、安顺两市所辖4县(市、区)20个乡镇,规划控制面积1795平方千米。贵安新区是黔中经济区核心地带,区位优势明显,地势相对平坦,人文生态环境良好,发展潜力巨大,具备加快发展的条件和实力,将建设成为经济繁荣、社会文明、环境优美的西部地区重要的经济增长极、内陆开放型经济新高地和生态文明示范区。2016年5月,贵州贵安新区成为国务院首批双创区域示范基地。

2011年,在研究黔中经济区的规划中,时任贵州省委书记栗战书和时任省长赵克志首次提出贵安新区的概念。在贵州省委、省政府主要领导的支持下,一些基础建设项目也先行开工建设。2012年年初,国务院《关于进一步促进贵州经济社会又好又快发展的若干意见》(国发〔2012〕2号)提出,把贵安新区建设成为内陆开放型经济示范区。《西部大开发"十二五"规划》中明确把贵安新区建设成为黔中经济区最富活力的增长极。2012年4月13日,《贵安新区总体规划方案》正式出台。2013年,贵州省人民政府正式上报设立贵安新区。2014年1月6日,国务院印发了《国务院关于同意设立贵州贵安新区的批复》(国函〔2014〕3号)同意设立国家级新区——贵州贵安新区。提出把贵安新区建设成为经济繁荣、社会文明、环境优美的西部地区重要经济增长极、内陆开放型经济新高地和生态文明示范区。

贵安新区获国务院批准列为8个相对集中行政许可权改革试点之一,成立行政审批局、市场监管局、综合执法局,实现"一颗印章管审批、一个部门管市场、一支队伍管执法"。行政审批事项从346项精简到98项,成为审批事项最少的国家级新区。建立新区、乡镇和90个村(社区)三级政务服务平台,开通网上办事大厅。围绕解决过去"重审批轻监管""以审批代监管"等问题,贵安新区于2015年8月成立行政审批局,推进"审批局外无审批",已集中行使新区内设机构95%的行政许可权,成为全国集中审批事项较彻底的试点地区之一。在全国率先出台"审管分离"实施办法等"1+9"制度,推动原职能部门把主要精力集中到负责许可事项的事中事后监管和相关行业规划、政策、标准制定等工作上来,实现行政审批和行业监管既相对分离又相互制约促进,初步建立"宽进严管"的市场准入和监管制度。

一是建立审批服务云平台,实现"一网审管"。在全国率先探索建设集审批、监管、服务和监督为一体的大数据云平台,云平台包括审批云、监管云、监督云、招商云、证照云、分析云"六朵云"。审批云整合网上办事大厅、综合受理平台、审批服务系统和投资项目审批监管平台,实现一网流转。监管云将行政审批事项事后监管工作统一纳入云平台,实现审批与监管信息的实时传递。监督云整合电子监察系统和政务大厅管理系统,打造审批服务"数据铁笼"。招商云整合新区招商引资智慧云平台和招商引资信息推送系统,实现精准服务。证照云建立新区证照共享系统,推进证照批文调用校验,从源头上减少"奇葩证明""循环证明""重复证明"。分析云通过对审批服务云平台各系统的数据进行采集分析,为推进审批服务效率提升提供决策参考依据,推进大数据在科学决策、智慧管理、分析预判方面的有效应用。新区审批服务云平台实现了对行政许可事前审批和事中、事后监管的制度机制进行数据化实时监控管理,构建起"审管同步、规范高效、公开透明、全程留痕、分析应用"的"云上政务"新路。

二是细化审批监管标准,实现"一单规范"。新区在完善实施权力清单、责任清单的基础上,制定行政许可事前审批和事中、事后监管"标准清单"。审批标准清单逐项细化审查工作标准,明确事项名称、设定依据、受理部门、申请条件、申请材料、审批流程、审查标准、办理时限、收费标准及依据等内容,通过网上办事大厅向社会公布,对内提供精准规范,对外提供精确指引。监管标准清单围绕建立"宽进严管"的制度机制,逐项制定行政许可事中、事后监管标准,明确监管主体、监管对象、监管内容、监管措施、监管程序、年度监管计划及监管处置等内容,并在新区审管分离系统对监管流程和时限进行定制,强化监管责任,维护公平、有序的市场竞争和创新创业环境。

三是开发取号受理系统,实行"一号申请"。在政务大厅安装了身份证刷卡取号系统,申请人办事时通过刷身份证进行取号,窗口叫号受理业务时系统自动将申请人基本信息录入综合受理平台,通过身份证号和统一社会信用代码实行"一号申请"。开发建设综合受理平台,实现业务跨部门受理、审批、出证,平台自动关联大厅取号系统,将身份证号和统一社会信用代码作为唯一识别标识,自动关联以自然人和法人为唯一身份认证的电子证照库,通过调取证照库的历史证照信息进行校验、比对和确认,减少申请人提交的申请资料。

四是整合政务服务资源,推行"一窗通办"。在政务大厅设置"一窗通办"综合受理窗口,将审批服务事项分为综合受理类和综合税务类,推行"一窗通办",其中综合受理窗口可受理涉及行政审批局、规建局、国土局、环保局、公安局、社管局等13个部门的251项审批服务事项。综合税务窗口可受理涉及税务局的48项事项。进驻部门不再直接面向申请人受理事项,专职负责后台审批工作,事项办结后证照批文由统一出证窗口打印发放,形成"前台综合受理、后台分类审批、统一窗口出件"的审批服务新模式,全面提高审批服务效率。

五是依托"互联网+政务服务",实现"一网通办"。新区17家审批服务部门、4个乡镇、2个园区、90个村(社区)的行政审批及公共服务事项全部进驻网上办事大厅,事项网上可申报率为100%,审批人员使用综合受理平台和审批服务系统实行"一网通办",全流程接受电子监察。所有审批服务事项全部纳入政务大厅综合窗口统一受理,推行综合受理、专职审批、标准审批,在政务大厅设置辅助电子化窗口,开展申请资料全流程电子流转,审批人员通过CA数字证书登录行政审批系统进行审批,签署审查意见并加盖电子签章,实现从申请、受理、审核、批准、办结全流程电子化运行,提高了审批效率。制定出台证照共享互认办法,要求审批部门办结审批事项后录入证照信息生成电子证照,窗口人员在受理业务时可通过调用证照库信息比对验证、查询引用,凡是可以通过电子证照库获取业务办理所需信息或证照的,不再要求申请人提交相关纸质证照和申报材料。

2016年6月以来,贵安新区根据国务院办公厅《关于转发国家发展改革委等部门推进"互联网+政务服务"开展信息惠民试点实施方案的通知》(国办发〔2016〕23号），落实国务院、省政府关于推进简政放权、放管结合、优化服务改革会议精神，从服务对象需求出发，充分运用大数据、云计算等先进技术，大力推进实施"互联网+政务服务"，以新区审批服务系统为核心，加强政务信息资源跨部门、跨层级互通和协同共享，打破信息数据孤岛，切实解决"审批难、办证多、办事难"等问题，增强政务服务的主动性、精准性、便捷性，贵安新区探索建立"一号式"信息共享互认体系、推行"一窗式"综合受理模式、建立"一网式"政务服务平台。

"一号式"信息共享互认体系包括：①建立统一的审批服务电子证照库。依托全省统一建设的通用审批服务系统，推行电子印章签批，推进制证系统、业务办理系统与电子证照库对接联通，做到电子证照与纸质证照同步签发，形成以自然人和法人为唯一身份认证的电子证照库，以电子证照库支撑各部门办事过程中相关信息"一次生成、多方复用，一库管理、互认共享"。②建立电子证照互认共享机制。要求新区各审批服务部门统一使用审批服务系统，确保各系统、各环节、各时段行政审批和公共服务数据的互联互通，实现企业群众办事"一号"申办，历史办事数据重复利用，从源头上避免重复提交办事材料、证明和证照，杜绝各类"奇葩证明""循环证明"等现象，真正实现变"群众奔波"为信息服务，变"群众来回跑"为"部门协同办"。③建立新区政务服务大数据库。深化各审批服务部门政务服务信息数据的应用和共享，随着新区的建设推进和事项业务量的累积，逐渐形成科学统一、逻辑清晰、覆盖全面的政务大数据库，完善政务信息数据共享平台建设，建立信息采集、归类、储存、分析、运用机制，推动新区、乡镇、村（社区）三级共享交换体系建设，为政务数据资源实现跨层级、跨区域、跨部门交换和共享提供有力支撑，推进大数据在政府科学决策、智慧管理、分析预判方面的有效应用。

"一窗式"综合受理模式包括：①编制申请材料标准化清单。根据法律法规规定，梳理新区行政审批和公共服务事项目录，制定标准化办事流程，全部进驻实体办事大厅和网上办事大厅。研究制定每个事项的受理标准清单，在申办环节重点规范受理范围、申请条件、申请材料等要素内容,依法科学合理减少申请材料,消除模糊语言、兜底条款,编制申请示范文本、表格和模板,细化受理条件及其裁量标准,大幅度压减自由裁量空间,减少群众重复提交申请和到现场办理的次数。②整合构建综合服务受理窗口。采取"前台综合受理、后台分类审批、统一窗口出件"的服务模式,在政务大厅按照综合审批类、综合税务类、公共服务类分类设置综合受理窗口,推进"受理权"和"审批权"分离。将政务大厅划分为前台受理区、后台审批区、统一出件区、网上自助申报区和帮办代办服务区等功能区,整合部门行政审批与公共服务信息系统,推进线上线下一体化管理,实现"一窗口受理、一平台共享、一站式服务"。③推进基层政务服务规范化建设。全面梳理编制乡镇公共服务事项目录,对延伸到基层特别是乡镇、村(社区)的服务事项进行统一规范,最大限度精简办事程序,减少办事环节,缩短办理时限。推进乡镇服务事项"一站式"办理,推行"一窗式"综合受理模式,变多头受理为一口受理,与网上统一申办受理平台无缝对接。在乡镇政务服务中心设置网上自助申报区,推进网上办事大厅在基层的应用,拓展自助服务、村(社区)代办、邮政快递等服务渠道,解决基层群众办事难的问题。

"一网式"政务服务平台包括:①强化审批服务系统应用。建立以审批服务系统为核心的"一网式"综合受理平台,以贵州省网上办事大厅审批系统为依托,推进申请信息调用互认,减少申请材料。推进审批服务事项办理全流程留痕,加强对审批服务效率的电子监察,促进行政权力规范运行,为建设"数据铁笼"和政务大数据分析创造条件,构建跨区域、跨层级、线上线下一体化的政务服务体系。②推进全流程网上申报。依托网上办事大厅和自然人法人电子证照库,按照"先易后难、分步推进"的原则,选取简单易行、量大面广的审批服务事项推行全流程网上申报,开发网上预约、网上补正等功能。通过设置自助申报区,建立帮办服务队伍,促进服务对象申报方式转变。探索将办理事项按事件为主题进行分类导向,整合优化审批服务事项申请材料和表单,实施前台多事项一表式申办受理,后台多部门一站式并联办理的模式。③推进全流程网上审批。借助审批服务系统,推行审批服务事项办理全流程网上审批,网上办事大厅申报事项预审通过后按规范流程开展网上审批,事项办结后通知申请人到实体大厅验证材料并领取证照。实体大厅窗口受理时同步收取纸质资料和电子资料,将电子资料上传审批服务系统,审批全流程借助系统完成,杜绝纸质资料传输。设置申请材料辅助电子化窗口,帮助申请人实现申请资料电子化。④进一步拓展事项申报渠道。借助信息化、智能化手段,研究定制智能化查询、填表、申报等自助设备,探索开发微信申报渠道,逐步形成网上办事大厅、实体办事大厅、移动客户端、自助终端等多渠道、多形式相结合的政务服务一张网,实现群众网上办事多种渠道、一次认证、无缝切换,大幅度提高行政审批和公共服务的便捷性。

为进一步推进"互联网+政务服务",推动新区审批提速、服务提效,实现利用大数据提升审批效率、优化政务服务环境的目标,新区政务中心精心筹建了审批服务云平台,于2016年7月建成投入运用。贵安新区审批服务云平台由审批云、监管云、监督云、招商云、证照云和分析云六大版块组成,是集审批、监管、服务和监督于一体的信息化综合应用平台。

审批云整合了网上办事大厅、审批服务系统和投资项目在线审批监管平台,实现一网通办。网上办事大厅作为互联网展示前台,审批服务事项100%可网上申报;审批服务系统作为审批后台,处理申请、办理、办结审批服务事项;投资项目在线审批监管平台,对新区范围内的投资项目审批情况进行实时监管,并将审批结果推送至网上办事大厅公告公示。三个系统互联互通,一网流转,构建起了"线上线下合一、前台后台贯通、纵向横向联动"的三维立体政务服务平台。截至目前,新区共通过网上办事大厅办理网上申报业务197232件,审批投资项目153个,业务办理零超时。

监管云建设了审管分离信息系统,实现审管衔接。审管分离信息系统将行政审批局的审批信息实时推送到监管部门,监管部门根据审批信息有针对性地进行监管执法,执法后将监管记录录入系统反馈给行政审批局,行政审批局根据执法情况和意见可作出是否吊销证照的决定。审管部门间的信息互动确保了行政审批局和各职能部门在"审管分离"的机制下各司其职、各负其责和相互监督,做到审批和监管有效衔接。目前系统已累计向各监管部门推送审批信息16200条,已纳入监管13810条,待监管2390条。

监督云整合了新区行政审批电子监察系统和政务大厅管理系统,实现数据管人。电子监察系统实时采集每个行政审批事项办理过程的详细信息,对审批服务业务办理进行事前、事中、事后全方位的监察,实现审批过程全监督,确保权力在阳光下运行。政务大厅管理系统将大厅窗口人员纳入进行统一考核管理,对窗口人员业务办理、审批效能、服务评价、遵守纪律等方面进行监督考核,实现以技术管事、靠数据管人。

招商云建设招商引资信息推送系统,实现精准服务。对新区招商引资企业,政务中心通过招商引资信息推送系统,向投资者主动推送审批手续办理信息,告知投资者需办理的审批事项、所需材料、办理窗口等信息。同时,政务中心在大厅设立招商引资服务窗口,为招商引资企业提供全程帮办代办服务。目前已为13家招商引资企业推送信息,并提供帮办服务。

证照云建设了新区证照共享系统,实现方便快捷。证照共享系统将分散在各部门的证照信息收集共享,对于各审批部门新产生的证照自动入库,对申请人提供证照的采取部门核对确认后予以采集入库,对历史存量证照根据业务需求分期入库。凡是可以通过电子证照库获取业务办理所需信息或证照的,不再要求申请人提交相关纸质证照和申报材料,从源头上减少"奇葩证明""循环证明"和"重复证明"。目前新区已入库证照类别3401种,入库电子证照13775份。

为进一步深化行政审批制度改革,推进全流程电子化审批,提高行政审批效率,贵安新区行政审批局在全省首先探索开展行政审批电子签章工作。贵安行政审批局(政务中心)积极协调软件公司,在行政审批系统嵌入"电子签章"功能,审批人员通过CA数字证书进行身份认证登录,实现了审批事项办理全程电子化审批。电子签章是利用图像处理技术将纸质文件签章转化为与电子签章相同的可视效果,同时利用数字加密技术保障电子信息的真实性、完整性以及签名人的不可否认性。通过开展电子签章工作,有利于提高审批服务效率,实现了申请资料全流程电子化流转,减少纸质资料传输;有利于推进电子证照库建设,实现电子证照"一次生成、多方复用,一库管理、互认共享"的共享机制,切实降低企业和群众的办事成本;有利于推进审批数据分析应用,审批人员可完全依托审批系统开展审批工作,系统可记录下真实的审批行为数据,促进政务数据的汇集和分析运用;有利于实现权力可追溯,通过电子签章将审批行为数据记录下来,推进审批工作透明、高效、规范运行。

第二章 贵州贵安新区
深化行政审批制度改革的体制突破

贵安新区实行"统分结合"的管理体制。"统",即成立了由省政府主要领导担任组长,有关省领导担任副组长的贵安新区规划建设领导小组,负责决定贵安新区规划建设的重大方针政策,统筹协调解决规划建设中的重大问题。"分",即贵安新区党工委、管委会作为贵州省委、省政府派出正厅级机构,行使市一级经济社会事务管理职权,全面管理贵安新区直管区经济社会各项事务,统筹协调新区规划建设工作;贵阳市、安顺市承担新区非直管区所辖区域的具体开发建设事宜。贵安新区直管区探索实行"新区+乡镇"的两级扁平化管理体制和大部门制,新区党工委、管委会内设工作机构仅13个,共88个编制。2015年8月15日,新区在大部门扁平化行政管理体制创新的基础上再次发力,同步挂牌成立行政审批局和市场监管局、综合执法局,标志着新区"一颗印章管审批、一个部门管市场、一支队伍管执法"的体制正式运行。贵安新区紧紧围绕中央编办、国务院法制办《相对集中行政许可权试点工作方案》明确的主要试点任务,在全国第一个探索"一章审批、一网审管、一单规范"的相对集中行政许可权试点改革新路,积极构建行政审批改革"一章审批、一网审管、一单规范"和政务服务改革"一号申请、一窗受理、一网通办"双轮驱动新模式。

第一节 "一章审批、一网审管、一单规范"：
行政审批改革中的体制创新

一、"一章审批"：打破职责同构壁垒

围绕解决过去"重审批轻监管""以审批代监管"等问题,打破原职能部门"职责同构"壁垒,贵安新区于2015年8月成立行政审批局,推进"审批局外无审批",打破原职能部门"职责同构"壁垒,着力构建职责分工合理、事权相对独立、相互制约协调的行政运行新体制。已集中行使新区内设机构95%的行政许可权,涉及项目、建设、商务、交通、城管、教育、民政、文化、体育、卫计、司法、工商、质监、食品、药品、农林水等领域,成为全国较彻底的试点地区之一。在全国率先出台实施"审管分离"实施办法等"1+9"制度,从权责界定、衔接机制、监督管理等方面进行细化明确,推动原职能部门把主要精力集中到负责许可事项的事中事后监管和相关行业规划、政策、标准制定等工作上来。实现行政审批和行业监管既相对分离又相互制约促进,初步建立"宽进严管"的市场准入和监管制度。以集中行政许可权为核心牵引,最大限度简政放权,已通过取消、备案、合并等方式拟将行政审批精简到92项(含省级下放、市、县三级行政许可),打造审批最少的新区。

为进一步深化行政审批制度改革,推进全流程电子化审批,提高行政审批效率,贵安新区行政审批局(政务中心)在全省首家探索开展行政审批电子签章工作。电子签章是电子签名、电子盖章的一种表现形式,是利用图像处理技术将纸质文件签章转化为与电子签章相同的可视效果, 同时利用数字加密技术保障电子信息的真实性、完整性以及签名人的不可否认性。为推进电子签章工作,新区行政审批局(政务中心)积极协调软件公司,在行政审批系统嵌入"电子签章"功能,审批人员通过CA数字证书进行身份认证登录,

实现了审批事项办理全程电子化审批。开展电子签章工作有以下好处：

一是提高了审批效率。传统审批方式主要依托纸质资料传递,审批流程和时限相对较长。推行电子签章后,政务大厅窗口在受理事项时便将申请材料电子化扫描上传,后台审批人员只需通过电脑登录审批系统查看、下载即可进行审批,申请资料全流程电子化流转,减少纸质资料传输,提高了审批效率。

二是推进电子证照库建设。推行电子签章后,审批事项办结时要求审批人员录入证照批文信息,自动生成电子证照,加盖电子印章,并自动推送到电子证照库。申请人在下次办理业务时,通过居民身份证号或统一社会信用代码同证照库进行关联,系统可自动调取申请人、申请单位名下相关证照进行比对核验,实现电子证照"一次生成、多方复用,一库管理、互认共享"的共享机制,切实降低企业群众的办事成本。

三是推进审批数据分析应用。以前审批部门使用审批系统时,主要是审核纸质资料,然后登录审批系统进行相关环节确认操作,审批程序较为繁琐,一些部门为逃避系统对办理时限的电子监察,存在录入时间与实际办理时间不同步的情况。推行电子签章后,审批人员完全依托审批系统开展审批工作,系统可记录下真实的审批行为数据,促进政务数据的汇集和分析运用。

四是实现了权力可追溯。电子签章的应用,并不是简单地将传统签字盖章电子化,而是通过电子签章将审批行为数据记录下来,签章的使用人、使用时间、使用环节等审批数据一旦生成便不可修改,审批数据终身可追溯,加强了权力制约,降低了廉政风险,推进审批工作透明、高效、规范运行。

二、"一网审管"：打造统一管理服务"云上平台"

围绕解决"审管分离"后,审批局和原职能部门工作无缝衔接等问题,在全国第一个探索集中行政审批和监管服务网络平台,建设集审批、监管、服务和监督为一体的大数据云平台已上线试运行,对行政许可事前审批和事中事后监管的制度机制进行数据化实时监控管理,探索"审管同步、规范高效、公开透明、全程留痕、分析应用"的"云上政务"新路,打造"数据铁笼"。重点围绕云平台应用全面再造审批服务流程,将传统受理、承办、审核、批准、办结5个环节压缩为受理审核、批准办结2个环节,除特殊环节审批事项外,实行"一审一核""审核合一"制,集中审批提速75%,有120项可在1个工作日内办结,项目建设类审批由原来的330个工作日缩减为60个工作日左右,目前正制度化研究"投资项目审批40天全流程试点"改革,打造全国项目审批最快的地区。

云平台包括审批云、监管云、监督云、招商云、证照云、分析云等"六朵云"。审批云整合网上办事大厅、综合受理平台、审批服务系统和投资项目审批监管平台,实现一网流转。监管云将行政审批事项后监管工作统一纳入云平台,实现审批与监管信息的实时传递。监督云整合电子监察系统和政务大厅管理系统,打造审批服务"数据铁笼"。招商云整合新区招商引资智慧云平台和招商引资信息推送系统,实现精准服务。证照云建立新区证照共享系统,推进证照批文调用校验,从源头上减少"奇葩证明""循环证明""重复证明"。分析云通过对审批服务云平台各系统的数据进行采集分析,为推进审批服务效率提升提供决策参考依据,推进大数据在科学决策、智慧管理、分析预判方面的有效应用。新区审批服务云平台实现了对行政许可事前审批和事中事后监管的制度机制进行数据化实时监控管理,构建起"审管同步、规范高效、公开透明、全程留痕、分析应用"的"云上政务"新路。

"审批云"整合了网上办事大厅、综合受理平台、审批服务系统、投资项目审批监管平台,网上办事大厅是全省统一建设、省市县乡村五级分级应用的对外综合办事平台,新区17家审批服务部门、4个乡镇、2个园区、90个村(社区)的行政许可和公共服务事项全部进驻,每个事项均编制了详细的办事指南,包括事项的基本信息、设立依据、申请材料、办事流程、服务评价和办事人员信息等,并可提供申请表格和示范文本下载,审批服务事项100%网上可申报。

网上办事大厅作为互联网展示前台,审批服务事项100%可网上申报;审批服务系统作为审批后台,处理申请、办理、办结审批服务事项;投资项目在线审批监管平台,对新区范围内的投资项目审批情况进行实时监管,并将审批结果推送至网上办事大厅公告公示。三个系统互联互通,一网流转,构建起了"线上线下合一、前台后台贯通、纵向横向联动"的三维立体政务服务平台。

"监管云"建设了审管分离信息系统,实现审管衔接。审管分离信息系统将行政审批局的审批信息实时推送到监管部门,监管部门根据审批信息有针对性地进行监管执法,执法后将监管记录录入系统反馈给行政审批局,行政审批局根据执法情况和意见可作出是否吊销证照的决定。审管部门间的信息互动确保了行政审批局和各职能部门在"审管分离"的机制下各司其职、各负其责和相互监督,做到审批和监管有效衔接,形成审批监管相对分离、互为监督又无缝衔接的工作机制。

"监督云"整合了新区行政审批电子监察系统和政务大厅管理系统,实现数据管人。电子监察系统实时采集每个行政审批事项办理过程的详细信息,对审批服务业务办理进行事前、事中、事后全方位的监察,实现审批过程全监督,确保权力在阳光下运行。政务大厅管理系统将大厅窗口人员纳入进行统一考核管理,对窗口人员业务办理、审批效能、服务评价、遵守纪律等方面进行监督考核,实现以技术管事、靠数据管人。

"招商云"建设招商引资云平台,前来新区投资兴业的企业可登录该平台了解新区基本情况和优惠政策,了解各园区的产业布局和在建入住企业情况,并可通过该平台查看投资项目审批办理流程,下载申请表格填写并进行在线申报。同时该平台还开通了信息推送功能,对新区签约的招商引资企业推送审批手续办理信息,为企业提供全程帮办代办服务。

"证照云"建设了新区证照共享系统,实现方便快捷。证照共享系统将分散在各部门的证照信息收集共享,对于各审批部门新产生的证照自动入库,对申请人提供证照的采取部门核对确认后予以采集入库，对历史存量证照根据业务需求分期入库。凡是可以通过电子证照库获取业务办理所需信息或证照的，不再要求申请人提交相关纸质证照和申报材料，从源头上减少"奇葩证明""循环证明"和"重复证明"。

"分析云"是审批服务大数据分析应用展示平台，通过对同在审批服务云平台内的审批云、监管云、监督云、招商云、证照云等各应用系统产生的业务数据进行实时采集，将业务办理、权力运行、人员管理、服务评价等工作数据记录下来，把预警、督办、反馈等权力监督方式嵌入审批服务业务工作中，实现了数据统计、融合分析、风险预警、监督制约等功能特点，变人工监督为数据监督、变事后监督为过程监督、变被动监督为主动监督，初步形成"规范透明、全程留痕、分析运用"的审批服务"数据铁笼"，推进审批服务效率不断提升。

目前，大数据分析平台已实现对审批业务数据、效能监察数据、服务评价数据和证照管理数据等统计分析功能，通过数据"实时采集+融合分析"技术，及时发现审批服务部门权力运行异常并进行风险预警，提高审批服务工作的主动性和针对性。审批业务数据分析主要包括每月审批事项办件量走势、每月受理量办结量对比、月度业务量靠前的单位和事项排名，以及网上申报、现场申报办事渠道分析等内容，通过审批业务数据分析，可直观了解各审批服务部门办件情况，掌握各项业务发生的时间和频率，更有针对性地制定、改进服务方式，提高审批办事效率。效能监察数据分析具有事项提前办结率排名、部门综合效率排名、审管分离数据推送及监管情况、部门超时业务排名，以及新区审批服务事项办理时限压缩率等分析功能。通过对部门事项平均法定时限、承诺时限、实际办理时限对比分析，可一目了然地了解各部门审批服务综合效率，推进部门不断优化办事流程压缩办事时限。

同时，还可实时对部门审管脱节、超时办理、体外循环等情况进行异常监控，确保审批服务工作流程规范、期限合法。服务评价数据分析主要包括每月进厅人数走势、窗口部门月度满意率排行、部门评价器使用率排名、延时服务时间排名及办事群众等候时间对比等内容，根据数据分析可了解政务大厅各时段办事人流量和群众平均办事等候时间，推进管理部门合理调整大厅窗口数量，减少群众办事等候时间。同时，通过对群众服务评价进行统计分析，可督促相关部门改进服务方式，提高服务的精准性，提升服务对象满意率。证照管理数据分析包括证照批文库每月证照入库量走势、入库证照部门排名、季度证照入库量对比、入库证照种类分析和证照调用次数统计等功能，通过证照数据分析，推进部门电子证照统一集中入库管理，打破信息数据孤岛，构建起跨部门、跨层级、跨区域的证照共享互认平台，推进证照调用校验，减少申请人提交的办事资料，增强审批服务的主动性和便捷性。

审批服务大数据分析应用展示平台的建立，推进了大数据、云计算、"互联网+"等在审批服务工作中的运用，通过大数据融合分析技术，让行政权力运行处处留痕，推进行政权力运行可记录、可分析、可追溯，便于管理部门发现异常，及时控制、处理存在的风险，建立起"让数据说话、用数据决策、靠数据管理"的现代化治理机制，向新区企业群众提供更高效、更精准、更便捷的审批服务。

三、"一单规范"：打通严格规范履职"最后一公里"

贵安新区行政审批局（政务服务中心）以"放管服"改革精神为总指引，充分发挥国家级新区先行先试的政策优势，率先探索行政许可事前审批及事中事后监管标准化建设新路径，制定和实施审批与监管"标准清单"，实行一单规范，营造更加公平、公正、公开的市场竞争和创新创业环境。

围绕解决过去审批和监管工作缺乏规范标准和随意裁量等问题，在完善实施权力清单、责任清单的基础上，在全国第一个提出并探索编制行政许可事前审批和事中事后监管的"标准清单"，逐项制定细化工作标准，对外提供精确指引，对内提供精准规范，打通严格规范履职的"最后一公里"，让群众明白办事,让干部廉洁干事。审批标准清单逐项细化审查工作标准,明确事项名称、设定依据、受理部门、申请条件、申请材料、审批流程、审查标准、办理时限、收费标准及依据等内容,通过网上办事大厅向社会公布,对内提供精准规范,对外提供精确指引。监管标准清单围绕建立"宽进严管"的制度机制,逐项制定行政许可事中事后监管标准,明确监管主体、监管对象、监管内容、监管措施、监管程序、年度监管计划及监管处理等内容,并在新区审管分离系统对监管流程和时限进行定制,强化监管责任,维护公平、有序的市场竞争和创新创业环境。

制定审批标准清单,规范权力运行。围绕解决过去审批工作缺乏规范标准和随意裁量等问题,在完善实施权力清单、责任清单的基础上,率先探索制定行政许可事前审批"标准清单"。对新区管委会公布的92项(182小项)行政许可事项逐项制定细化工作标准,明确事项名称、权力来源、设定依据、受理部门、申请条件、申请材料、审批流程、审查标准、办理时限、特殊环节、收费标准及依据等内容。对内提供精准规范,让"政府有权不任性";对外提供精确指引,让群众办事可预期。探索车间式模块化作业的标准化管理,打通权力规范运行的"最后一公里"。

制定监管标准清单,强化监管责任。围绕加快建立健全"宽进严管"的制度机制,避免各职能部门在推进相对集中行政许可权改革中出现将审批权一划了之及监管"真空"等问题,转变过去各部门"重审批轻监管""以审批代监管"的现象,按照"依法监管、审管分离、高效便民"三大原则,对新区目前保留、取消、备案及下放乡镇的四类行政许可事项,逐项制定事中事后监管"标准清单"。明确监管主体、监管对象、监管内容、监管措施、监管程序、年度监管计划及监管处理等内容。对外引导市场主体明晓界限、守法经营,形成长效监管机制;对内推动部门强化监管责任、创新监管举措、加大监管力度,确保在大幅度降低市场准入门槛的同时,维护公平、有序的市场竞争和创新创业环境。

建立审管分离系统,推动审管衔接。针对行政许可事项集中划转后审批与监管部门之间存在着信息不对称、沟通不及时等问题,依托新区审批服务云平台建成审管分离信息系统,将审批部门的审批信息实时共享给监管部门,监管部门根据审批信息有针对性地进行监管执法,执法后将监管记录录入系统反馈给行政审批局,行政审批局根据执法情况和意见可作出是否吊销证照等决定。审管部门间的信息互动确保了行政审批局和各职能部门在"审管分离"的机制下各司其职、各负其责和相互监督,做到审批和监管有效衔接,规范约束审批和监管行为,防止权力滥用。

第二节　"一号申请、一窗受理、一网通办": "互联网+政务服务"的改革新模式

为深入推进"互联网+政务服务"工作,提高政府信息化和智能化治理水平,方便企业群众办事创业,按照《国务院关于加快推进"互联网+政务服务"工作的指导意见》(国发〔2016〕55号)、《省人民政府关于深入推进"互联网+政务服务"工作的实施意见》(黔府发〔2016〕30号)等文件要求,充分运用"互联网+"思维,创新审批服务模式,推进"放管服"改革不断深化,2017年年底前,实现新区、乡镇、村(社区)三级实体政务大厅与网上政务服务平台融合发展,实现事项清单目录化、服务功能网络化、办事资源标准化、便民服务实用化、服务渠道便捷化。2020年年底前,建成上下联动、部门协同、信息共享、一网办理的"互联网+政务服务"体系,让企业和群众办事更加方便快捷。

第一,规范网上服务事项。①编制政务服务事项目录。依据法定职责,全面梳理直接面向公众提供的权力清单(9+X)、责任清单、投资负面清单、财政专项资金管理清单、行政审批中介服务清单、公共服务事项清单六类政务服务事项目录,通过新区门户网站、贵州省网上办事大厅集中公布,并实时更新、动态调整,原则上每年6月、12月分别集中公布一次。②编码化管理事项。

按照省级部署,推进建设全省统一的编码体系,统一规范同一事项的名称、类型、办理条件、材料要求、办理标准、办理流程、办理时限等要素,对政务服务事项实行动态化、数据化管理,做到"同一事项、同一名称、同一编码",为实现信息共享和业务协同,提供无差异、均等化政务服务奠定基础。③规范网上办理流程。根据贵州省行政审批基本流程规范办法,简化、优化服务事项网上申请、受理、审查、决定、送达等流程,办理时限要在压缩法定办结时限50%基础上再压缩。对所有政务服务事项逐项、逐环节细化审查标准,并在贵州省网上办事大厅集中向社会公开。④完善行政处罚服务平台。根据省级部署推进行政处罚服务平台的建设应用,实现行政处罚信息生效后实时汇聚集中公开信息,并将新区行政许可、行政处罚信息在做出行政决定的7个工作日内及时共享到全省信用信息平台和省信息共享交换平台。

第二,推进服务事项网上办理。①丰富网上办理事项。凡与企业和居民密切相关的企业注册登记、年度报告、变更注销、项目投资、生产经营、资质认定、税费办理、安全生产、教育医疗、卫生计生、户籍户政、社会保障、劳动就业、住房保障等政务服务事项逐步通过贵州省网上办事大厅实行网上受理、网上办理、网上反馈,做到应上尽上、数据共享、全程在线。②优化网上办理模式。积极推进电子证照、电子公文、电子签章等在政务服务中的应用,研究推出一批"零跑动"网上办理事项,凡是能网上办理的事项,不得要求申请人必须到现场办理。建立网上预审机制,实行网上预受理、网上预审查、网上告知、网上补正、网上查询、网上实时反馈,对需要补正的材料审批服务部门可先行办理后,由申请人在领取结果时一并提交纸质材料校核,让申请人办一件事情到实体政务大厅次数不超过2次。③拓展政务服务方式。有效应用省级统一建设的政务服务APP,深入推进平台服务向移动端、自助终端、热线电话、"贵博士"智能咨询系统等延伸。引入社会力量和第三方平台,开展预约查询、证照寄送、在线支付等服务。开展网上全办、同城通办、就近可办"贵安三办"试点,向企业群众提供多样化、智能化、个性化服务,畅通服务群众

"最后一公里"。

第三，创新网上服务模式。①完善并联审批功能。完善投资项目审批、企业注册后置审批、社会组织登记等涉及多部门、多层级办理的事项并联审批功能，开展"项目审批一表清"改革，推进投资项目审批、建筑业企业资质管理、建筑工程施工许可改革试点，建立完善登记备案、投资审批、国际贸易三个"单一窗口"，推出一批量大面广的证照合发事项，实行一表申请、一窗受理、一套资料、证照合发，积极推行"多图联审""多评合一""多证合一""联合验收"服务模式。②完善数据分析平台。审批服务部门必须使用全省统一建设的审批服务系统办理政务服务事项，汇聚政务服务数据，在现有基础上完善提升"分析云"平台功能，深度挖掘政务服务数据的政用、商用和民用价值，建立行政审批服务数据定期分析机制，把握和预判公众办事需求，为政府决策提供服务；探索智慧审批。研究选取部分申请材料明晰、标准明确、易电子化的事项探索智慧审批试点，实行"申办零上门、审批零人工"，通过系统对相关数据与量化的审查标准进行对比，数据库自动甄别，系统智能判定，实现系统"自动受理、自动审批、自动出证"。开展企业名称自主申报试点。对审批无实质性影响而申请材料缺失的，实行"容缺受理""容缺审批"，可要求申请人在约定时限内补齐有关材料。

第四，全面公开服务信息。①深化政务服务信息公开。推进政务服务数据根据使用条件和适用范围在依法利用和保障安全的原则下向社会无条件或依申请开放。在新区门户网站和贵州省网上办事大厅集中公开与政务服务事项相关的法律法规、政策文件、公告公示、办事指南、办理全流程、常见问题、监督举报方式等。②强化审批中介服务管理。加快新区审批服务中介云平台建设，将行政审批涉及的中介服务事项清单、中介服务机构名录、办事指南等基础信息在中介云平台上集中发布，并实时动态调整。有效应用全省统一建设的行政审批中介服务专家平台，实行跨地区、跨部门、跨层级专家信息共享。③完善网厅办事指南。按照全省统一模板要求编制政务服务事项办事指南,逐项完善基本信息、设定依据、申请条件、申请材料、特殊环节、办理流程、办理人员、收费标准、注意事项等要素,明确需提交材料的名称、依据、格式、内容、份数、签名签章等要求,并提供可下载的材料格式文本和示范文本,探索按事件分类编制办事指南,让群众看得懂、会办事。除办事指南明确的要求外,不得自行增加办理条件、办理材料、办理环节等,从源头上坚决避免要求提交于法无据的、重复的材料。

第五,融合升级平台渠道。①推进网上政务服务平台一体化应用。推进网上办事大厅与新区官网深度融合,将新区门户网站作为主要的平台入口。按照省级统一部署,通过迁移整合、取消自建系统审批服务功能等方式推进各部门统一使用贵州省行政审批系统办理政务服务事项;对于个别部门确因系统功能庞大、暂时无法与贵州省网上办事大厅融合的,要通过贵州省网上办事大厅实行统一服务入口、实名认证和信息查询,实时交换办事过程重要环节和结果数据,并互认共享数据信息资源,实现"进一张网、办全部事"。②建设网上统一实名认证体系。建设网上办事服务统一实名认证体系,与身份证号、统一社会信用代码、社会保障号码、手机号码等联动进行实名认证核验,探索实施企业CA数字证书工作,实现群众和企业网上办事"单点登录、一次认证、多点互联、全网通办"。③强化电子证照批文库应用。推进证照批文库建设,审批服务部门要按要求录入证照批文信息,实现新增证照自动入库、存量证照分批入库。推进"一号申请、一窗受理、一网通办"政务服务改革,以居民身份证号和企业统一社会信用代码为标识,实现居民电子证照目录和法人电子证照目录跨部门、跨层级、跨地区"一库管理、互认共享",凡是能通过网络核验的信息,不得要求申请人和其他单位重复提供;强化审管分离系统应用。切实加强审批事项事中事后监管,完善审管分离系统功能,强化监管部门应用,及时录入监管执法信息,实现审批信息和监管信息实时互动推送。将监管部门工作情况纳入政务服务考核内容,每月通报部门应用情况,确保审批与监管无缝衔接。

一、"一号申请"信息共享：取号受理系统的开发与管理

全面梳理涉及企业群众办事的审批服务事项，充分发挥身份号码作为唯一的、终身不变的代码作用，开发安装身份证刷卡取号系统，窗口叫号受理业务时系统自动将申请人基本信息和有关审批信息录入综合受理平台，并根据审批业务办理结果与身份证相关联，形成企业公民电子证照库。在证照库，身份证号和企业统一社会信用代码作为唯一识别标识，自动关联以自然人和法人为唯一身份认证的电子证照库，通过调取办事历史数据重复利用，从源头上避免重复提交办事材料、证明和证照，杜绝各类"奇葩证明""循环证明""重复证明"等现象，实现"群众奔波"为"信息服务"，"群众来回跑"为"部门协同办"。

在政务大厅安装了身份证刷卡取号系统，申请人办事时通过刷身份证进行取号，窗口叫号受理业务时系统自动将申请人基本信息录入综合受理平台，通过身份证号和统一社会信用代码实行"一号申请"。开发建设综合受理平台，平台将身份证号和统一社会信用代码作为唯一识别标识，自动关联以自然人和法人为唯一身份认证的电子证照库，通过调取证照库的历史证照信息进行校验、比对和确认，减少申请人提交的申请资料。

二、"一窗受理"便捷高效：整合政务服务资源

最大限度精简办事程序，减少办事环节，缩短办理时限，改进服务质量，为群众提供项目齐全、标准统一、便捷高效的公共服务，把原本分散在新区14个部门358项审批服务事项全部整合到综合受理类、综合税务类两大类综合窗口实行"全项一窗受理"。对审批服务事项实行综合受理统一接件，审批服务部门不再直接受理事项，专职负责后台审批工作，证照批文由出证窗口统一打印发放，受理事项全部录入审批服务系统，全流程接受电子监察，形成"前台综合受理、后台分类审批、统一窗口出件"的"车间式流水线"审批

服务,全面提高审批服务效率,消除"中梗阻",打通群众办事"最后一公里",让企业群众"进一扇门、办全部事"。

在政务大厅设置"一窗通办"综合受理窗口,将审批服务事项分为综合受理类和综合税务类,推行"一窗通办",其中综合受理窗口可受理涉及行政审批局、规建局、国土局、环保局、公安局、社管局等13个部门的251项审批服务事项。综合税务窗口可受理涉及税务局的48项事项。推行受理、审批、出证三分离,实行"照清单收件、按标准审批",打造"车间式流水线"审批服务模式。进驻部门不再直接面向申请人受理事项,专职负责后台审批工作,事项办结后证照批文由统一出证窗口打印发放,形成"前台综合受理、后台分类审批、统一窗口出件"的审批服务新模式,全面提高审批服务效率。统一出证窗口可打印行政审批局20余种证照,政务大厅所有事项的证照批文均由统一出证窗口发放。综合税务区对国税、地税业务进行了整合,实行一人、一机、双系统,推行税务业务综合办理,可办理税务类业务48项。后台审批区是审批服务部门的审批后台,主要办理由综合受理窗口受理流转的审批业务,并向申请人提供办件咨询服务。大厅中间环岛区域是公共服务区,主要进驻的是水、电、气、电信等公共服务企业和中介服务机构,同时为办事群众免费提供复印、打印、传真、帮办、代办等便民服务。

三、"一网通办"全程服务:"互联网+政务服务"的深度融合

新区17家审批服务部门、4个乡镇、2个园区、90个村(社区)的行政审批及公共服务事项全部进驻网上办事大厅,事项网上可申报率为100%,审批人员使用综合受理平台和审批服务系统实行"一网通办",全流程接受电子监察。所有审批服务事项全部纳入政务大厅综合窗口统一受理,推行综合受理、专职审批、标准审批,在政务大厅设置辅助电子化窗口,开展申请资料全流程电子流转,审批人员通过CA数字证书登录行政审批系统进行审批,签署审查意见并加盖电子签章,实现从申请、受理、审核、批准、办结全流程电子

化运行,提高了审批效率。制定出台证照共享互认办法,要求审批部门办结审批事项后录入证照信息生成电子证照,窗口人员在受理业务时可通过调用证照库信息比对验证、查询引用,凡是可以通过电子证照库获取业务办理所需信息或证照的,不再要求申请人提交相关纸质证照和申报材料。

第一,推进实体大厅建设。①加强实体大厅建设。完善各项功能设施,将新区所有行政审批及公共服务事项全部纳入中心集中办理,将市民中心打造成综合性、开放式、智能化的便民服务平台。加强乡镇、村(社区)实体大厅建设,配备方便群众自主查询申报的信息化设备,提升政务大厅办事能力,推动"互联网+政务服务"向乡村延伸覆盖。②深化集中进驻。审批服务部门所有行政许可、行政确认、行政给付、行政征收、其他类权力事项要全部纳入政务大厅集中办理。除进驻前后对群众办事方便程度无提升的事项外,所有公共服务事项也要纳入政务大厅办理;强化充分授权。审批服务部门要制定事项审批和办理的规则标准,充分授予进驻窗口审批决定权、审核上报权、组织协调权以及行政审批服务专用章使用权等权力,做到"大厅之外无审批"。推进受理、审批、出证"三分离"模式不断深化,真正实现一窗受理、一站式办结、一条龙服务。③推动线上线下无缝衔接。加强对单位进驻、事项办理、流程优化、网上运行等监督管理,推进政务服务阳光规范运行。推动实体政务大厅与网上办事大厅深度融合,整合业务系统,统筹服务资源,统一服务标准,做到政务服务事项办理线上线下无缝衔接、合一通办、一个系统审批服务。

第二,推进政务服务向乡村延伸覆盖。①实现"互联网+政务服务"乡村全覆盖。加强乡镇政务服务中心、村(社区)便民服务站办公场地和硬件设施建设,尽快配齐配强乡镇政务服务中心人员。整合基层公共服务和行政审批职责进驻政务服务中心,积极推行网上办理,在新区乡镇实施就近申请、远程办理、就近领证服务模式。加强村级便民服务站规范化建设,强化服务承诺制、首问责任制、AB岗工作制等制度的执行,打造综合、便民、高效的政务服务平台。②丰富乡村政务服务事项。将政策咨询、低保办理、农机补贴、养老保险缴纳、新农合医保、老年证办理、户籍户政管理、居住证明、计生证明、林木采伐与运输、高龄补贴等与村民群众密切相关的政务服务事项全部整合纳入乡镇、村(社区)政务服务中心(便民服务站)办理,梳理办理事项目录,逐一编制办事指南,并在贵州省网上办事大厅公布。③深化"全程代办"服务。各乡镇政务服务中心、各村(社区)便民服务站均要明确专职代办员,为群众提供上门办理、免费代办服务;加强乡村服务经费保障。加大乡村两级政务服务工作经费保障,提高并明确村级代办员薪酬待遇,保障便民服务站日常运行经费,加大乡村政务服务信息化设施设备投入力度,夯实乡村政务服务工作基础。

第三,夯实支撑保障基础。①加快网络基础设施建设。加快网络基础设施建设,推进直管区各行政村(社区)光纤到村和升级改造,提升网络带宽和网间互通能力,在各级政务中心设置免费WiFi热点,大幅度降低上网资费水平,为推动乡镇、村(社区)政务服务网上运行提供支撑和保障。②加快智慧贵安建设。创新应用互联网、物联网、云计算和大数据等技术,推进智慧贵安建设,打造透明高效的服务型政府。汇聚城市人口、建筑、街道、管网、环境、交通等数据信息,建立大数据辅助决策的城市治理新方式。构建多元普惠的民生信息服务体系,在教育文化、医疗卫生、社会保障等领域,积极发展民生服务智慧应用,提升电力、燃气、交通、水务、物流等公用基础设施智能化水平,向群众提供更加方便、及时、高效的公共服务;加快信息资源共享。统一标准规范,将政务系统数据汇集到云上贵州数据共享开放平台。加快推进人口信息、法人单位信息、自然资源、空间地理信息、公共信息信用库等基础信息资源与贵州省网上办事大厅行政审批服务系统的互联互通、充分共享,按要求编制新区政务服务信息资源目录。③建成电子档案库。配合省级抓好政务服务材料电子档案库建设,实现入库资料自动归档、共享、调用,凡是能通过网络共享复用的材料,不得要求企业和群众重复提交;建立健全制度标准规范。根据省级统一安排,制定网上办事服务管理办法、网上服务标准,确保直接使用电子材料、电子证照、电子签章办理业务,进一步规范网上申请、网上办理。④构建立体化监察体系。强化审批事项办理流程和办理时限监察,实现全部事项全流程的动态管控与监督,对超权限、超时限、逆程序办理的事项要严肃问责。整合畅通政务服务电话热线、网上信箱、网民留言、政务微博、微信公众号等渠道,建立服务对象季度座谈交流机制,开展满意度测评,充分听取办事群众和其他监督人员意见,及时回应关切,不断改进政务服务工作,提高服务质量。⑤健全安全保障体系。政务服务各平台、各系统应依照相关要求,制定内部安全管理制度、操作规程和网络安全事件应急预案,开展等级保护定级备案、等级测评、密码应用、预案演练等工作,建立各方协同配合的信息安全防范、监测、通报、响应和处置机制。⑥加强对电子证照、统一身份认证、网上支付等重要系统和关键环节的安全监控。⑦做好数据分类、重要系统和数据库的容灾备份和加密,对涉及商业秘密、个人隐私等重要数据要建立健全保密审查和安全保障机制,对应用系统实时监测、安全加固与完善应用。

新区按照省政府政务服务中心《贵州省行政审批事项办事指南》(模板)及填制说明,认真做好新区行政审批事项办事指南的编制录入工作,安排专人对网上办事大厅办事指南定期抽查审核,确保办事指南规范准确。为提高网上办事大厅应用率,中心在政务大厅设置了网上自助申报区,积极引导办事群众通过网上申报办理事项,并安排专人指导帮助网上申报。依托新区90个村(社区)便民利民服务站,将乡镇"量大面广、面向群众"的服务事项下放到村(社区)办理,目前,新区村级可通过网上办理乡镇的14项服务事项,实现了上下级联动审批。

推进"一号申请、一窗受理、一网通办"政务服务改革试点。以公民身份号码、法人统一社会信用代码作为唯一的、终身不变的身份标识,依托全省统一建设的通用审批服务系统建成自然人、法人电子证照库,实现企业群众办事"一号"申请,避免重复提交办事材料、证明和证照。在政务大厅整合构建综合受理窗口,建立统一的综合受理办事平台,按照"前台综合受理、后台分类审批、统一窗口出件"的模式,推行"受审分离"模式,实现政务服务事项"一窗"受理,减少群众多头跑及办事往返次数。"一网"通办。依托网上办事大厅和网上统一身份认证体系,推进企业群众网上办事"一次认证、多点互联",提高全流程网上申报、网上审批办理率,打造"线上线下合一、前台后台贯通、纵向横向联动"的政务服务模式,实现多渠道服务的"一网"通办,提高政务服务的便捷性。2016年8月22日,贵安新区"一号一窗一网"政务服务模式正式启动试运行。

以贵安新区审批服务云平台为依托,政务中心探索建设新区审批服务大数据分析运用平台,对新区审批数据进行融合分析,深度挖掘数据关联性,着力解决审批效率低下的问题。审批服务大数据分析运用平台可对新区各部门的业务办理情况、审批效率、窗口服务评价等进行分析,提示审批部门合理调整承诺时限,提高办件效率;对各窗口审批办件数量的数据挖掘分析,可提醒群众避开高峰时段办件等。建设决策支持系统,通过大数据的分析,为新区各职能部门决策提供数据支撑,杜绝凭感觉、靠经验、拍脑门等决策现象,促进政府智能化决策,着力打造公开、透明、阳光、智慧的服务型政府。

第三章 贵州贵安新区
深化行政审批制度改革的机制创新

第一节 打造营商新环境：引领商事制度改革

一、全面实施"五证合一、一照一码"，激发经济潜力

国务院2016年6月30日发出《国务院办公厅关于加快推进"五证合一、一照一码"登记制度改革的通知》，提出"在全面实施工商营业执照、组织机构代码证、税务登记证'三证合一'登记制度改革的基础上，再整合社会保险登记证和统计登记证，实现'五证合一、一照一码'，是继续深化商事制度改革、优化营商环境、推动大众创业万众创新的重要举措"。推进改革的总体要求是：贯彻落实国务院关于深化简政放权、放管结合、优化服务改革的部署要求，统筹协调推进，精心组织实施，从2016年10月1日起正式实施"五证合一、一照一码"，在更大范围、更深层次实现信息共享和业务协同，巩固和扩大"三证合一"登记制度改革成果，进一步为企业开办和成长提供便利化服务，降低创业准入的制度性成本，优化营商环境，激发企业活力，推进大众创业、万众创新，促进就业增加和经济社会持续健康发展。

推进"五证合一、一照一码"登记制度改革的指导原则是：①标准统一规范。建立健全并严格执行企业登记、数据交换等方面的标准，确保全流程无缝对接、流畅运转、公开公正。②信息共享互认。强化相关部门间信息互联互

通,实现企业基础信息的高效采集、有效归集和充分运用,以"数据网上行"让"企业少跑路"。③流程简化优化。简化整合办事环节,强化部门协同联动,加快业务流程再造,务求程序上简约、管理上精细、时限上明确。④服务便捷高效。拓展服务渠道,创新服务方式,推行全程电子化登记管理和线上线下一体化运行,让企业办事更方便、更快捷、更有效率。

推进"五证合一、一照一码"登记制度改革的主要任务:

(1)完善一站式服务工作机制。以"三证合一"工作机制及技术方案为基础,按照"五证合一、一照一码"登记制度改革的要求加以完善。全面实行"一套材料、一表登记、一窗受理"的工作模式,申请人办理企业注册登记时只需填写"一张表格",向"一个窗口"提交"一套材料"。登记部门直接核发加载统一社会信用代码的营业执照,相关信息在全国企业信用信息公示系统公示,并归集至全国信用信息共享平台。企业不再另行办理社会保险登记证和统计登记证。积极推进"五证合一"申请、受理、审查、核准、发照、公示等全程电子化登记管理,加快实现"五证合一"网上办理。

(2)推进部门间信息共享互认。制定统一的信息标准和传输方案,改造升级各相关业务信息系统和共享平台,健全信息共享机制,做好数据的导入、整理和转换工作,确保数据信息落地到工作窗口,并在各相关部门业务系统有效融合使用。登记机关将企业基本登记信息及变更、注销等信息及时传输至信息共享平台;暂不具备联网共享条件的,登记机关限时提供上述信息。对企业登记信息无法满足社会保险和统计工作需要的,社会保险经办机构和统计机构在各自开展业务工作时补充采集。社会保险经办机构在用人单位为其职工办理社会保险登记后,统计机构在完成统计调查任务后,要及时依法将涉及企业的相关基础信息反馈至信息共享平台。健全部门间信息查询、核实制度。

(3)做好登记模式转换衔接工作。已按照"三证合一"登记模式领取加载统一社会信用代码营业执照的企业,不需要重新申请办理"五证合一"登记,由登记机关将相关登记信息发送至社会保险经办机构、统计机构等单位。企业原证照有效期满、申请变更登记或者申请换发营业执照的，登记机关换发加载统一社会信用代码的营业执照。取消社会保险登记证和统计登记证的定期验证和换证制度，改为企业按规定自行向工商部门报送年度报告并向社会公示，年度报告要通过全国企业信用信息公示系统向社会保险经办机构、统计机构等单位开放共享。没有发放和已经取消统计登记证的地方通过与统计机构信息共享的方式做好衔接。

（4）推动"五证合一、一照一码"营业执照广泛应用。改革后，原要求企业使用社会保险登记证和统计登记证办理相关业务的，一律改为使用营业执照办理，各级政府部门、企事业单位及中介机构等均要予以认可，不得要求企业提供其他身份证明材料，各行业主管部门要加强指导和督促。积极推进电子营业执照的应用。

（5）加强办事窗口能力建设。围绕"五证合一、一照一码"登记制度改革涉及的法律法规、技术标准、业务流程、文书规范、信息传输等，系统加强业务培训，使办事窗口工作人员准确把握改革要求，熟练掌握业务流程和工作规范，提高服务效率。加快办事窗口服务标准化、规范化建设，突出问题导向，进一步完善窗口服务功能，真正实现一个窗口对外、一站式办结。加强办事窗口人员力量和绩效考核。健全行政相对人评议评价制度，不断提升窗口服务能力。

国务院通知发布后，贵州省迅速展开行动。2016年10月1日起，贵安新区按照贵州省工商局的部署推进，全面推行"五证合一、一照一码"登记制度改革。建立程序更便利、内容更完善、流程更优化、资源更集约的市场准入新模式，进一步降低了企业创业准入的制度性成本。

按照国家工商总局制定的"统一规划、统一体系、物理分散、逻辑集中"的原则，贵安新区编写了《电子营业执照实施方案》《电子营业执照建设方案》，有效推动电子证照、电子公文、电子签章等在审批服务中的应用。企业可以通过使用"企业数字证书"的电子签章功能,提交企业年度报告,免去报送纸质材料的环节,真正实现网上的年检报告,减少企业办事环节,节约办事成本,提高办事效率。

不涉及国家规定实施准入特别管理措施的外商投资企业设立及变更,由审批改为备案,并出台了外资企业登记"一窗受理、证照同发"改革实施意见。同时,探索实行企业简易注销登记制度改革,进一步优化营商环境。

2016年以来,新区加大力度推进商事登记制度改革,采取一系列改革措施,充分激发了大众创新创业热情和活力。比如外商投资的审批设立,以前需要到商务和工商2个部门,先到商务部门办理外商投资企业的审批,再到工商部门办理注册,办理时限较长,实施"证照分离"改革后,按照"证照合发"进行办理,只需到行政审批局一个窗口,3个工作日内就办结。2016年贵安新区新设立各类市场主体4116户,同比增长68%,平均每个工作日新登记15.6户。具体措施如下:

(1)"证照分离"改革。2016年4月30日,贵安新区管委会印发实施《贵州贵安新区"证照分离"改革试点方案》,率先探索取消办证一批、改为备案一批、自主办证一批、承诺办证一批、证照合发一批、严格准入一批"六个一批"证照分离改革新模式,选取与企业经营活动密切相关的50项行政许可事项先行开展。对50项改革事项逐一细化具体配套措施,新制办事指南,调整审批材料60余件,同步完成办事指南编印工作,全面启动新的审批办理程序对外受理。切实解决"办证多""办证难"等问题,建立宽进严管的市场准入和监管制度。截至2016年12月底,共办理"证照分离"事项309件,其中"改为备案"类业务10户、"自主办证"类业务47户、"承诺办证"类业务15户、"证照合发"类业务26户、"严格准入"类业务211户。

(2)电子营业执照试点。按照国家工商总局制定的"统一规划、统一体系、物理分散、逻辑集中"的原则,贵安新区行政审批局编写了《电子营业执照实施方案》《电子营业执照建设方案》,按方案部署建设电子营业执照系统,实现与省局、国家局的统一建设。有效推动电子证照、电子公文、电子签章等在审批服务中的应用。企业可以通过使用"企业数字证书"的电子签章功能,提交企业年度报告,免去报送纸质材料的环节,真正实现网上的年检报告,减少企业办事环节,节约办事成本,提高办事效率。2016年7月22日,政务服务中心的企业设立窗口发出新区首张"电子营业执照"。随着社会经济的发展越来越快,市场主体数量高速增长,电子营业执照作为市场主体的重要合法身份,以其安全、方便、高效,得到企业和社会的广泛认同。

(3)推行外商投资企业审批注册登记合一改革和企业简易注销试点工作。为进一步深化商事制度改革,在努力探索市场准入门槛降低的同时,也大力完善市场退出机制,探索企业简易注销登记改革,降低企业退出交易成本。2016年10月1日起,不涉及国家规定实施准入特别管理措施的外商投资企业设立及变更,由审批改为备案,并出台了外资企业登记"一窗受理、证照同发"改革实施意见。2016年11月出台《贵安新区企业注销登记简易程序规定(试行)》,通过简化办事程序,缩短公告时限,承诺债务清算,极大方便企业办理注销登记,有效减少"僵尸企业"数量,提高市场统计数据质量。同时,探索实行企业简易注销登记制度改革,进一步优化营商环境。比如,贵安新区的贵州格瑞普照明工程有限公司在6个工作日就办结了公司的注销程序。

(4)"五证合一"改革。在"三证合一"基础上,整合社会保险和统计登记证,2016年10月1日起,按照省工商局的部署推进,全面推行"五证合一、一照一码"登记制度改革。建立程序更便利、内容更完善、流程更优化、资源更集约的市场准入新模式,进一步降低了企业创业准入的制度性成本。自2015年10月新区全面实施"三证合一、一照一码"登记制度改革以来,采取"一窗受理、互联互通、信息共享"模式,简化审批环节,缩短审批时限,为市场的准入提供极大便利。2016年,已办理"五证合一"企业1018户。

一年多来的实践证明,商事制度改革利发展、得民心,取得了阶段性成效,各类市场主体快速增长,产业结构持续优化,初步呈现出"大众创业、万众创新"的生动局面。

自行政审批局成立以来,持续深化商事制度改革,大力实施"证照分离""五证合一"和"简易注销"等改革措施,激发市场主体活力,努力营造便利的投资创业环境,贵安新区市场主体呈现井喷式发展的良好态势。

一是改革措施带动新登记企业大幅度增长。2016年贵安新区新设立各类市场主体4116户、注册资本(金)1308.62亿元,同比增长68%、323%,平均每个工作日新登记15.6户。市场主体户数及注册资本(金)双双大幅增长,体现出商事制度改革降低了市场准入门槛,优化了市场主体结构,改革红利不断释放。二是改革促进私营企业快速增长。自实行商事制度改革以来,公司登记门槛大大降低,民间资本投资热情被极大激发出来。在各项改革措施的驱动下,私营企业已成民间资本投资的重要载体。三是改革带动就业人数增加。2016年,贵安新区各市场主体带动就业人数17216人,同比增长101%。

截至2017年2月底,贵安新区市场主体突破一万户,从市场主体总量来看,个体工商户和私营企业注册户数占91.40%。实践证明,商事制度改革利发展、得民心,极大地激发社会投资热情,使各类市场主体快速增长,产业结构持续优化,呈现出"大众创业、万众创新"的生动局面。

二、率先探索"六个一批""证照分离",释放企业活力

贵安新区围绕进一步解决"办证多""办证难"等问题,提请管委会印发实施《贵州贵安新区"证照分离"改革试点方案》,在全国率先探索取消办证一批、改为备案一批、自主办证一批、承诺办证一批、证照合发一批、严格准入一批"六个一批"证照分离改革新模式,打造法治化、国际化、便利化的营商环境。

改革坚持三原则:一是先行先试,注重效果。选择与企业经营活动密切相关的部分行政许可事项先行先试,创新前置审批、后置审批模式和证照核发方式,切实有效解决市场主体办证难等问题。二是分类推进,动态管理。根

据行政许可事项的不同情况,分类推进,深入试点。依据试点推进有关情况适时调整和完善改革试验任务,与时俱进,动态管理,滚动实施,有力有序有效推进试点改革,不断优化投资发展环境。三是宽进严管,宽严并举。切实放宽市场准入,充分发挥市场机制作用,激发创新创业活力。对涉及国家安全、公共安全、生态安全、生产安全等行政许可事项,依法规范和加强。

改革实行六措施:一是取消办证一批。对部分市场竞争机制能够有效调节、行业组织或中介机构能够有效实现行业自律管理,取消行政审批,实行行业自律管理,允许企业直接开展相关经营活动。对工程造价咨询企业暂定级资质认定等6项行政许可事项,市场竞争机制能够有效调节、行业组织或中介机构能够有效实现行业自律管理,取消行政审批。

二是改为备案一批。对部分行政许可事项取消审批,实行备案登记制。根据行政许可的申请条件,企业将相关材料报送新区行政许可部门备案后,即可开展相关经营活动。行业主管部门根据备案信息加强事中、事后监管,开展行业引导,制定行业规划和维护公共利益。对权限内中外合作职业办学机构审批等11项行政许可事项,取消审批实行备案登记制。根据行政许可的申请条件,企业将相关材料报送新区行政许可部门备案后,即可开展相关经营活动。

三是自主办证一批。对部分暂时不适宜取消、专业性要求不高,对公共安全和市场秩序潜在负面影响较小,可通过市场机制有效调节的资格资质类行政许可事项,企业办照后即可直接开展相关经营活动。企业可根据自身需要,自主选择适时申办相关资格资质许可,并降低准入门槛。对城市园林绿化企业三级资质核准等3项行政许可事项,暂时不适宜取消、专业性要求不高,对公共安全和市场秩序潜在负面影响较小,可通过市场机制有效调节的资格资质类行政许可事项,企业办照后即可直接开展相关经营活动。

四是承诺办证一批。对部分暂时不能取消审批,但通过事中、事后监管能够纠正不符合审批条件的行为,且不会产生严重后果的行政许可事项,实行企业承诺制。对部分行政许可事项企业办照后,向行政许可部门作出承诺,即可在办证期间按照法律法规的有关规定从事生产经营活动;对部分行政许可事项,企业承诺符合审批条件并按照法律法规的有关规定开展经营活动,提交有关材料当场办理相关行政许可事项后,即可从事被许可行为。对权限内旅行社经营国家规定旅游业务审批等6项行政许可事项,暂时不能取消审批,但通过事中、事后监管能够纠正不符合审批条件的行为,且不会产生严重后果的行政许可事项,向行政许可部门作出承诺,即可从事被许可行为。

五是证照合发一批。对部分前置行政许可事项,企业申办行业行政许可和营业执照实行"一并申请、证照同发";对部分后置行政许可事项,企业可选择营业执照和行业行政许可"一并申请、证照同发"或"分别申请、证照分发";对部分关联性强的行政许可事项,实行证照合一发放,不另颁发行业行政许可证件。对权限内外商投资企业设立及变更审批等9项行政许可事项,前置行政许可事项,企业申办行业行政许可和营业执照实行"一并申请、证照同发""分别申请、证照分发"或实行证照合一发放。

六是严格准入一批。对食品生产许可等15项行政许可事项,直接涉及国家安全、公共安全、生态环境保护以及直接关系人身健康、生命财产安全等特定活动的行政许可事项,加强风险控制,强化市场准入管理。

强化监管五机制:一是协同监管。全面推行应用集审批、监管、服务和监督于一体的新区审批服务大数据云平台,实现新区各部门信息实时传递和"全程留痕"监督管理。二是分类监管。建立行政审批诚信档案制度,依据监管对象的日常经营活动、信用评价信息等诚信情况,将监管对象分为不同类别,建立相应的激励机制、预警机制和惩戒机制。三是行业自律。积极引导市场主体自治自律,推进行业自律,促进市场主体自我约束、诚信经营,共同维护公平竞争的市场秩序。四是社会监督。积极发挥专业服务机构、公众和新媒体等社会力量的监督作用,形成人人都是监督员的良好监督氛围。五是动态监管。充分运用大数据、物联网等现代信息技术,实时采集和监控监管对象的信息,提高发现问题和防范、化解风险的能力。

通过实施"证照分离"改革,50项行政许可事项先行开展改革试点,一批灵活多样的"办证"不再是限制企业从事经营活动的"硬杠杠",让"工作围着企业干",充分释放企业创新、创业、创造的活力。目前,贵安新区市场准入类审批事项由法定的30天缩减为1个工作日,有120项可在1个工作日内办结,企业注册登记"立等可取",创新创业活力不断增强。一季度,新区新增市场主体、注册资本同比增长80%和179%。

按照分类监管、动态调整的原则,先后进行了两次调整。一是2017年8月4日,贵安新区印发实施《关于调整贵安新区"证照分离"改革试点方案的通知》,根据经济社会发展需要重新梳理调整改革事项为62项;二是2017年12月15日,国家工商总局印发《关于加快推进"证照分离"改革试点工作的通知》(工商企注字〔2017〕237号),将贵安新区明确为全国"证照分离"改革试点工作重点关注单位,为认真贯彻落实《国务院关于在更大范围推进"证照分离"改革试点工作的意见》(国发〔2017〕45号)中关于"鼓励支持地方和基层大胆探索,积极营造良好环境,及时总结推广改革经验"的精神以及《省人民政府办公厅关于印发贵州省在更大范围推进"证照分离"改革试点方案的通知》(黔府办发〔2018〕11号)要求,新区持续深入推进"六个一批""证照分离"改革新模式,对"证照分离"改革事项进行第三次梳理调整,最终确定纳入改革事项98项。其中取消办证5项,改为备案2项,自主办证2项,承诺办证34项,证照合发18项,严格准入37项。

2018年"证照分离"作为贵安新区改革重点。一是完善配套措施,审批部门要明确审批条件、制定标准清单,监管部门要出台加强和创新事中事后监管等文件。重点是落实事中、事后监管,坚持"谁主管谁监管"的原则,探索完善监管措施,明确各监管部门制定完善监管办法,明确监管标准、监管方式和监管措施,特别是对取消审批、改为备案、自主办证、承诺办证和证照合发的每个事项,要求相关审批和监管部门完成配套措施,明确审批标准、监管内容、监管标准、监管手段,做到放开准入和严格监管相结合,确保无缝衔接、不留死角。二是强化系统建设,依托"审管分离"系统,开辟"证照分离"板块,建立协同监管机制,强化信息互联共享,着力推动审批局和职能部门无缝衔接、流程再造,探索建设集审批、监管、服务和监督为一体的行政管理大数据平台,实现审批、监管以及其他部门之间的信息实时传递和"全程留痕"监督管理。

为进一步深化商事制度改革,完善市场退出机制,贵安新区行政审批局积极探索推行企业简易注销登记改革,大力优化营商环境。2016年11月,新区在全国率先开展企业简易注销登记改革试点,着力解决困扰企业多年的"开张容易退出难"的问题。2017年3月1日,根据国家工商总局《关于全面推进企业简易注销登记改革的指导意见》(下称《意见》),新区审批局围绕"快速推进、加强引导、跟踪问效",全面实行企业简易注销登记改革。一是采取多形式做好政策宣传,引导企业自主选择注销登记程序。同时对《意见》中企业最关心的新规定、操作流程、所需材料等予以重点宣传,增强宣传的针对性和实效性。二是通过多渠道提供详细办事指南、简易注销登记流程图等材料,增强企业知晓度和操作性,提高企业办事效率,确保企业简易注销登记改革落实到位。截至2017年7月底,已完成注销企业4户,公告期满待注销的企业4户,正在公告期的企业15户。

第二节 实现效能新突破:深化投资项目审批改革

一、优化审批流程,实现投资项目审批40天全流程

2016年为投资项目在线监管审批监管平台的试运营期,目前已初步具备窗口登记、网上申报、网上审批等功能。2016年贵安新区通过窗口登记项目178个,涉及总投资2745.29亿元,其中审批项目48个、总投资1087.22亿元,

核准项目5个、总投资1.10亿元(一个为调整批复未登记投资),备案项目125个、总投资1656.97亿元。

2016年申报项目经窗口登记后,已全部由赋码主管部门工作人员统一编码,之后由系统统一分发至新区13家审批部门,各审批部门根据自身职能职责在5个工作日内进行业务甄别,提出甄别意见,并实行超时默认制。对于超时默认的(系统状态显示为任务过期,默认不涉及本部门行政审批),即表示该部门准予或认同被甄别项目实施。当前,新区具备甄别权限的13家部门(经济发展局、行政审批局、规划建设管理局、国土资源局、安全监管局、环境保护局、农林水务局、公安消防支队、政法与群众工作部、国家安全局等)中,基本只有审批、国土等部门持续使用在线审批监管平台。

目前,系统仍处于开发设计阶段,未与正在使用的审批服务系统完全融合,还不能实现审批服务系统中有关"受理—承办—审核—批准—办结"流程环节,只能实现项目申报(网上登记或窗口登记)—统一编码—业务甄别—业务办理—批复办结等流程环节,且批复办结环节所上传的批复文件,目前仅对审批部门可见,还未提供项目申报单位在网上办事大厅自行下载、打印自己所申报项目有关批复(或备案)文件的功能。

即将施行的《企业投资项目核准和备案管理条例》(国务院第673号令)已经明确要求:自2017年2月1日起,除涉及国家秘密的项目外,企业投资项目核准、备案通过国家建立的项目在线监管平台(以下简称在线平台)办理,核准机关、备案机关以及其他有关部门统一使用在线平台生成的项目代码办理相关手续,国务院投资主管部门会同有关部门制定在线平台管理办法。行政审批局迅速响应国家和省的安排,积极对接深圳太极公司,于2017年1月起启动企业投资项目核准、备案全程网上报批测试工作,确保从2017年2月1日起正式实现网上运行。按照"统一申报、一次告知、动态查询、超时默认"的原则,由相应审批机构按程序进行全程网上申报和审批。

（一）减少投资前置要件

对企业投资项目除国家规定的重特大项目应当将环评审批作为前置条件外，只将规划选址、用地预审作为企业投资项目准入的前置审批，其他前置审批事项与项目核准报告并联同步审批。根据《贵安新区直管区重大工程和重点项目管理办法（试行）》规定，列为新区重大工程和重点项目的项目总投资规模原则上应达到5000万元以上。由环境保护局结合贵安新区实际，制定必须将环评审批作为前置条件的重特大项目范围或目录，在目录之外的企业投资项目核准不再将环评审批作为前置条件。除规划选址、用地预审及环评审批之外，其他前置审批事项不再作为企业投资项目核准前置条件，与项目核准报告并联同步审批。

对建成运营后能耗较低的基础设施类建设项目，投资主体可在项目开工前完善相关前置审批手续。2017年国家发改委最新出台的节能审查办法已明确规定：政府投资项目，建设单位在报送项目可行性研究报告前，需取得节能审查机关出具的节能审查意见；企业投资项目，建设单位需在开工建设前取得节能审查机关出具的节能审查意见；年综合能源消费量不满1000吨标准煤，且年电力消费量不满500万千瓦时的固定资产投资项目，以及用能工艺简单、节能潜力小的行业（具体行业目录由国家发展改革委制定并公布）的固定资产投资项目应按照相关节能标准、规范建设，不再单独进行节能审查。结合新区实际，对属于不再单独进行节能审查的，做好后期建设及运营中的节能监管；对需要单独进行节能审查且属于建成运营后能耗较低的基础设施类建设项目，节能审查意见可不再作为可行性研究报告审批的前置条件，在项目开工建设前完善即可；对企业投资项目，节能审查参照最新的节能审查办法执行即可。

（二）减少中介评审环节

探索建立投资项目"多评合一、统一评审"的新模式。2016年11月23日，李克强总理在上海主持召开的深化简政放权放管结合优化服务改革座谈会上指出，要围绕重点领域、关键环节继续加大放权力度，探索在工程建设领域实行"多评合一""联合验收"等新模式，推动解决程序繁、环节多、部门信息不衔接等问题。"多评合一"是指投资项目在项目审批阶段涉及的多个中介评估评价服务统一组织、同时进行的一种中介服务管理新模式（例如可行性研究报告或项目申请报告、节能评估报告、环境影响评价文件、项目安全条件评估报告、社会稳定风险评估报告、水土保持方案、地质灾害危险性评估报告等的审查评估）。由各相关审批部门针对各项目审查评估，按照"多评合一"的实施办法，在项目申报后，在中介云平台中选取具备相应资质的中介咨询评估机构进行统一评审，或组织相关行业主管部门业务负责人及专家召开统一评审专题会进行统一评审。

对投资强度不大、建设内容单一、工程技术简单的项目可视情况取消可行性研究报告的中介机构评审环节，建设单位和设计单位对可行性研究报告中关于建设项目的可行性、合规性、合法性等作出书面承诺，实行"即报即批"的非实质性审查审批。同时，建立对建设单位和设计单位违法违规的惩戒约束机制。由行政审批局会同经济发展局制定投资强度不大、建设内容单一、工程技术简单，可以实行"即报即批"的项目目录和投资标准，并建立惩戒约束机制。即，原本应进行的技术审查环节，对于属于"即报即批"目录的项目，取消技术审查环节，行政审批局只需进行程序审查，最大限度缩短审批时限和降低投资成本。

（三）试行环评豁免和备案管理

凡未明确列入《建设项目环境影响评价分类管理名录》，且不涉及自然保护区、饮用水源保护区等环境敏感区,不存在噪声废气扰民,没有明显污染物排放或造成生态影响的建设项目,原则上不纳入环境影响评价管理,执行《贵州省建设项目环境影响评价豁免管理名录》,在豁免名录范围内的建设项目试行环境影响评价豁免管理。建设单位应当认真、准确提供环境保护有关指标,环境保护局根据《贵州省建设项目环境影响评价豁免管理名录》判定是否可以实行环境影响评价豁免管理。《建设项目环境影响评价分类管理名录》规定应当填报环境影响登记表的建设项目,按规定办理环境影响登记表备案手续。建设单位可通过网上填报或现场登记两种方式进行信息采集,由环境保护主管部门实行备案管理。

(四)创新社会稳定风险评估审查方式

由直管区本级审批、核准的重大固定资产投资项目,建设单位在可行性研究报告、项目申请报告中将社会稳定风险分析设为独立篇章的基础上,可按规定自行开展社会稳定风险预评估工作。对预评估风险等级为低风险的,可取消评估论证环节,由建设单位自行编制《社会稳定风险预评估报告》、出具低风险等级声明一并列入独立篇章;对预评估风险等级为高风险和中风险的,应当按规定开展评估论证工作。需核报国家和省审批、核准的项目,按国家和省有关规定执行。

对于达到直管区重大工程和重点项目标准(投资5000万元以上)的项目,建设单位应当编制社会稳定风险分析篇章,并进行预评估,预先判定风险等级。按措施内容规定可取消评估论证环节的,按要求报政法群工部(维稳办)备案;必须开展评估论证工作的,报政法群工部(维稳办)同意后,酌情按照第二项措施"多评合一"进行评估,评估结果报政法群工部(维稳办)备案。社会稳定风险等级具体由政法群工部(维稳办)参照《国家发展改革委关于印发〈国家发展改革委重大固定资产投资项目社会稳定风险评估暂行办法〉的通知》(发改投资〔2012〕2492号),牵头制定贵安新区直管区重大固定资产投资项目社会稳定风险评估有关办法。

(五)开展产业园区项目直落地试点

各产业园区管委会根据产业指导目录和园区产业定位，组织编制区域性水土保持、压覆矿产资源、地质灾害、雷电灾害风险等区域性整体评估报告，以区域性整体评估代替单个项目评估，入园建设项目不需重复进行上述评估。各产业园区管委会在相关行业主管部门指导下，组织编制区域性水土保持、压覆矿产资源、地质灾害、雷电灾害风险等区域性整体评估报告，在评估报告中一并明确可以不再重复进行本项评估的项目目录和标准，入园企业进行项目申报时，需提供符合区域性整体评估意见有关规定的情况说明和声明，相关行业主管部门对照项目目录和标准进行审查，符合条件的即可告知企业不需重复进行本项评估。

对控制性详细规划已通过审查的产业园区和产业聚集区，符合新区总体规划、土地利用总体规划以及产业园区控制性详细规划的入园建设项目，项目方案(或项目简介)中作出符合相关规划的声明并报产业园区管委会审核同意后，可取消规划选址和用地预审前置审批。业主单位在作声明时需直截了当说明符合相关规划的理由，杜绝搞模糊概念和"打擦边球"，报产业园区管委会进行项目论证时一并报审，经产业园区管委会审核同意后，贵安新区规划建设局、贵安新区国土资源局依据审核意见，在项目申报进行审批(或在线平台进行业务甄别)时作出可取消规划选址和用地预审前置审批的意见。各产业园区管委会需及时编制和修订产业园区控制性详细规划。

在规划环评已通过审查的产业园区或产业聚集区，对符合规划环评审查意见的入园建设项目，其环评手续可按照规划环评的意见进行简化。贵安新区环境保护局主要负责审查入园建设项目是否符合规划环评审查意见的相关规定，符合条件的即可按规定予以简化。环境保护局需预先制定简化后的审批流程和标准。

（六）减少建设工程规划许可前置要件

对已取得《土地使用证》或土地出让合同、规划设计方案和海绵城市专项设计方案满足城市规划强制性指标的建设工程，经公示并由建设单位作出施工图阶段不改变规划方案要件的承诺后，即可核发《建设工程规划许可证》。由贵安新区规划建设局根据当前核发《建设工程规划许可证》的前置要件要求，对已取得《土地使用证》或土地出让合同、规划设计方案和海绵城市专项设计方案满足城市规划强制性指标的建设工程，制定简化前置要件后的审批流程。例如，规划监察备案表、相应单体指标复核报告、规划部门审定的设计方案以及测绘放线单等当前需要的前置要件，建设单位在申请核发《建设工程规划许可证》时一并递交报批资料并作出承诺，由规划建设局牵头，走部门内部流程审批，不再作为前置要件。

（七）简化规划许可手续

对国民经济与社会发展规划、本级和上级政府投资计划、管委会相关决策和会议纪要已经明确用地预审意见的政府投资建设项目和重大工业项目，建设单位可申请将选址意见书与建设用地规划许可合并办理，将修建性详细规划方案审查与建筑设计方案审查合并为建设工程设计方案审查。对于选址意见书与建设用地规划许可合并办理，申报前置要件按选址意见书的前置要件执行。对于需核准的企业投资项目不建议合并；对进行备案的企业投资项目直接合并；对需审批的政府投资项目，具备立项依据和已经明确用地预审意见的，可以合并。对于将修建性详细规划方案审查与建筑设计方案审查合并为建设工程设计方案审查。由规划建设局制定审查标准和流程，建设单位遵照执行。

对道路、垃圾、污水处理等基础设施以及教育、医疗等公共服务建设项目，由规划建设部门会同相关单位先行审定建设项目设计方案并出具审查意见,项目单位可依据审查意见到相关部门办理审批手续,并组织开展有关工作;相关审批手续齐备后,即可办理建设项目选址意见书、建设用地规划许可证、建设工程规划许可证。

(八)减少用地预审前置要件

压缩本级立项项目的用地预审范围,已取得建设用地批复文件(或土地使用证）的项目及已办理批次用地的园区内不涉及新增建设用地的单个项目,不再办理用地预审手续(涉及土地用途变更的除外)。已取得建设用地批复文件(或土地使用证)的项目,目前已经明确规定不再办理用地预审手续(涉及土地用途变更的除外)。已办理批次用地的园区内不涉及新增建设用地的单个项目,在不改变土地用途的前提下,不再办理用地预审手续,但需提供符合批次用地用途的情况说明和不改变土地用途的承诺。产业园区管委会应当积极主动争取对已确定开发布局规划的地块提前办理批次用地手续,国土资源局应当大力支持。

对本级审批、核准且所在区域已完成区域性整体评估的建设项目,办理建设项目用地手续时,评估报告结论显示"未形成重要矿产资源储量"的区域内不需重复进行压覆重要矿产资源核查工作,评估报告结论显示"没有地质灾害隐患"的区域内不需重复进行地质灾害危险性评估工作。对单独选址和需报上级审批、核准的项目的报批问题,按有关规定办理。产业园区管委会需在国土资源局指导下,组织编制压覆矿产资源、地质灾害区域性整体评估报告,并在评估报告中一并明确可以不再重复进行本项评估的项目目录和标准。

二、转变审批方式,切实解决投资项目落地难问题

2017年6月,国家发改委牵头联合18部委发文,要求自2017年6月25日起施行《全国投资项目在线审批监管平台运行管理暂行办法》(国家发展改革

委2017年第3号令），该办法旨在保障全国投资项目在线审批监管平台的规范运行应用，强化投资项目审批监管。

为全面贯彻落实国家发展改革委2017年第3号令文件精神，全力做好贵安新区投资项目在线审批办理相关工作，2017年6月28日，贵安新区行政审批局在政务服务中心会议室传达学习了该文件，并对行政审批局如何统筹协调新区相关审批部门和项目建设单位全面开展投资项目在线申报、在线审批、在线监管工作进行了部署。

同时，贵州省政府政务服务中心已决定，将贵安新区作为贵州省投资项目在线审批监管平台与贵州省网上办事大厅融合应用的试点，此举将助推新区在全省范围内率先实现投资项目报批"进一张网、办新区事"。

(一)改革地质灾害危险性评估办法

备案类项目申报用地预审时，无须提交地质危险性评估证明，但需提交相关红线图和拐点坐标等，证明不属于地质灾害易发区，审批单位将地质灾害危险性评价结果通过用地预审意见告知建设单位。企业投资项目备案后，涉及新征用的土地，到国土资源局申报用地预审时，只需提交规划建设红线图(含拐点坐标)，供国土资源局审查是否属于地质灾害隐患区。不属于地质灾害隐患区的，国土资源局出具相关证明，与用地预审实行部门内部并联审批，不再单独办理地质灾害危险性评估审批手续。对于当前不能判定是否属于地质灾害隐患区的项目，国土资源局应当及时告知建设单位进行评估。国土资源局应当提前筹划，对不属于产业园区规划区域的，且新区在一定时期内规划建设与开发比较密集的区域，开展地质灾害区域性整体评估工作。属于产业园区区域的，按照第五项"产业园区项目直落地试点"有关规定执行。

(二)试行政府统一代办用地手续

各产业园区入园建设项目的部分专项评估评审事项可由所在区域的产

业园区管委会在土地挂牌出让前统一代办和实施。各产业园区管委会制定可代办的专项评估评审事项清单(和标准)、代办流程及内部管理规定,抽专人负责统一代办工作。

对于本级审批(核准、备案)的经营性和工业类项目,可由项目所在区域产业园区管委会向国土资源部门统一办理用地预审手续,预审意见提出的有关要求作为土地出让条件纳入土地招拍挂方案,建设单位在履行土地招拍挂程序后严格落实。各产业园区管委会国土资源局确定可以代办用地预审手续的项目范围(含投资类别、投资规模标准、用地规模标准等),协商一致后,由国土资源局统一形成《产业园区用地预审代办方案》。

(三)试行建筑工程项目分阶段报建施工

建筑工程报建施工可分阶段立项备案,建设单位可自主选择整体立项备案,也可自主选择将软基处理、基坑支护、桩基础、主体结构等工程单独立项备案。行政审批部门根据规划建设部门关于建筑工程总平面图、施工图及单体方案的审查意见,结合建设单位需求实际,可分阶段核发软基工程、基坑支护工程、桩基础工程、主体结构工程的施工许可证,使项目单位提前启动基础工程施工,缩短项目建设周期。

根据建设单位自主申请,对于各阶段施工相互之间无直接影响的建筑工程,报建施工可分阶段立项备案,行政审批局可分阶段核发施工许可证。由行政审批局制定分阶段报建施工前后阶段工程交接有关规定,前一阶段核发的施工许可证及施工建设情况作为后一阶段施工许可证核发的依据之一。

(四)开展"先建后验"试点

对具备开工建设条件的企业投资项目,其报建审批手续试行"先建后验",建立以"部分审批事项前置代办+企业依法承诺+备案"为核心的并联审批模式。企业获得建设用地,对照报建审批清单自主进行分析评估,只要依法作出承诺及时办理相关手续且在竣工验收前能全部补齐补正,并经公示和备案后,项目即可"先建",行业主管部门按承诺内容和行业规范加强监管,并制定报建审批手续"先建后验"具体实施办法。对具备开工建设条件的企业投资项目,在充分征求相关审批部门意见后,可以依据相关审批部门意见先行启动施工。由行政审批局会同经济发展局,相关部门密切配合,提出可以试行"先建后验"的企业投资项目范围(含项目类别、建设规模、项目投资,以及具备开工建设条件的具体标准)。

(五)改革消防审批方式

经贵安新区管委会批准立项的建设工程(不含村民自建住宅)消防设计审核和备案不再以规划部门的许可证明文件为前置,消防部门负责对建设工程是否符合消防技术标准和消防安全条件进行审查审批。其他法律、法规或行政规章规定了审批前后置关系的,在不影响有关审批部门履行职能的前提下,按照"流程优化、高效服务"的原则,后置部门可提前介入。

本项改革核心在于贵安新区消防支队提前介入、提前服务,对于新区管委会已经批准立项的建设工程(不含村民自建住宅),提前进行消防设计审核、备案,只要建设单位在后续方案设计中不改变已经审核、备案的消防设计方案,提前审核、备案意见保持有效。在后续报建过程中如消防设计方案发生变更,需按照流程重新进行审核或备案。

(六)推行分阶段报建施工验收新机制

对分阶段报建施工的建筑工程项目,可在各阶段工程竣工后分阶段验收,前后阶段施工单位需按《贵安新区直管区政府投资项目实物移交、竣工验收及产权移交管理细则》有关要求落实好技术交底和责任交接。审批部门将前一阶段的交接资料作为后一阶段申请施工许可的必备条件。

（七）实行"单一接口"报件

对企业投资项目所有审批手续及报件,实行"一个窗口办理、过程内部流转、限期完成审批"。积极对接全国投资在线审批监管平台,实现相关部门的横向联通和纵向贯通。按照全面覆盖、全程在线、全部共享的原则,各部门逐步实现非涉密项目"平台受理、在线办理、动态跟踪、限时办结、依法监管、全程监察",实施网上在线并联审批,并联过程中实行"超时默认制"。通过在线平台的"外网申报+内网审批",结合40天全流程审批各阶段时限要求,即可实现"一个窗口办理、过程内部流转、限期完成审批",由行政审批局制定外网申报指导流程和内网审批指导流程,各审批部门完善内网审批有关规定(内网完善后在外网是直接公开的)。单一接口报件流程如下:①单一接口申报——项目申报。所有企业投资项目,由企业通过"贵州省网上办事大厅"通过站点切换转到"投资项目在线审批监管平台",进行投资项目基本信息申报,具体内容按照"项目基本信息、项目资金来源、项目单位基本情况"表格格式逐一填写,企业对项目信息的真实性负责。②内网网上预审。行政审批局通过在线平台内网对企业项目申报信息进行网上预审,审核通过后进行统一编码,统一产生项目代码,该代码作为项目的唯一标识贯穿于项目的全生命周期和每个审批事项。③内网并联审批。已取得项目代码的项目会由在线平台统一分发至各审批部门,各审批部门通过内网保持动态跟踪,并适时进行审批业务甄别。默认时限为5个工作日,5个工作日之后,由行政审批局根据各有关审批部门业务甄别结果,打印审批事项一次性告知书,将"投资项目审批事项清单"一次性告知企业。①④单一接口申报——报批资料上传。企业根据"投资项目审批事项清单",通过在线平台("贵州省网上办事大厅"站点切换转到"贵安新区")进行网上审批,向各审批部门电子化上传报

---

①　只要相关审批部门进行业务甄别后,对于各审批事项的甄别结果,企业不需等待,即可自行在用户中心查看。

批材料,各审批部门接收资料后作出审核或批准意见,并反馈至在线平台内网,企业可自行登录在线平台外网的用户中心查看审批结果。

（八）实行报建清单告知管理

分门别类编制从"项目准入—规划设计—施工许可—竣工验收"项目建设全链条涉及的所有审批事项(含标准)、监管事项(含标准)的告知清单,并形成贵安新区投资项目建设领域的制度汇编,减少投资主体信息不对称增加的时间和经济成本。通过第十五项改革措施,实行"外网申报+内网审批"进行审批业务甄别后,一方面项目单位可在用户中心直接查看本单位申报项目所有需审批的事项(含标准),另一方面待甄别默认时限过后行政审批局可以直接打印一次性告知清单(含投资项目审批事项清单)。

行政审批局分别制定新区投资项目审批40天全流程,包括政府投资项目审批流程、企业投资项目核准流程、企业投资项目备案流程。并按照项目所属行业分类和建设背景,分别从建筑工程、水利水电工程、交通运输工程、能源矿产工程、技术改造等类别提出有差异的环节,例如,分别针对是否需要用地预审、是否需要环评审批、是否需要节能审查、是否需要规划选址审批等多方面,对项目类别进行分类汇总。

由行政审批局牵头,各审批部门密切配合,拟制项目建设制度汇编。由经济发展局牵头,各有关行业监管部门密切配合,按照项目分类编制监管事项告知清单。

（九）实行"预审批"

对重大工业项目、政府投资项目实行"预审批"制度,即项目用地未办理征收或出让手续,由国土部门先行出具用地预审初步意见,相关审批部门先行受理申报材料要件,提前介入、提前咨询、提前辅导、提前服务,模拟正式审批过程,出具与正式审批要素相对应相衔接的项目初审意见,项目业主根据项目初审意见开展前期相关工作，待项目用地完成征收和出让手续并达到法定条件后，项目业主在规定期限内补齐补正相关材料，相关审批部门将项目初审意见转化为正式审批文件。

由行政审批局牵头制定"预审批"制度及意见标准表格，各审批部门分别给出可以实行"预审批"的事项及标准，由行政审批局进行"预审批"事项清单汇编。需转报省级或国家审批的，其"预审批"意见时效定为可行性研究批复之后、建设工程规划许可证核发之前，在报批初设时必须具备相关审批部门已转报上级审批的请示或报告，作为初设批复依据（按规定报批）。

（十）实行技术审查与程序审查分离

技术审查全面推行政府向中介机构购买服务，技术审查结果作为行政审批部门程序审查、审批的依据。程序审查主要审查项目申报条件是否符合有关规定、报批要件资料是否齐全、是否具备建设条件等。对于符合要求的项目，按照有关规定选取有资质的中介咨询机构①进行技术审查。

将技术单列审查调整为集中联合审查，对非土木工程技术审查（节能、环评、水土保持、人防、交通影响、林业等）采取"备案制+承诺监管制"方式，推行"即报即批"；对特殊项目、重大项目已经明确须开展节能、环评、水保等技术审查事项的，联合审查实行"缺席默认制"。

（十一）培育和规范中介咨询服务市场

加快引进和培育社会专业技术中介咨询机构参与技术审查和咨询，逐步放开审图、工程检测、地震评估、人防、电力、消防等技术性审查市场，同时明确投资主体、法定认可人、施工单位、设计单位、勘察单位、项目管理单位

---

① 中介咨询机构本身应当具有符合国家规定的相应咨询资质，完全具备对建设项目工程技术、投资估算或概算等进行审核审查的能力，技术审查通过后，出具真实有效的咨询评估报告，并对报告承担相应的法律责任。

的责任,尝试构建支撑新型监管模式的工程担保与保险体系。建立行政审批"中介云"平台,构建公平开放、竞争有序、诚实守信、执业规范的中介咨询服务市场。由行政审批局会同经济发展局制定投资主体、法定认可人、施工单位、设计单位、勘察单位、项目管理单位的责任清单,制定中介咨询服务管理办法。加快建设投资项目审批"中介云"平台,对中介咨询机构进行服务评级,及时淘汰服务质量差、评级偏低的中介服务机构。加快推进新区投资评审专家库建设工作。

第四章　贵州贵安新区智慧审批平台建设：大数据"六朵云"

　　为推进"互联网+政务服务"建设，营造更加优质高效便捷的服务环境，2016年以来贵安新区政务服务中心在全国率先构建了以大数据云端"六朵云"组成的审批服务云平台，变"8小时工作"为"24小时工作"，变线下服务为线下线上并重，使企业和群众真真实实感受到办事的方便、快捷、高效和优质，实现用数据说话、用数据管理、用数据创新，全力打造阳光智慧政务。"审批云""监管云""监督云""招商云""证照云"和"分析云"的构建，使得贵安新区在政务服务工作中，实现了一网通办、审管衔接、数据管人、精准服务、方便快捷和公平竞争。云上服务平台让各项建设发展正高速运行的贵安新区搭上大数据快车，实现精准化、阳光化的发展。

　　贵安新区领跑快干、精准掘金，从数据收集、存储、处理到大数据价值变现，重构商业思维，以"大数据+产业"战略为带动，把大数据产业作为供给侧结构性改革的核心抓手，助推实体经济在大数据"核动力"的驱动下，向"工业4.0"迈进，全面践行和落实《中国制造2025》。

　　"大数据+智能制造"。2017年5月22日，在位于贵安新区高端产业园的中德西格姆精密制造项目生产车间内，在一个不足1毫米的二维码上，可以看到刀具的"生老病死"。而为刀具加上"身份证"的，正是大数据通过ASTS刀具智能云端管理系统，跟踪刀具的整个使用过程，通过数据反映生产问题，及时调整生产方法和设备。中德西格姆公司大数据管理系统正是运用大数据的精准，控制了260条精密制造工业刀具生产线及2200台CNC数控加工机床生产线,实现成本节约、效率提高。浙江福爱电子有限公司研发的FAI计量单元产业化项目,已建成并投入使用的生产线采用的"工业4.0"技术,并通过车辆控制器核心技术构建了互联网大数据平台,实现智能制造和运行,不断开发延伸技术和产品,拥有国内外发明专利100多项。智能制造的燎原之火,毅然颠覆传统模式,"工业4.0"之星在贵安新区悄然升起。

"大数据+医疗体系"。联影(贵州)医疗科技有限公司构建一条"生命长廊",在全球首创"基因+影像+生化检验+病理+心电"五位一体的精准医疗中心模式,患者不用长途跋涉,即可享受优质医疗资源,弥补公共卫生资源短缺和分布不均的问题。

以精准医疗扶贫为己任,坚持服务贵州、服务群众,贵州健康医疗大数据产业发展有限公司作为"大数据+远程医疗"体系建设的践行者,于咫尺之间悄然蜕变,在省、市、县、乡四级构建远程分级诊疗大数据网络,让老百姓在乡(镇)医院就能享受优质医疗资源。目前,该项目已在丹寨、绥阳、平坝等10多个县区成功落地,给分级诊疗插上了大数据的翅膀,重新定义大健康的互联时代,实现精准预测、精准诊断、精准用药、精准评估,让医患互通、数据共享、个性服务照进现实。

"大数据+绿色交通"。绿色出行,贵安首发。贵安新区与五龙长江汽车合作的总投资为50亿元、年产24万辆新能源纯电动车项目落地建设,以此为平台,吸引电池、电机、电控等20个配套产业项目纷沓而至,贵安—SPI新能源高科技产业园、台湾立凯磷酸铁锂生产项目等成功签约,获得贵州省高速公路沿线5800多千米光纤30年经营权,试行配售电改革。贵安新区利用大数据在绿色交通领域布局落子,一场新能源、新材料的技术革命已然打响,围绕电动汽车制造、配套、应用的全生命周期生态产业链烙印在贵安版图上。

"大数据+云链平台"。作为大数据产业发展的本土企业之一和国内首家云链服务提供商,园区内的贵州白山云科技有限公司引入云链服务(CCX),建立数据与数据的连接,为数据的传输、存储、消费和治理提供完整的生命周期服务，目前已签约包括今日头条、美团、秒拍、搜狐、汽车之家、暴风集团等两百多家大中型客户，身处黔中深闺的白山云，乘着大数据的东风走向全球，迎接物联网时代的到来。

贵安新区先行先试，顺应物联网时代新形势，用好用活大数据这个钻石矿，以大数据为产业发展的核心竞争力，让大数据的价值链生生不息，让园区成为有智慧的家园。高端园区四年累计完成固定资产投资76亿元，签约企业49家，投资总金额283亿元；其中，已投产企业28家，开工在建企业16家。通过"大数据+"，在智能制造端、应用端和云链服务端打造全生命周期全产业链，贵安新区高端装备制造产业园将在3年内以1000亿级的新兴产业园区形象，仁立"云"端。

第一节　"审批云"实现一网通办

近年来，我国各地区、各部门积极探索创新，不断改进政务服务，在简化群众办事环节、提升政府行政效能、畅通政务服务渠道等方面取得了显著成效。然而困扰基层群众的"办证多，办事难"现象依然存在，给群众办事创业带来诸多不便。从电子政务的角度分析，其重要原因在于缺乏开放性和连续性。要真正实现"互联网+政务服务"的落地，需要进一步思考互联网的本质特性，从"政府即平台"的理念出发，构建一个政府、市场、社会都能互动、参与、协同的开放性体系。推进"互联网+政务服务"的核心要义是促进互联网与政府公共服务体系的深度融合，目标是实现各试点城市间政务服务跨区域、跨层级、跨部门的"一号申请、一窗受理、一网通办"。

"审批云"整合网上办事大厅、综合受理平台、审批服务系统和投资项目在线审批监管平台，实现一网流转、流程全面再造。目前审批服务云整体解决方案在电子政务外网的基础上，以"相对集中"的建设思路，进行审批应用服务"大中心"的规划和实施，从而实现集中投资、整体规划和集中管理。

贵安新区作为全国相对集中行政许可权改革试点地区，近年来大胆探索，积极构建行政审批"一章审批、一网审管、一单规范"和政务服务"一号申请、一窗受理、一网通办"双轮驱动改革新模式，取得较好成效。投资项目审批时限在法定时限基础上压缩85%以上，不仅解决了审批多、办证慢等问题，还促进了当地营商环境更加透明化、规范化。2015年8月改革以来至2017年3月末，贵安新区新增市场主体9906户，是改革前的5.5倍。贵安新区依托贵州省网上办事大厅，在全省率先开展电子签章试点，审批人员通过CA数字证书登录系统开展审批工作，推行电子签名、电子印章，形成申请、受理、审核、批准、办结、领证全流程电子化运行，将贵安新区17家审批服务部门、4个乡镇、2个园区、90个村（社区）的行政许可和公共服务事项全部纳入并实行联动审批，构建企业、群众办事统一认证体系，实现网上办事"一次认证、多点互联、一网通办"。

同时，审批服务云平台对许可事项事前审批和事中、事后监管进行数据化实时监控管理，建立起政务数据信息采集、归类、储存、分析、运用机制，逐渐形成科学统一、逻辑清晰、覆盖全面的政务大数据库，逐步实现跨层级、跨区域、跨部门的政务数据交换和共享，不断推进大数据在政府科学决策、智慧管理、分析预判方面的有效应用，延伸了政务服务的空间和形式。

借助信息化、智能化手段，研究定制智能化查询、填表、申报等自助设备，探索开发微信申报模式，开发统一的手机申报APP，逐步形成网上办事大厅、实体办事大厅、移动客户端、自助终端等多渠道、多形式相结合的政务服务一张网，实现群众网上办事多种渠道、一次认证、无缝切换，大幅度提高行政审批和公共服务的便捷性。

随着国家对行政审批改革工作的不断推进，对审批信息化建设也提出了更高的要求。虽然贵安新区的审批工作取得了较大的进展，但由于历史和技术发展的原因，贵安新区的审批系统因缺乏统一的规范和标准，未能自成一套体系，表现为"数据孤岛、应用孤岛、硬件孤岛"三大孤岛问题。

首先是"数据孤岛"问题。数据不能共享，比如各个部门的系统都需要用户单独注册，不能在一处统一注册，多地应用；申请人提交的个人证照及材料信息不同地区办理业务需多次提交，不能一次提交，多处使用。数据不能交换，比如各县市区审批部门，都需要向上级主管部门上报或从上级主管部门数据中心获取相关数据，因为缺乏统一的交换标准，只能手工进行，极大地影响了工作效率，人为增加了出错概率。

其次是"应用孤岛"问题。缺乏统一身份认证体系，申请人进入不同的系统，都要进行身份验证，输入账号、密码，给使用者带来不便；缺乏统一的信息展现层，各审批服务中心分别建设门户网站，各级之间没有信息通信机制，与社会公众相关的重要信息分散在各个系统中，使用者要获取这些重要信息，需要访问各个系统；各软件系统功能重复堆砌，一些通用的基本功能，如用户注册模块、审批件检索模块、网上申报模块、事项管理模块、电子证书模块、审批办理模块、数据分析模块等，大多数应用系统中都用得到。现阶段，各系统中包含的这些独立模块功能重复，给使用和维护管理造成巨大困难；缺乏跨系统的、自助的、灵活的辅助决策工具，比如对各县市区审批清单情况、审批办件情况、投资项目情况等，无法直观地、方便地对各类数据之间对比、汇总、统计、展示。同时，现有的各审批系统只能在系统内部进行统计分析，无法根据需求跨数据库进行统计分析。

最后是"硬件孤岛"问题。高投入、难管理、低效率、高能耗、低应用的问题，当前各县市区硬件配置现状一般是最少三台服务器，包含外网服务器、应用咨询系统服务器、数据库服务器。存在硬件资源浪费与硬件资源不足的问题，如果服务器性能很高有资源剩余，但不能将多余的资源给其他应用系统使用造成浪费；当应用高峰时，可能一台服务器资源不足，也无法从其他地方获取更多的硬件资源支持造成应用瘫痪。同时，大量的服务器硬件增加了维护难度和能耗成本；低安全问题，当任意一台服务器出现硬件故障或者软件故障时，则与本服务器相关的应用系统，都不能使用，造成应用瘫痪。

第二节 "监管云"实现审管衔接

"监管云"将监管工作统一纳入云平台管理,实现审批与监管信息的实时传递和对接,为部门开展协同监管、大数据监管等提供平台支撑。贵安新区行政审批局在探索实行"新区+乡镇"两级扁平化和大部门制的管理体制基础上,立足先行先试政策优势,在其运行模式中,积极探索协调联动新机制,着力推进"审管衔接无缝隙"。实行"审管分离",着力解决事前、事中、事后审批和监管的无缝衔接及审批互为前置等问题,推动原职能部门的工作重心转移,把主要精力集中到负责许可事项的行业规划和相关政策、标准、规范制定及事中、事后的监管上来,实现审批与监管既相互分离又相互制约、相互促进。

过去人们往往强调"谁审批谁监管",如今"相对集中"后,审批与监管出现职能分离,这需要加强行政审批部门与职能部门的协调对接。为避免出现权责不清、相互推诿、监管空白,贵安新区的做法是建立行政审批监管协调联动工作机制。具体来说,建立了包括踏勘制度、专家评审制度、专业会商制度在内的综合监管机制。现场踏勘不仅提高了办事效率,还大大节省了时间。按照惯例,建设项目验收需要各审批部门分别到现场踏勘,企业分批接待不同部门,这让企业家难办事、办不好事。如今由工作组统一踏勘,大大提高了行政审批的效率和服务的质量。在贵安新区,审批事项在业务窗口受理后,受理窗口会在第一时间确定是否需要现场踏勘和所涉及的相关业务部门,从而统一调度安排。通过踏勘,不仅提升了审批速度,限制了审批的自由裁量权,更确保了审批事项质量经得起考验。

一个项目通过审批落了地,接下来的企业行为由谁来监管?如果涉及多个部门,由谁来负责统筹协调?对行政审批部门来说,这一度是个让人头痛的问题,多头管理的结果往往是相互推诿、权责不明,有时一个简单的事项也要花很长的时间才能协调和解决。对此，贵安新区坚持对行政审批事项实行"业务监管单位"与"属地街道"的双重监管，建立行政审批监管绩效考核和监督检查机制。贵安新区将行政审批监管工作与区绩效考核相衔接，按照"审管分离"的原则，对全区行政审批业务监管单位进行双重考核，考核实施主体为区绩效考核办公室与区监察局，考核采取量化打分。这些制度的实施，有效地保障了行政审批全面提速和行政效能提升。

贵安新区为解决出现的问题，制定了新区行政审批服务"1+9"工作制度，出台了《贵安新区"审管分离"实施办法（试行）》《贵安新区行政审批管理办法（试行）》《贵安新区政府投资项目审批办法（试行）》《贵安新区审批服务"三集中、三到位"运行管理暂行办法》《贵安新区行政审批事项联合会审工作规定（试行）》《贵安新区行政审批监督管理实施办法（试行）》《贵安新区网上办事大厅运行管理暂行办法》《贵安新区行政审批联合现场踏勘工作规定（试行）》《贵安新区"审管分离"局长联席会议制度（试行）》《贵安新区审批服务云平台运行管理暂行办法》10个制度，推动原职能部门的工作重心转移，把主要精力集中到负责许可事项的行业规划和相关政策、标准、规范制定及事中、事后的监管上来，实现审批与监管既相互分离又相互制约、相互促进，共同推进政府职能转变和提供优质高效的公共服务。制定《贵安新区集中划转事项审批临时过渡办法》，确保划转后相关行政审批工作高效有序运转。探索外商投资企业审批注册登记合一改革，启动实施探索投资项目并联评价、并联评审、并联审批和行政审批局统筹协调办理"三并联一统筹"审批新模式，简化审批流程，促进建设项目快速落地建设。探索一次性统一办理园区项目水土保持方案、矿产压覆、文物保护、地质灾害等前置性审批手续，加快项目落地。

贵安新区的具体监管措施有以下五点：一是制定实施标准清单。对行政许可事前审批和事中、事后监管事项实行清单管理，规范和减少自由裁量权。行政审批部门要根据工作职责对保留、备案和实施"证照分离"改革的行政许可逐项细化制定"标准清单",职能部门要根据工作职责和监管内容逐项细化制定行政审批事中、事后监管"标准清单",打通行政审批和监管服务工作严格规范管理的"最后一公里",对外提供精确指引,对内提供精准规范,探索车间式模块化作业的标准化管理。贵安新区职能转变办、法制办负责对标准清单(样本及示例附后)统一进行审查、汇总和公布。

二是集中审管服务平台。加快建设集审批、监管、服务和监督为一体的大数据云平台,对行政许可事前审批和事中、事后监管的制度机制进行数据化实时监控管理,探索"审管同步、规范高效、公开透明、全程留痕、分析应用"的"云上政务"新路,打造"数据铁笼"。行政审批部门和职能部门要统一运用大数据云平台,创新监管方式,消除信息壁垒,增强部门协同监管能力。职能部门要充分运用大数据、物联网等现代信息技术,实时采集和监控监管对象的信息,做到早发现、早预警,提高发现问题和防范、化解风险的能力。市场监管部门要充分利用信息技术建立食品、药品、重要产品质量溯源管理制度,形成统一标准,实现全程溯源,并牵头探索建立第三方消费品溯源平台,年内启动部分产品试点。综合行政执法部门要深化执法改革,减少执法层级,规范执法行为,提升执法效能,实现重心下移、资源整合、联勤联动。

三是建立以诚信为核心的新型市场监管体系。行政审批部门和职能部门要探索建立事前信用承诺制度、事中信用分类监管、事后信用联合奖惩机制,探索构建以诚信为核心的新型市场监管体系。建立企业信息公示制度、公示信息抽查制度和企业经营异常名录制度、严重违法企业"黑名单"制度。制定实施新区市场主体信用风险分类暂行办法,各职能部门依据风险等级、监管职能和法律、法规、规章规定的其他分类,对市场主体实施分类监管。建立失信信息记录和披露制度,加强对失信单位和人员的监督,加大对违法、违规行为的惩戒力度。在新区审管服务大数据云平台统一建设"信用云",强化信用约束,推进"一个平台管信用",让守信者一路绿灯,失信者处处受限。

四是大力推行"双随机、一公开"监管。规范监管行为,抓紧制定"两库一单一细则"(随机抽查事项清单、检查对象名录库、执法检查人员名录库和随机抽查工作细则)。2016年随机抽查事项要达到市场监管执法事项的70%以上、其他行政执法事项的50%以上,2017年实现全覆盖,使之成为日常监管的主要方式。行政审批局统一建立新区市场主体名录库,职能部门以新区市场主体名录库为基础,立足职能建立本部门监管的市场主体名录库。管委会法制办统一建立新区检查人员名录库。各有关部门职能要依照法律法规规章的规定,结合日常监督管理需要,制定"双随机、一公开"抽查事项清单,并及时向社会公布。对"两库一单"实行动态管理,及时录入、更新相关信息,确保监管对象齐全、监管人员合格、监管事项合法。职能部门要突出监管重点,严厉打击制假售假、欺诈侵权等扰乱市场秩序的行为,加强安全生产、食品药品安全、环境保护等领域监管,对大数据、互联网、金融等新生事物发展要积极探索审慎监管,量身定制监管模式。

五是充分发挥行业协会、商会的自律作用和社会公众及舆论的监督作用。大力培育发展社会组织,加强行业协会商会自身建设,增强行业协会商会自治能力。大力推行"一业多会",形成有效的竞争机制,及时淘汰缺乏行业自律的商会、行业协会。支持各个行业的民营企业在自愿的基础上联合建立各类商会、行业协会。鼓励行业协会商会制定发布产品和服务标准,参与制定国家标准、行业规划和政策法规,提高产品和服务质量。健全公众参与监督的激励机制和有奖举报制度,建立统一的公众举报受理网上平台和举报电话。充分利用新媒体等手段及时收集社会反映的问题,支持公众利用微信等新媒体对市场主体进行监督。强化舆论监督,曝光典型案件,震慑违法犯罪行为,提高公众认知和防范能力。对群众举报投诉、新闻媒体反映的问题,市场监管部门要认真调查核实,及时依法作出处理,并依法向社会公布处理结果。

第三节 "监督云"实现数据管人

"监督云"对行政许可事前审批和事中、事后监管服务工作进行全方位、全过程的监督管理,打造具有分级预警纠错等功能的"数据铁笼",对审批业务和审批人员行为进行双重监督,实现以数据管事管人。建立"监督云"的目的是实现全过程监督,通过连通新区电子监察系统和干部管理云平台,通过电子监察系统与行政审批业务系统直接对接,自动实时采集每一项行政审批办理过程的信息,实行审批过程同步全程监控;通过干部管理云平台,记录审批人员日常工作开展情况和取得的实效,对窗口工作人员工作完成情况进行信息收集、分析评估、跟踪调度、预警提醒,全方位接受监督,确保审批业务规范高效办理。"监督云"整合了贵安新区行政审批电子监察系统和政务大厅管理系统,分别对审批流程和审批人员操作记录进行监察管理。电子监察系统实时采集每个行政审批事项办理过程的详细信息,对审批服务业务办理进行事前、事中、事后全方位的监察,开展实时监察、程序监察、时限监察、异常监察、视频监察和预警纠错等,实现审批过程全监督,确保权力在阳光下运行。

第四节 "招商云"实现精准招商

"招商云"为客商提供新区投资环境的三维展示平台,并向投资者主动推送审批手续办理信息,实现精准服务和数据分析。建设"招商云",实现主动服务招商引资企业。连通新区招商引资"智慧云"平台,展示新区招商环境、政策支持等信息;开发招商引资登记跟踪模块,招商引资项目签约后,由新区经济发展局人员在审批系统内进行招商项目登记,并由系统自动分析招商引资项目后续所需办理审批服务事项情况,以短信、网上办事大厅APP

推送等方式,告知招商引资业主后续所需审批事项、审批环节、审批材料、咨询方式等,提供主动的告知服务。

贵安新区规划范围内大多是人口密度较小的乡镇,区内1/3为低端加工制造业,相互关联度较弱;产业层次较低且布局分散,现有规模以上企业较少;产业规模小,基础薄弱。与东部发达地区存在较大差距。而且贵安新区生态环境高度敏感,贵安新区近93%的面积位于贵阳市主要水湖的上游,近72%的面积位于红枫湖汇水范围,基本农田保护区面积约占规划区总面积的268%,新区的大部分地区均为生态环境高度敏感区域。在承接产业转移,招商引资上环境限制因素较大。再有就是人才支撑不足,贵安新区2010年常住总人口约71万人,城镇人口约27万人,净迁出率达16%,贵安新区本地人口增长的潜力有限,回流人口数量也有限,劳动力外流现象明显。人才支撑不足,严重制约着新区产业发展。服务配套能力不足也是贵安新区招商引资的一大障碍。贵安新区成立较晚,基础配套设施规划建设较晚,许多基础配套设施正在建设中,目前新区直管区内主干道路已基本建成,但支线路网建设滞后。产业园区供水供电还不稳定,仍存在着诸多需要解决的问题。新区生活服务配套设施仍需完善,缺少公交系统,给新区内部的生活出行带来不便。

贵安新区存在明显的竞争压力。在黔中经济区外围,同为西部国家级新区的两江新区、兰州新区、西成新区和天府新区在政策、人才、科研、金融和市场等方面均比贵安新区更具优势。所以在此种情况下,贵安新区的招商需要进入新的发展点。

第一是细分市场,做到选择性、针对性和精细化招商。产业招商是一个系统工程,涉及产业规划、政策制定、招商接洽、项目入驻、后续服务等诸多环节。要实现各个环节无缝对接,新形势下的园区招商必须向精细化方向运作。细分市场,精准定位,明确意向客商类型,建立产业项目信息、了解产业现状、紧盯龙头企业和行业领军企业等主要目标企业,以入园要求强烈的意向企业为核心群体,争取首先取得突破,以符合产业定位的企业为重点客商,做到选择性、针对性和精细化招商。

第二是设立产业引导基金,创新扶持模式。在经济发展进入新常态的背景下,过去拿钱、给地、资金扶持,这种充满工业化色彩的招商方式,已经不再适应新常态下的招商引资工作。因此,在新常态下并非长久之计,设立引导基金是招商引资的未来。简单来说就是将过去的直接资金扶持,转变为产业引导基金投资的扶持方式给予入驻企业必要的资金支持,以替代原先的财政补贴与税收优惠政策。同时,也促进了政府部门的职能转变——从牺牲财政收入招商引资发展当地经济,到引入股权投资模式支持企业发展,同时还能分享一份投资收益。基金来源主要为新区财政预算内专项资金、其他政府性资金、引导基金运行实现的收益以及社会资金等。引导基金主要投资于符合新区产业发展规划、行业领先、技术先进、管理高效的新区内高成长企业。设立产业引导基金将是扶持新区成长期的企业做大做强的一个重要手段,同时也是新区财政资金支持产业发展的一个创新模式。

第三是着力开展重大项目招商。招商引资工作的成与败在于所引进的项目好与坏。引进带动性强、科技含量高、具有引领性的重大项目则成功,引进拼土地、拼优惠政策的一般项目则失败。无论是一个地区,还是一个园区,经济发展好与坏均在于有无重大项目支撑,有则强,无则弱。要牢牢把握产业发展趋势,特别是新一轮技术革命带来的新机遇,充分发挥本地资源、区位优势和产业基础,着力引进一批重大项目,有效推动经济转型升级。

第四着力提升招商引资软实力。随着新区经济的深化发展。新区产业开发已逐渐从单纯的招商引资走向综合的产业培育,从片面的硬环境建设走向全方位的环境打造。同时,由于优惠政策在招商引资中的作用越来越小,投资环境、管理效益、产业优势的作用会越来越突出,区域软环境对于招商引资的重要性更加凸显。因此,新区在打造一流硬环境的同时,应在法律政策、行政效率、服务理念和文化氛围上下功夫,要强化服务意识,主动对接,加强引导,急项目之所急,想客户之所想,着力提升招商引资软实力。

第五从招商引资到招商引才。随着新区产业结构的不断升级，人力资源在新区发展中的作用日益凸显。未来的新区发展应更加重视人力资源开发工作，通过招商引资手段的创新，构建完善的人才服务环境，吸引更多的高端人才，促进高端人才集聚，从而为新区产业培育和提升提供强大动力。"监督云"的设立就是实现经济新常态下贵安新区招商引资的一项重要举措。

第五节　"证照云"实现方便快捷

"证照云"实现与贵州省证照数据库的互联共享，凡已入库的信息，申请人在以后的办事中不再重复提交相关材料。贵安新区将分散在各部门的证照信息收集共享，对于各审批部门新产生的证照自动电子入库，对申请人提供证照的采取部门核对确认后予以采集入库，对历史存量证照根据业务需求分期入库，实行证照批文信息多元采集和存储，不断丰富证照库内容。

证照库的建设，解决了网上上传资料无法验证、无法比对，只能依靠纸质材料验证的问题，实现新区各部门间证照共享和校验，凡是可以通过电子证照库获取业务办理所需信息或证照的，不再要求申请人提交相关纸质证照和申报材料，从源头上减少"奇葩证明""循环证明""重复证明"。伴随着计算机、网络技术的发展，电子文件应运而生。相比较传统的纸质文件，电子文件具有非人工识读性、系统依赖性、信息与特定载体之间的可分离性、信息存储的高密度性、多种信息媒体的集成性和信息的可操作性。传统的纸质证照存在假证假照泛滥、资源浪费、办事效率不高等问题。纸质证照存在的问题究其原因是证照的电子化程度低、信息共享不充分，为了从根本上解决证照使用管理中存在的问题，就要推行电子证照。电子证照可以解决纸质证照无法解决的问题，顺应电子政务办公的潮流；可以提高办公的效率，更方便为百姓服务。

一直以来，各种"证明我妈是我妈"式的"奇葩证明"让企业家、老百姓苦不堪言,也让派出所等基层办证单位负担重重,无可奈何。"奇葩证明""重复证明""循环证明"等"烦民"证明和手续早该大刀阔斧地砍掉,给政府职能瘦瘦身,给老百姓减减压。但是究竟这样的"烦民"证明有多少?哪些部门的证明算"奇葩证明"?虽然近几年网络上爆出不少"奇葩证明"的案例,但清除"烦民"证明不能仅靠媒体曝光。"放管服"会议上已对四种"烦民"证明有所定义,但是如何找出它们,还需要各部门自查自纠,主动"瘦身"。欲根除"烦民"证明,除了部门自查之外,亦需要加大各部门、各地区之间的沟通与合作,打破信息壁垒。

第六节 "分析云"实现高效优质

依托大数据发展先行优势,贵安新区积极探索大数据在审批服务工作中的应用。新区行政审批局(政务中心)依托已建立的新区审批服务大数据云平台,在全国率先开发建设了审批服务大数据分析应用展示平台"分析云",通过对同在审批服务云平台内的"审批云、监管云、监督云、招商云、证照云"等各应用系统产生的业务数据进行实时采集,将业务办理、权力运行、人员管理、服务评价等工作数据记录下来,把预警、督办、反馈等权力监督方式嵌入审批服务业务工作中,实现了数据统计、融合分析、风险预警、监督制约等功能特点,变人工监督为数据监督、变事后监督为过程监督、变被动监督为主动监督,初步形成"规范透明、全程留痕、分析运用"的审批服务"数据铁笼",推进审批服务效率不断提升。

大数据分析平台已实现对审批业务数据、效能监察数据、服务评价数据和证照管理数据等统计分析功能,通过数据"实时采集+融合分析"技术,及时发现审批服务部门权力运行异常并进行风险预警,提高审批服务工作的主动性和针对性。审批业务数据分析主要包括每月审批事项办件量走势、每月受理量办结量对比、月度业务量靠前的单位和事项排名,以及网上申报、现场申报办事渠道分析等内容，通过审批业务数据分析，可直观了解各审批服务部门办件情况，掌握各项业务发生的时间和频率，更有针对性地制定、改进服务方式，提高审批办事效率。

效能监察数据分析具有事项提前办结率排名、部门综合效率排名、审管分离数据推送及监管情况、部门超时业务排名，以及新区审批服务事项办理时限压缩率等分析功能。通过对部门事项平均法定时限、承诺时限、实际办理时限对比分析，可一目了然地了解各部门审批服务综合效率，推进部门不断优化办事流程压缩办事时限。同时，还可实时对部门审管脱节、超时办理、体外循环等情况进行异常监控，确保审批服务工作流程规范、期限合法。服务评价数据分析主要包括：每月进厅人数走势、窗口部门月度满意率排行、部门评价器使用率排名、延时服务时间排名及办事群众等候时间对比等内容，根据数据分析可了解政务大厅各时段办事人流量和群众平均办事等候时间，推进管理部门合理调整大厅窗口数量，减少群众办事等候时间。同时，通过对群众服务评价进行统计分析，可督促相关部门改进服务方式，提高服务的精准性，提升服务对象满意率。证照管理数据分析包括：证照批文库每月证照入库量走势、入库证照部门排名、季度证照入库量对比、入库证照种类分析和证照调用次数统计等功能，通过证照数据分析，推进部门电子证照统一集中入库管理，打破信息数据孤岛，构建起跨部门、跨层级、跨区域的证照共享互认平台，推进证照调用校验，减少申请人提交的办事资料，增强审批服务的主动性和便捷性。

审批服务大数据分析应用展示平台的建立，推进了大数据、云计算、"互联网+"等在审批服务工作中的运用，通过大数据融合分析技术，让行政权力运行处处留痕，推进行政权力运行可记录、可分析、可追溯，便于管理部门发现异常，及时控制、处理存在的风险，建立起"让数据说话、用数据决策、靠数据管理"的现代化治理机制，向新区企业群众提供更高效、更精准、更便捷的审批服务。

第五章　贵州贵安新区政务服务优化升级

2017年12月22日，2017中国（海南）智慧城市创新大会暨中国智慧城市创新奖年度颁奖仪式在海南省海口市举行。由中国信息协会主办的2016—2017年度中国智慧城市创新奖评选结果揭晓，贵安新区获评2017中国智慧城市创新实践"互联网+政务服务"奖。

当天上午，来自工信部、国家信息中心、中国信息协会相关领导专家学者、知名示范城市园区、知名企业企业家及海南省各级政府代表、企业代表参加了颁奖仪式。当天下午，所有获奖单位及大会嘉宾分别参加了"互联网+政务服务""互联网+旅游""互联网+农业""互联网+医疗健康"系列发展论坛，就智慧城市创新实践相关专题进行了深入交流。

贵州贵安新区行政审批局荣获
"2017中国智慧城市创新实践单位（互联网+政务服务）"奖牌

近年来,贵安新区通过改革探索,不断创新体制机制,目前已打造行政许可"一章审批、一网审管、一单规范"和政务服务"一号申请、一窗受理、一网通办"的"六个一"典型经验模式,得到中央领导、省领导的充分肯定。

2016—2017年度中国智慧城市创新实践单位会议现场

贵安新区行政审批局自2015年8月成立以来,始终坚守"一心为民谋便利、一意为公求创新"的初心和使命,精心构建"审批云、监管云、监督云、招商云、证照云、分析云""六朵云"贵安新区审批服务云平台,探索"信息共享、流程再造、数据铁笼"的"互联网+政务服务"新路。

第一节　贵州贵安新区政务服务优化升级方向

一、由传统式管理向电子化治理转变

大数据时代的来临对作为公共决策重要主体的政府组织在数据管理方面提出了更高的要求。大数据的出现颠覆了传统的数据管理方式,无论是在数据思维、数据来源还是数据处理方式的方面都将带来革命性变化。由于拥有了更加综合和全面的信息,过去那些建立在非公开、非完全信息假定基础上形成的相对闭塞的管理思维和方法将被彻底改变,国家治理领域将逐渐开放,企业、社会组织甚至公民个体都将在国家治理体系中游走,实现数据开放和共享在一定程度上破解了"制度黑箱"问题。在大数据、云计算、社会化媒体等全新信息技术的猛烈冲击下，原来存在于政府和公众之间的信息差、文化差、知识差、能力差正在逐步消除。因此，大数据不仅对传统的社会治理和公共管理带来了巨大挑战，也为国家、政府和社会的开放式治理提供了现实机遇。

毋庸置疑，通过对大数据的集合和整理，政府决策的效率和科学统筹性将会明显提高。这是因为：第一，大数据用"全数据"取代了随机样本的"小数据"，其庞大、完整的数据库为高质量决策奠定了坚实的基础；第二，大数据推崇"一秒定律"，即强调对资料整合、数据输出、数据分析必须在瞬间完成，这有助于对问题情境进行即时判断；第三，大数据用简单算法代替小数据的复杂算法，提高了对纷繁而多样化的数据来源的"容错能力"，更适应于具有高度复杂性和高度不确定性的社会治理情境，有助于决策者发现预期之外的新情况和新问题。大数据以"全体数据"为分析对象的特点，要求信息采集做到全方位、全时段、多元化，这意味着政府必须摆脱其作为绝对信息拥有者的身份，拓展信息挖掘、流通与反馈渠道。这不仅取决于政府主动打破信息壁垒，与社会分享信息权力的意识，还取决于政府对提升信息管理能力和升级治理方案的决心与信心，更取决于政府对权力分享与增值形式的认知眼界。

二、由单向度管理向协同治理转变

长期以来，国家治理一直采用单中心、单向度的控制模式。政府作为国家治理的中心，以官僚科层制为主体，通过对政策制定和执行进行法律与制度输出。这种"国家本位"与"政府本位"的治理方式一定程度上导致依法治理成了"依据政府的法律、法规对现实的社会、市场与自然等空间进行治理"。虽然"党委领导、政府负责、社会协同、公众参与、法治保障"的社会治理新格局为创新社会治理奠定了前进方向和行动指南。但是政府主动采取的诸如听证会、电子政务等渠道采集而来的民意,社区基层组织和社会团体等长期处于依附政府的状态,加之社会参与的支持性法律法规仍需健全,公民参与的高热情和低能力存在一定的落差,社会治理的其他主体一直无法形成与政府分权合作的模式。然而互联网、物联网、云计算的迅速崛起改变了政府一家独大的格局,大数据的运用正悄然将政府的权力部分移交于企业和非政府组织手中。

信息资源的重新分配赋予了企业和社会组织参与社会治理的新筹码。新的社会治理体系将建立在平等、理性的沟通平台之上,政府、企业、社会组织及公众等社会治理主体均需要在民主协商规则下分享信息与资源,将彼此手中无序的信息要素相互补充与配合,形成具有一定规则的可用信息,以解决单一治理主体所无法克服的难题。从单向度管理到协同化治理是一次"1+1≥2"的战略性转变,一旦社会治理主体之间形成了密切的伙伴关系,企事业单位、社会团体、民众都将成为延伸政府公共服务能力的链条,届时各种社会力量协同参与社会治理,从数据、技术和人力资源等多个方面弥补政府管理的不足。利用大数据技术进行社会冲突协同治理创新,既是推动国家治理体系和治理能力现代化的客观需要,也是贯彻落实社会治理创新与协调发展理念的迫切要求。

首先,政府必须打破单向度、碎片化的管理模式,铺设联通政府内部各部门、政府与其他社会治理主体间的信息分享平台。政府未来的改革重点应当从机构精简转到效能提高上来,以流程改造倒逼结构变革。流程改造的核心在于铺设以大数据技术支持的信息沟通和协同机制,整合政府各部门和各类稀缺资源。这不但要求利用大数据技术整合与优化各职能部门的业务流程,构建综合协调机制,提升跨部门协同工作的能力,健全和规范舆情管控、协调和防范措施,也需要完善地方政府、企事业单位、社会团体、舆论媒体、社会大众等多元利益相关主体的信息沟通、反馈机制和协同关系。

其次,民间组织等政府外的社会治理主体需要加快大数据知识和技术结构水平的更新,培养对真假信息的鉴别能力和一定的数据处理、分析、监管能力,强化自我管理与社会参与能力,提高社会参与的规模和质量。事实上,民间组织的运行模式与管理理念决定了民间组织具有协同社会各方的治理资源的优势,包括物资筹集、人员配备、策略运行、协同作用以及信息搜集和发布等。同时,大数据与互联网、微信、微博等新媒体的深度融合,可以突破时间和空间的限制,从更深层次、更广领域促进政府与民众之间的互动,形成多元协同治理的新格局。

最后,社会治理是一个系统工程,需要运用政治、经济、法律、文化等多种手段对政府与社会组织进行协调、指导、规范、监督,合理配置社会资源,维护社会秩序,保障社会稳定。社会治理既可以凭借法律约束、纪律监视、强迫控制等刚性手段,也可以依靠组织、协调、激励、感召、启发、诱导、协商等多种柔性方法协同进行。政府、企业、社会、个人价值都可以在大数据时代找到参与社会治理与协作的合适路径,但唯有在法治、共治和协同三管齐下的情况下,政府主导和群众参与才能形成良性互动,实现法治与自治的有效对接。

三、由被动回应向主动服务转变

加强公共服务,建设服务型政府,是新形势下政府自身建设的客观需要。随着社会主义民主进程的加快,公民主体意识日益增强,参与经济社会事务管理的积极性不断提升。在建设服务型政府过程中,回应性服务曾经发挥过良好的解决问题的作用,但是随着社会主义民主进程的加快,公民主体意识日益增强,参与经济社会事务管理的积极性不断提升,仅仅是回应性服务已不能完全适应新形势和新发展。回应性服务并没有真正体现出政府的服务性,它只是一种被动服务,是最基本的最低层次的服务,这是服务型政府建设过程中的较低要求,它的更高要求应该是主动服务。如果政府仅仅提供回应性服务,那么它就大大降低了人民政府的地位。全心全意为人民服务是社会主义国家服务型政府的根本性质和本质特征。所以政府应该主动为人民提供公共服务,主动为百姓排忧解难,主动推进经济的发展,主动促进社会的发展等。在处理民众的需求和意见时把回应性服务和主动性服务有机结合起来,更迅速、更有效地为民众提供满意的公共服务。

主动性服务是以人民的满意度作为自己的奋斗目标,它必须优质高效地提供最大化的公共产品和服务。它要求政府在管理公共事务,提供公共服务时,必须主动出击,积极自觉,充分发挥能动性和创造性,主动提高服务数量和质量,主动寻求提高人民物质文化生活水平的有效途径。服务型政府的理念要求政府必须主动解决各种社会问题,创造良好的社会环境,要求政府积极主动探寻新的服务方式,拓宽服务范围和服务种类,真正做到让人民满意,进而打造一个使人民满意的政府。

为打造标准、便捷、效能的政务服务环境,规范投资项目报建审批手续,切实有效地当好办事群众的"指路人",贵安新区行政审批局印发了《投资项目办事指南》,为办事群众点亮"指路灯",办事群众再也不用摸着石头过河了,具体内容体现在"五强化,五做到":

第一,强化标准规范,做到具有正确导向性。《投资项目办事指南》是继《标准清单》《负面清单》和《权责清单》后又一个标准化重大成果,内容以相关法律法规为依据,规范有序,为群众指引正确的方向。

第二,强化综合分类,做到具有目标针对性。《投资项目办事指南》主要从审批的角度,分别对政府投资项目和社会投资(企业、个人)项目实行审批制、核准制和备案制,内容涉及贵安新区直管区政府投资项目审批流程,贵安新区直管区企业投资项目核准流程和贵安新区直管区实行备案管理的企业投资项目手续办理流程,三部分内容涵盖投资项目的所有事项,办事群众只要查看《投资项目办事指南》就能明确自己所办理的事项是属于哪一类,应该进行什么样的程序。

第三,强化流程再造,做到具有连贯系统性。政府投资审批,企业投资项目核准和备案都分为立项审批和报建审批两个阶段, 内容涵盖从项目立项到报批施工许可证的全过程办理程序,涉及国土、规建、环保、群工、消防,国安等部门,环环相扣,每一环节又分别包含报批程序和申请材料清单、材料要求及材料来源,方便群众提前准备,做到有的放矢、有备而来。

第四,强化图表结合,做到具有清晰醒目性。投资项目审批环节多,需要准备的材料复杂,该《投资项目办事指南》运用图表结合,简洁而清晰,在政府投资审批、企业核准和备案的首页分别设置一张从项目谋划到开工建设整个过程的流程图,让办事群众"一分钟"知晓办事的步骤,做到心中有数。对于每一个环节需要提交的申请材料清单、材料要求和材料来源,又运用表格的形式,有条有序,做到详而不乱,方便办事人员查明材料来源,根据材料要求准备,有源可寻,有据可依,彻底解决以往办事需要来回跑得"一头雾水"的情况,使办事人员办事思路更加清晰。

第五,强化"一事一本",做到具有可操作性。投资项目办事指南仅涉及三个事项,共48页,继《投资项目办事指南》后,行政审批局陆续制发其他事项的指南,做到"一事一本",将行政审批的每一类事项分门别类地放在一本指南里,既简洁又有针对性,避免把所有事项放在一起形成一厚本指南,内容和页码太多而不便于办事群众携带和查找。

四、由定性管理向定量管理转变

2017年11月10日,贵安新区政务服务第三方评估第一次座谈会在贵安新区政务中心会议室召开,新区行政审批局(政务服务中心)各审批处室代表、政务大厅各进驻部门首席代表及部分服务企业代表参加会议,这标志着2017年贵安新区政务服务标准化第三方评估工作正式启动。

贵州贵安新区行政审批局(政务服务中心)工作人员

为落实国家推进"放管服"改革精神,贯彻执行好全省实体政务大厅、网上办事大厅建设与服务"两个标准",贵安新区以"政务服务标准化"为重点开展2017年第三方评估工作。根据评估方案要求,此次第三方评估主要采取会议座谈、办件抽样调查、查阅资料、实地调查、问卷调查和电话回访等方式,对新区审批服务部门政务服务规范度、办事指南精准度、政务平台使用率、审批服务综合效率及企业群众满意率等11类共103项指标进行了定性定量分析,做到用事实说话、用数据说话,力求客观、全面、真实评估新区政务服务发展水平,找出短板,发现不足,制定措施,强化整改,不断提升政务服务质量和水平。

贵州贵安新区行政审批局(政务服务中心)办公现场

五、从粗放性管理向精准化治理转变

为深入贯彻落实《贵州省实体政务大厅建设与服务标准》和《贵州省网上办事大厅建设与服务标准》,持续推进"放管服"改革和"互联网+政务服务"向纵深发展,贵安新区行政审批局(政务服务中心)集中力量,对网上办事大厅办事指南进行全面再梳理,打造一个要素完善、内容准确、操作实用的网上办事大厅环境。

(一)查摆问题,明晰梳理方向

认真学习"两个标准",对标开展问题梳理,主要针对以下三方面:一是空填漏填错填现象。表现在基本信息、材料要求、材料依据及描述、办理人员等信息内容出现填写缺项、漏填、错填、不规范的情况。二是出现前后逻辑矛盾的现象。表现在即办件的承诺时限填写为多个工作日、无特殊环节又有现场踏勘、承诺时限和办事流程时间不吻合等情况。三是标准不细不准现象。表现在审查标准模糊、不清晰、难理解,相关经办人信息提供不全、更新不及时,现场踏勘没有标准等问题。

(二)责任到人,明确梳理时间

一是成立工作小组统筹调度。成立贵安政务服务标准化工作小组,由行政审批局(政务服务中心)每个审批业务处室确定一名标准管理岗人员,以定期召开例会的形式安排任务、交流经验、探讨问题。二是层层压实任务责任到人。审批业务处室将审批事项明确到具体工作人员,工作人员对每一个事项进行一次全新的再梳理,对缺项、漏项和错填项进行集中更正,对引用法律法规不齐全的进行及时补充,对审查标准不详细的进行逐条梳理,对事项环节不齐全的进行一次到位的增加,通过统筹全局限时完成工作任务。

（三）找准定位，明白梳理目标

一是反复核查精编指南。要求前台认真查找办事指南存在问题并及时反馈后台补充修正，后台补充后窗口前台再次复查，全面排查办事指南每一项内容。二是模拟申报精找问题。要求每位审批业务人员注册一个账号，模拟办事人员查阅办事程序，进行网上预约、申请、查询和咨询，全面了解企业和群众办理过程中存在的问题。三是严格执行精准服务。要求窗口人员严格按照办事指南进行审批事项受理，确保申请人根据办事指南能办成事，对凡是办事指南未要求提交的资料，一律不得要求申请人提供，打通"互联网+政务服务"线上办理的"最后一公里"。

六、由运动式管理向制度化管理转变

为进一步加强贵安新区政务大厅规范化管理建设，切实增强政务大厅窗口工作人员的责任意识、服务规范意识和标准意识，树立良好的对外服务形象。根据《贵州省实体政务大厅建设与服务标准》《贵州省网上办事大厅建设与服务标准》（黔府发〔2017〕27号）文件精神，贵安新区政务服务中心主动寻病根、找良策，从加强制度建设、学习培训和督查督办等方面着手，多措并举，大力推进政务大厅政务服务规范化建设。

一是横向交流找差距、补短板。2017年9月，时任新区行政审批局党组成员、政务中心副主任肖霄带领政工处、政务管理处和大数据政务处相关同志到宁夏银川市民大厅、山东省肥城市政务中心和四川省成都市武侯区政务中心考察学习。通过横向交流学习，找准了新区政务中心在政务服务标准化、规范化和信息化建设等方面的差距和短板，按照"两个标准"要求并结合新区实际补齐完善、抓好抓实，进一步提升了新区政务大厅政务服务管理水平。通过考察学习，借鉴了银川市民大厅在窗口设置和信息化建设方面的做法，确保新区市民中心窗口设置和信息化建设更合理、更科学，少走弯路；借鉴了银川市政务服务系统党工委组织机构设置、武侯区政务服务中心"以人为本"细节管理和肥城市政务服务重点项目"专业落、直接办"、政务服务"微改革微创新"等措施,积极推进新区政务服务规范化建设和党的建设工作。

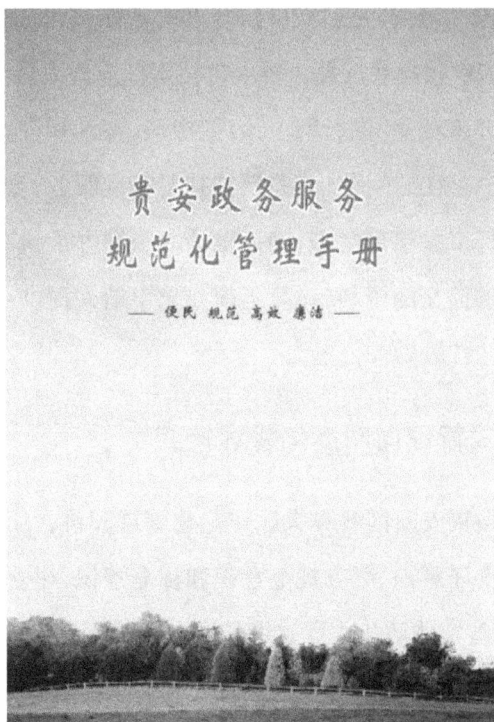

《贵安政务服务规范化管理手册》

二是制度建设强标准、促规范。制度建设是做好做实政务大厅规范化运行管理的根本保证,新区政务服务中心在外出考察学习的基础上,结合新区实际,对原有的管理制度进行修改完善,制定了《贵安政务服务规范化管理手册》。《手册》明确了新区政务服务的宗旨,提出了政务服务"五要五忌"工作规范,重点对政务服务礼仪和审批行为规范进行了修改、细化、完善,进一步强调了政务服务工作细节上的管理要求。

三是学习培训增意识、抓作风。2017年9月28—29日,新区政务服务中心分批次对政务大厅全体窗口工作人员进行了政务服务规范化管理专题培训,重点学习了《贵州省实体政务大厅建设与服务标准》《贵安政务服务规范化管理手册》和新修订的《贵安新区政务服务大厅窗口及其工作人员考核管理办法》。通过学习培训，进一步增强窗口工作人员规范化、标准化服务意识，狠抓窗口工作人员作风建设，力争解决窗口工作人员对规章制度、考核办法不重视的问题，解决窗口工作人员服务理念欠缺、服务意识薄弱的问题，解决窗口工作人员不注重细节、不遵守规矩的问题。

贵安新区政服务规范化管理专题培训会现场

贵安新区行政审批局为进一步提升干部职工和新区、乡镇政务服务大厅窗口工作人员规范服务及与媒体打交道的能力和水平。2017年8月5日，贵安新区行政审批局(政务中心)举办贵安新区政务服务礼仪和当代媒体传播与分享专题培训会，特别邀请了全国专业人才教育专家委员会礼仪委员、高级礼仪培训师戴儇和资深媒体人、中国人民大学客座教授彭浩作报告。行政审批局(政务中心)全体干部职工、新区政务大厅窗口工作人员(含后台管理人员、首席代表)、乡镇政务服务中心工作人员及其窗口工作人员共170余人参加了本次培训。培训从全媒体时代综述、传播力与分享时代和媒体采访与受访技巧等方面与参训同志进行了沟通及分享，戴儇从仪容仪态礼仪、声音礼仪、表情礼仪和心理减压等方面进行了专业、系统的讲解。并通过案例分析、情景演练、礼仪之星评选等形式与学员进行互动。

贵安新区政务服务礼仪和当代媒体传播分享专题培训会现场

四是督查督办重执行、严惩戒。在加强制度建设和学习培训的同时,新区政务服务中心进一步加强日巡查和月通报措施,严格按照《贵安新区政务服务大厅窗口及其工作人员考核管理办法》对政务大厅窗口及其工作人员违纪违规情况进行处理,严肃惩戒。截至2017年8月底,累计开展大厅专项督查5次,编发《督查通报》5期、《政务大厅月度考核通报》8期,努力使政务大厅作风效能建设实现常态化管理;对窗口工作人员提醒谈话5人次,辞退、更换不称职窗口人员2名。

第二节 贵安新区政务服务优化升级的路径选择

一、完善制度建设强化服务意识

贵安新区以"三全三清单"打造公开透明政务环境,满足群众和企业对审批服务办理需求。

(一)"三全"

"三全"即行政许可全链条精简、行政许可全方位公开、行政许可全过程记录。

贵安新区先后对行政审批事项开展6次"清零行动",对新区内设机构及4个直属乡镇的951项行政权力事项进行动态梳理公布,不断给权力"瘦身"。2016年围绕"减证便民",通过取消、合并等方式将312项行政许可精简为92项,其中取消67项,成为审批最少的国家级新区。对保留的行政许可通过"三压两合并"(压缩环节、压缩程序、压缩时限,合并申请表格、合并证照发放)全面再造审批流程,审批环节总体削减43%,94%的事项可在前台窗口和审批处室直接办结,承诺时限相对法定时限压缩70%,最高的达91%,审批效率提高85%以上。

办理事项公开、办理标准公开、办理结果公开。将除涉密以外的行政许可事项,通过新区门户网站、贵州省网上办事大厅、手机APP、服务手册等多种形式不同途径向社会进行公开。

通过在政务大厅设置全域视频监控设备,对审批行为进行全程记录和监督。通过制定现场踏勘工作管理办法,梳理细化现场踏勘标准,实行现场踏勘人员的综合管理、统一调度和随机抽取,同时统一配备踏勘取证设备,对现场踏勘全过程进行视频、音频、照片的记录,有效规范审批现场踏勘工作。

(二)"三清单"

"三清单"即许可权责清单、审批标准清单、监管标准清单。

首先,按照权责匹配、有权必有责的要求,编制许可权责清单。

其次,通过对92大项182小项行政许可事项逐项制定细化工作标准,编制审批标准清单。明确事项名称、权力来源、设定依据、受理部门、申请条件、申请材料、审批流程、审查标准、办理时限、特殊环节、收费标准及依据等30多项标准要素,并罗列出审批人员不得出现的违法、违规及不文明行为,着重解决了受理标准不清楚、办理流程不规范、审查标准不明确、踏勘标准不细致等问题,实现行政审批办理"照单收件、对标审批"。

最后,按照"审管分离、宽进严管、高效便民"的三大原则,编制监管标准清单。对目前保留、取消、备案及下放乡镇的四类行政许可事项,制定事中事后监管"标准清单",明确每个事项的监管主体、监管对象、监管内容、监管措施、监管程序及监管处理等14项内容,并罗列出执法人员不得出现的违法、违规及不文明行为,促进监管执法工作更加规范、公正、文明。

二、运用"互联网+"创新服务手段

"一号申请",变"群众跑腿"为"数据跑路"。贵安新区全面梳理涉及企业、群众办事的审批服务事项,建设企业公民电子证照库,构建以个人身份证号码、企业社会信用代码为唯一标识的共享体系。按照"谁审批、谁生成"的原则,群众、企业的办事资料只要在政府部门提交过一次,即可自动关联到电子证照库中,下次到政府部门办理业务时,证照库自动将申请人基本信息和有关审批信息录入综合受理平台,实现"一次生成、多方复用,一库管理、互认共享",从源头上避免了重复提交材料。同时,依托贵州省统一建设的通用审批服务系统,推进制证系统、业务办理系统与电子证照库对接联通,实现电子证照、纸质证照同步签发,实现"群众奔波"向"信息服务"转变,"群众来回跑"向"部门协同办"转变。截至2016年,新区政务服务大厅已通过"一号申请"调用身份证件21.5万次,生成并入库43种共9251份电子证照,实现了124个事项营业执照的调用校验。

"一窗受理",变"群众往返"为"部门协同"。为最大限度精简办事程序、减少办事环节、缩短办理时限,贵安新区在政务大厅设立综合受理窗口,把原本分散在新区17个部门303项审批服务事项全部整合到项目建设类、企业设立类、经营管理类、综合税务类等4大类窗口,实行"一窗受理",避免群众办一件事折返于多个部门、重复跑。综合窗口统一接件后,审批服务部门不再直接受理事项,专职负责后台审批工作,证照批文由出证窗口统一打印发放,受理事项全部录入审批服务系统,全流程接受电子监察,实行受理、审批、出证"三分离",杜绝体外循环,形成"前台综合受理、后台分类审批、统一窗口出件"的"车间式流水线"政务服务新模式。2016年第一季度,新区完成审批服务事项13.15万件,同比增长34%;办事平均等候时间从过去的30分钟缩短至5分钟,满意率从2015年95.8%提升至99.5%。服务模式创新升级进一步激发了市场活力。改革实施以来,新增市场主体9906户,审批投资项目314个,分别是改革前的5.5倍、3.2倍。

"一网通办",变"被动受理"为"主动服务"。贵安新区依托贵州省网上办事大厅,开展电子签章试点,审批人员通过CA数字证书登录系统开展审批工作,形成申请、受理、审核、批准、办结、领证全流程电子化运行。

一是服务下沉,就近办理。将政务服务重心向基层延伸,将新区17家审批服务部门、4个乡镇、2个园区、90个村(社区)行政许可和公共服务事项全部纳入并实行联动审批,实现网上办事"一次认证、多点互联、一网通办"。结合群众需求,将高龄老人生活补贴等与群众密切相关事项下放到村(社区)服务站,让群众在家门口就能办事。

二是渠道多样,便捷办理。借助信息化、智能化手段,研究定制智能化查询、填表、申报等自助设备,开发统一的手机申报APP,逐步形成网上办事大厅、实体办事大厅、移动客户端、自助终端等多渠道、多形式相结合的政务服务一张网,大幅度提高行政审批和公共服务的便捷性。

三是个性服务,精准办理。审批服务云平台对许可事项事前审批和事中事后监管进行数据化实时监控管理,建立政务数据信息采集、归类、储存、分析、运用机制,实现跨层级、跨区域、跨部门政务数据交换共享。如开展政务数据分析应用,向招商引资企业、办事群众精准提供个性化推送服务,从政府"端菜"向群众"点菜"转变。

此外,在上述"三个一"政务服务模式的基础上,贵安新区进一步推动了服务的优化升级,采取了如下举措:

一是加快推进市民中心建设。积极配合置投公司推进新区市民中心建设,将市民中心打造成集政务、商务、事务于一体的综合性、开放式、智能化为民服务平台。

二是建立统一身份认证体系。建立以身份证号、统一社会信用代码为唯一标识的实名认证体系,推行窗口申请现场认证,网上申报注册认证,实行"一次认证、多点互联",有效推进证照批文调用校验和材料重复使用,切实解决重复提交、往返跑的问题。

三是推进"综合受理"模式升级。推进全职能综合受理模式不断深化,细化受理标准,实现照单收件。推出一批量大面广的证照合发事项,按事项分类编制办事指南,实行多个事项一表申请、一窗受理、一套资料、证照合发,形成受理、审批、出证相对分离的车间式流水线审批服务新模式。

四是深化电子证照批文库应用。加强系统间对接联动,强化审批服务事项证照入库管理,实现电子证照加盖审批印章功能,推进电子证照批文"一次生成、多方复用,一库管理、互认共享"。

五是提高网上办事大厅实际办理率。研究推出一批"零跑动"全流程网上办理事项,个性化定制申请表单,探索实施企业CA数字证书工作,开展在线填报、在线提交和在线审查,建立网上预审机制,及时推送预审结果,推行网上预约、网上受理、网上审核、网上反馈、自助取证等服务,切实提高网上全流程办理率。

六是加强审批服务数据分析应用。有效整合网上办事大厅申报数据、审批服务系统、电子证照批文库、电子监察系统等各类数据资源,运用云计算等技术建成审批服务大数据智能分析系统,以大数据分析推进"智慧服务型政府"建设。

七是推行"快递送达"服务模式。试点事项实行"网上申请、快递送达",申请材料签收、受理、补正、送达等环节实行短信告知,不再发放纸质的申请材料签收单、受理通知书、申请材料补正一次性告知书等纸质文书,出证后直接通过快递邮寄给申请人，尽可能免去群众往返跑路的问题，实现办理"零跑动"的多样化、智能化、个性化政务服务新体验。

三、加强行政队伍建设优化服务质量

一是自我剖析找问题。按照《贵安新区"六抓五强四守牢"工作方案》中"强作风"的要求，行政审批局(政务中心)结合实际制定工作方案，每月梳理公布群众反映问题集中、办事效率低、办理流程多、申请材料烦琐的审批事项和服务评价较差窗口人员清单，开展"陪同服务"活动。每月从清单中随机选取办事群众或企业，明确陪同服务人员全程陪同申请人办理1件以上审批服务事项。事项办理过程中，陪同人员围绕机关作风建设中的热点、焦点，在审批事项流程、业务规范、服务态度、办事效率等方面，详细记录申请人办事中遇到的困难和问题，切实找准审批服务工作不足之处。

二是换位思考优服务。通过陪同服务，主动征求办事群众意见建议，把"点菜"权交到办事企业和群众手中，让后台审批人员和窗口人员切实从办事群众的角度深切感受群众办事体验，发现办事的痛点和堵点，帮助服务对象解决实际困难和问题并提出针对性的整改意见建议。针对整改意见建议每月对问题和建议进行汇总评估，提出整改措施，形成分析报告提交行政审批局党组会议研究解决，确保服务供给与服务对象需求相符，既督促审批人员学习业务知识，熟悉业务办理，提升业务水平，又为进一步简化办事程序，优化审批流程，提升服务水平打下基础。

三是聚焦问题改作风。从陪同服务过程中发现的群众意见最大、最不满意的作风问题入手，有针对性地提出专业性、可操作性的整改意见，并建立完善作风建设考核机制，对服务态度好、群众满意的工作人员给予通报表扬和绩效考核奖励，对存在问题多、群众不满意的窗口人员，给予限期整改、通报批评、扣除绩效惩罚，对拒不整改的给予辞退处理。同时，按照"陪同服务"查找出的问题，研究制定行政审批局(政务中心)"五好班子""五过硬干部队伍"实施方案,让机关干部和窗口人员争当"讲政治顾大局的表率、勤学习强本领的表率、钉钉子破难题的表率、敢担当善作为的表率、说实话办实事的表率、遵纪律守廉洁的表率",持续改进作风,推动机关干部和窗口人员自觉践行"三严三实",自觉做到忠诚干净担当。

截至目前,行政审批局(政务中心)共开展陪同服务130余人(次),填写《陪同服务登记表》132张,记录服务态度、业务规范、办事效率等方面问题40项,提出整改建议及措施20条,有效解决企业群众办事的"堵点"和关注的"焦点",不断推进审批服务方式改进创新,营造更加优质高效的审批服务环境。

四、发挥党员作用提升服务水平

坚持政治坚定,建设"精神状态好"的领导班子。通过强化理论武装进一步加强党性修养,不断提高执政能力和水平,始终保持昂扬进取、奋发有为、实干善干的精神状态。一是严格执行党组中心组学习制度,每月组织集中学习1次以上。二是带头谋划开展好"两学一做"学习教育常态化制度化工作,把自己作为普通党员融入到学习教育中。三是每月下基层或企业走访调研不少于1次,研究提出切实可行的解决问题的思路、办法和措施。

坚持团结和谐,建设"民主决策好"的领导班子。认真执行民主集中制,实行集体领导和个人分工负责相结合,做到"思想同心、目标同向、工作同步"。一是党组书记听取班子成员意见和发挥好集体智慧,党组成员坚决执行党组决定,积极建言献策。二是贯彻执行好交心谈心制度,班子成员之间每半年交心谈心1次以上,班子成员和各处室负责人每半年交心谈心1次以上。三是开好民主生活会,积极带头以普通党员身份参加支部组织生活,用好批评和自我批评的武器。

坚持实干担当,建设"干事创业好"的领导班子。直面新常态下审批服务工作的新任务、新要求、新挑战,主动作为,认真谋划,攻坚克难,努力做到

"重点工作创特色、特色工作创亮点、整体工作创一流"。一是党组书记于年初对全年改革创新工作进行总体安排部署,每月主持召开1次工作调度会,每季度至少听取1次处室改革工作汇报,每季度末要主持召开1次专题会议听取年度重点工作落实情况。二是党组成员认真谋划实施分管领域改革创新工作,每半月至少研究1次,每月向党组书记汇报1次以上,每年研究提出分管领域新一年实施的改革措施2项以上。三是对分管工作要明确责任处室和责任人,明确落实时间和进度,每周对分管处室重点工作落实情况进行调度推进,每月向党组书记汇报1次重点工作推进情况。

坚持勤政为民,建设"服务群众好"的领导班子。始终不忘出发志、不失主心骨、不丢方向盘,本着以人民为中心的服务理念谋划推动审批服务工作,千方百计为人民群众办好事、办实事、解难事。一是积极配合置投公司推进市民中心建设,统筹和领导入驻市民中心各单位审批服务工作。二是大力推进"互联网+政务服务",加强三级立体政务服务体系建设,进一步提升乡村两级政务服务水平,真正打通服务群众"最后一公里"。三是定期召开工作调度会或到乡镇调研,帮助解决乡村两级审批服务工作中遇到的困难和问题,杜绝"放而不管"的现象。

坚持清正廉洁,建设"廉洁从政好"的领导班子。严格遵守各项纪律规定,常打"预防针",架设"高压线",筑牢拒腐防变的防线,正确行使好手中权力,保持清正廉洁的政治本色。一是加强纪律规矩教育,以"牢固树立'四个意识',严守政治纪律规矩"为主题开展1次中心组专题学习。二是党组书记每年年初至少召开1次会议全面部署党建工作特别是从严治党工作,每季度督促党组成员履行好"一岗双责"1次以上,全年向党工委、管委会分管领导汇报有关工作情况2次以上。三是党组成员每半年研究部署分管工作的党风廉政建设1次以上,全年向党组书记汇报有关工作情况4次以上。四是严格执行落实个人事项报告制度、双重组织生活会制度、请假报告制度、外出考察请示报备制度、重大问题请示报告制度等。

加强思想教育，打造政治过硬的干部队伍。结合"两学一做"学习教育常态化制度化工作，加强经常性学习教育，强化理论武装，持续筑牢信仰之基、补足精神之钙、把稳思想之舵。一是党支部认真谋划推进"两学一做"学习教育常态化制度化工作，发挥好"两学一做"教育管理党员的作用。二是坚持"三会一课"制度，每季度至少召开1次党员大会，每月至少召开1次党支部委员会和1次党小组会，每半年至少上1次党课。三是扎实开展"一日自学一小时、周末参加大讲堂、一月读一本书、一季一交流、一年一考学""五个一"学习活动。

加强素质提升，打造本领过硬的干部队伍。紧扣中央和省委、省政府以及新区党工委、管委会重大决策部署，分批次组织开展学习培训，让党员干部真正成为行家里手、内行专家。一是制定党员干部年度学习教育培训计划，全年组织开展各类培训16次。二是深入开展"学理论、学政策、学业务，爱读书、好读书、读好书，强思想、强能力、强作风""三学三读三强"活动，轮流开展干部讲学、党员领学。三是积极开展"亮身份、亮承诺、亮标准，比能力、比业绩、比作风，自己评、群众评、领导评""三亮三比三评"活动，营造浓厚的创先争优氛围，进一步提升为民服务能力和水平。

加强担当作为，打造责任过硬的干部队伍。明确工作职责，做到"在其位、谋其政"，勇于负责、敢于担当，积极想大局、顾大局，服务大局、推动大局。一是进一步强化处室管理，科学细化处室人员分工，每周对处室重点工作进行谋划安排，各处室之间加强沟通协调、协作配合和相互支持。二是对领导安排的重点工作进行细化分工，建立重点工作推进落实台账，对落实情况实行月调度、季通报、年考评。三是各处室每年研究提出改革措施2项以上，每周向分管领导汇报1次重点改革事项推进情况，每季度向党组会议汇报1次推进情况，全年报送改革专报不少于4期。四是充分发挥先进典型的示范带动作用，按照《关于印发先进处室评选工作方案的通知》（黔贵安行审发〔2017〕11号）文件要求，每半年开展1次先进处室评选。

加强监督管理,打造纪律过硬的干部队伍。坚持纪律教育不放松,健全完善各项制度规定,加强监督管理,确保各项制度规定落到实处,着力打造纪律严明的工作环境。一是全年组织开展警示教育2次以上,召开1次以上组织生活会和1次以上纪律规矩教育培训会。二是全年开展1次制度制定和执行情况梳理,健全内部监督管理制度,修改完善窗口工作人员管理、考核、服务等规章制度,严格执行考勤、请销假、重要事项请示报告等制度,严格落实审批服务"五严禁、五一律"规定等。三是加强督查力度,采取日常巡查、任务督查、办件抽查、效能监察等方式,强化工作纪律监督、重要工作督促落实,着力营造作风优良、服务高效和纪律严明的审批服务环境。

加强廉政建设,打造廉洁过硬的干部队伍。认真履行全面从严治党主体责任和监督责任,把党风廉政建设的各项工作任务层层分解、真正落实到位,让党员干部主动在思想上划出红线、在行为上明确界限。一是层层签订廉洁从政承诺书,开展廉政谈话,党组主要负责人与党组成员、党组成员与分管处室负责人、处室负责人与处室干部每半年谈心谈话1次以上。二是加强审批服务风险防控,找准廉政风险点,围绕管权管财管事等重点岗位,建立前期预防措施、中期监控机制、后期处置办法,探索构建不敢腐、不能腐、不想腐的机制。三是有效运用监督执纪"四种形态",实行干部约谈常态化,抓早抓小,防微杜渐,对党员干部存在的问题早发现、早提醒、早纠正、早查处。同时,坚持干部"三用三不用"原则,即用德才兼备、以德为先的干部,不用"表面派";用善于创新、实绩突出的干部,不用"慵懒散";用团结共事、勤政廉政的干部,不用"钉子户"。

2017年以来,行政审批局(政务中心)领导班子和党员干部主动担当、积极作为,截至2017年4月底,共受理网上申报办理事项2552件,办结率为100%;新增市场主体969户,新增注册资本186.77亿元;政务大厅累计受理审批服务事项177715件,办结177320件,办结率为99.8%;累计收到感谢信6封、锦旗7面。

第六章　贵州贵安新区
深化行政审批制度改革中的难点

　　行政审批制度改革是政府所进行的一场自我革命，每一次审批制度改革都是权力的重新布局以及利益的重新分配。行政审批制度的深化改革，单靠通过清理行政审批条目是无法达成预期目标的，要想实现奥斯本所说的"不但要除掉花园中丛生的杂草，还要确保花园中杂草无处可生"这样一种体制再造，必须打破传统政府控制管理体制。

　　行政审批制度作为我国经济社会管理的一种事前控制手段，在文化、政治、经济等领域发挥过重要作用，然而随着我国社会主义市场经济的不断发展和完善，以及政治体制改革不断深化，越来越显露出它的弊端。尽管我国不断推进行政审批制度改革的深度和广度，也取得了不少成效（如行政审批项目不断减少、有力地推动了政府职能转变、促进了我国廉政建设等），但是还或多或少地存在多种问题。首先是审批制度改革流于形式。中央及地方政府有关部门在行政审批制度改革方面制定了一系列的规章制度，但在具体落实方面形式主义现象严重，主要体现在如下四方面：一是只追求削减审批项目的百分比，而不顾改革的质量，难以达到改革所追求的效能政府建设的目标。二是"上有政策、下有对策"，以文件落实文件、以会议落实会议现象严重。三是只削减"不痛不痒"的项目，对涉及本部门切身利益的项目则抓着不放。四是在削减审批项目的同时，还千方百计争取能为本部门带来利益的审批权，这会导致改革形成"削减—膨胀—再削减—再膨胀"的怪圈。其次是重审批、轻事中事后监管的现象依然存在。

行政审批制度是一种事前监督，容易造成审批之后无人监管的局面。具体体现在：

一是重审批环节，轻市场管制。许多部门在审批之后，对市场和社会的具体执行情况缺乏必要的后续监督。有些部门甚至将审批权力作为谋取部门私利的手段。不管申请人的申请事项是否合理合法，只管在审批中收取费用。

二是重审批权力，轻审批责任和义务。对审批权力缺少严格制约和监督，即使出现了违法违纪审批的情况，也很难追究审批部门及审批人员的责任。在取消和下放审批项目之后，政府的监管工作如果不能及时跟上，容易导致无序运营、管理失控，引起不必要的混乱，众多社会经济问题的出现就是重审批、轻监管所导致的。例如在一些投资项目建设中，相关的监管部门由于重事前审批、轻事中和事后监管，会导致项目方擅自修改规模和标准，甚至出现弄虚作假骗取建设资金的问题，项目投资效益难以得到有效保证。

三是审批制度改革进入攻坚期，剩下全是"难啃的骨头"。经过十多年的改革，国务院取消和下放行政审批项目达70％之多，但仍保留1700多项，以《中华人民共和国行政许可法》为核心，行政审批相关法律、法规和规章配套制度体系基本建立，我国行政审批制度改革已进入攻坚期。主要表现在四个方面：一是行政审批业务流程有待规范；二是行政审批信息系统亟需优化；三是行政审批权责体系还不够健全；四是行政审批体制机制尚须完善。行政审批制度改革是政府所进行的一场自我革命，每一次审批制度改革都是权力的重新布局以及利益的重新分配。利益的划分与调整是相当困难的，很容易引起部门的抵触与阻挠。改革都遵循着先易后难这一规律，行政审批制度改革也不例外，改革进程持续到现在，各部门取消和下放的行政审批事项大都不是本部门的核心权力，甚至许多都是一些细枝末节的条目。而含金量相对更高的权力还牢牢被各个部门所把持，改革越到后面越难改。贵安新区在行政改革中也遇到了大大小小的难题。

第一节 条块分割与制度创新的关系

当代中国垂直管理部门与地方政府关系中存在的诸如条块分割、各自为政等问题影响了政府职能的履行和行政效率的提高。在这种背景下,党的十七大报告提出"加快行政管理体制改革,建设服务型政府"的政府改革新目标时,明确指出要理顺垂直管理部门和地方政府关系。垂直管理部门设立的初衷,是为了打击地方保护主义,遏制地方政府对部门行政的不当干预。因此,垂直管理部门与地方政府关系中存在一些不和谐的因素是在所难免的。理顺垂直管理部门与地方政府关系应该在承认这一现实的基础上,通过一系列制度建设和制度创新,使垂直管理部门与地方政府相互合作,紧密配合,协同治理社会公共事务。

众所周知,我国的行政体系是一个条块结合的矩阵结构。条块结构具有一定的灵活性和弹性。在社会发展的不同阶段,中央政府与地方政府的权限划分应该有所不同。通过改革条块结构,可以不断调适地方管理与部门管理间关系,进而达到根据社会经济形势、时代背景等调整中央与地方关系的目的。如果中央需要集权,可以加强"条条"控制;如果中央要发挥"块块"的积极性,可以紧缩"条条"的职权。中华人民共和国成立以来,中央与地方间的多次行政性放权与收权都是通过调节条块之间的权力分配进行的。

在计划经济体制下,地方政府的各职能部门表面上接受"双重领导",即一方面作为地方政府的组成部门,它必须接受地方政府的领导;另一方面作为上级职能部门的下级机构,它还必须接受上级职能部门的指挥、管理和监督。但是,在中央集权和政企不分的情况下,地方政府的各职能部门往往是作为上级职能部门的下级机构,主要接受上级主管部门的领导。因此,这一时期的"双重领导"实质上是"集体垂直管理"。

改革开放后,为了调动地方政府发展经济的主动性和积极性,激发地方政府发展活力,中央强调要向地方下放权力,由此通过各职能部门,中央向地方分散了人、财、物等大权。在这种情况下,职能部门的"双重领导"开始具有实质内容,主要表现在:上级主管部门负责业务指导,而人事权、财权则掌握在地方政府手中, 地方管理开始取代部门管理在条块结构中占据了主导地位,"条条集权"的局面开始松动。中央的下放权力政策及其激发的活力和潜能对改革开放后一段时期我国的经济发展起到了至关重要的作用。然而,权力下放在推动经济发展的同时, 在条块结构中占据了主导地位,"条条集权"的局面开始松动。中央的下放权力政策及其激发的活力和潜能对改革开放后一段时期我国的经济发展起到了至关重要的作用。然而,权力下放在推动经济发展的同时, 现行法律法规对垂直管理部门与地方政府各自的权力范围、权力运行机制没有明确具体的规定,从而为二者之间的权力摩擦提供了可能。在当代中国,多数垂直管理部门是从地方政府序列中退出,甚至经过重新分化组合的职能部门,它的权力范围与地方政府、地方政府的其他工作部门自然有诸多重合之处。权力与利益通常联系在一起,这使得垂直管理部门与地方政府之间的权力纠纷时有发生。除了争夺部分行政权的归属外,垂直管理部门与地方政府之间还存在权力"内耗"现象。人事权、财政权的独立是垂直管理部门制约地方政府片面追求非正当利益的重要手段, 但是地方政府可以通过司法诉讼、行政复议等消解垂直管理部门的制约作用。

条块分割的弊端具体表现为:第一,各自为政。由于垂直管理部门与地方政府之间不存在行政隶属关系,在具体施政过程中,容易形成各自为政的局面。一些垂直管理部门以服从上级业务主管部门的命令为由,拒绝为地方经济建设服务,制定的政策脱离当地的实际。而一些地方政府也以垂直管理部门对所管辖事务负责为由,不支持、不配合垂直管理部门的市场监管和行政执法活动,在决策过程听不进垂直管理部门的意见、建议。各自为政是导致利益本位主义的重要根源。整个政府体系的治理目标通常被分为许多亚目标,由各部门、各地方来实现。在这一过程中,垂直管理部门和地方政府对各自亚目标的忠诚和认同可能会超过整个政府体系的治理目标，从而产生西蒙所说的"目标冲突"。在地方利益和部门利益最大化的驱动下，垂直管理部门和地方政府往往过分关注亚目标而忽视整体目标。结构—功能分化是现代政府的重要特点，现代政府由众多专门的结构来执行不同的功能。但是行政现代化是高度分化和高度综合的统一，专门结构应该合作、协作。

第二，权责不清。垂直管理部门通常是上级政府的代表机构，加之多数垂直管理部门原是地方政府的职能部门，因此权责不清的现象很难杜绝。事实上，作为上级政府的分支机构，垂直管理部门在规避责任方面具有一定的便利条件，因为在当代中国，中央和上级政府决策，下级政府执行，出了问题，中央和上级政府不必负决策责任，却要追究下级政府执行不力。除了权责脱节外，权责不清还会导致职能交叉和职能真空。职能交叉必然导致争功诿过、扯皮推诿。而职能真空与常设机构和动态的管理对象性之间的矛盾有关，当出现新的社会问题时，在无利可图的情况下，垂直管理部门与地方政府可能都会袖手旁观。

第三，人事壁垒。其主要原因是干部的"部门所有"和"地区所有"，主要表现为在干部的考察、培训、任免、交流等各个环节上，垂直管理部门与地方政府缺乏沟通、缺乏合作。一方面，一些垂直管理部门以人事权独立为理由，拒绝地方党委参与本系统的人事行政活动，在干部任用上，事前不主动听取地方党委的意见，事后不及时进行通报。另一方面，地方党委在制定公务员培训计划时，将垂直管理部门的公务员排斥在外，甚至当上级主管机关征求当地党委对垂直管理部门领导班子的意见时，地方党委往往持宽容态度多、谈一般印象多，对班子存在的问题很少提及。由于缺乏任免，出现新的社会问题时，在无利可图的情况下，垂直管理部门与地方政府可能都会袖手旁观。

在条块分割固有的缺陷下，贵安新区的行政审批制度改革还要面临条块分割与制度创新的关系问题处理。行政执行体制转变的制度创新包括两个层面的议题。首先必须实行政府管理理念，必须从法治理念上彻底转变依法治民、依法治事的传统观念，确立法律首先治官、治权的法治意识。其次，行政执行体制转变的制度创新包括两个层面的议题。贵安新区在深化行政审批制度改革中，如何正确处理条块分离与制度创新的关系是一大亟待解决的难题。

第二节　依法行政与试点容错的关系

行政审批改革应坚持法治思维。党的十八届二中全会和十二届全国人大一次会议审议通过了《国务院机构改革和职能转变方案》（下称"《方案》"），拉开了新一轮机构改革的大幕。与历次改革都以《国务院机构改革方案》命名不同，该《方案》在题目中增加了"职能转变"，在内容上将"关于国务院机构改革"和"关于国务院机构职能转变"分述，凸显了此轮改革最主要的内容和最主要的任务在于职能转变。为确保以职能转变为核心内容的此轮机构改革能够真正富有成效，行政审批制度改革被确定为重要突破点和基础支撑。自2001年国务院电视电话会议正式启动行政审批制度改革工作以来，历经6轮改革，共取消和调整2497项审批项目，在简政放权、转变政府职能方面取得了可喜成绩。但是一方面是从国务院到地方各级人民政府在大力推进行政审批制度改革，不断取消和下放行政审批项目；另一方面是实务部门往往感到缺乏切实有效的管理手段，出现规避行政许可法等法律的规范约束，甚至变相设置审批或者许可事项的乱象。如何做到"放而不乱"一直是行政审批制度改革的关键和难点，也是此轮改革必须认真应对的重要课题。应当切实贯彻党的十八大报告要求，按照《方案》关于加强依法行政和加快法治政府建设的安排，切实运用法治思维和法治方式于机构改革、行政审批制度改革和转变政府职能的全部过程之中，建构法治保障的机构职能体系。

伴随着行政许可法的制定和施行，行政审批制度改革应当纳入该法的调整范畴。该法第二条规定："本法所称行政许可，是指行政机关根据公民、法人或者其他组织的申请,经依法审查,准予其从事特定活动的行为。"第三条第二款规定:"有关行政机关对其他机关或者对其直接管理的事业单位的人事、财务、外事等事项的审批,不适用本法。"《关于行政许可法(草案)的说明》指出,"行政许可(也就是通常所说的'行政审批')是行政机关依法对社会、经济事务实行事前监督管理的一种重要手段"。所以,作为行政审批制度改革对象的"行政审批",除了行政许可法第三条第二款规定的"审批"之外,皆应替换为"行政许可",全部纳入该法的调整范围。这是法治思维运用于行政审批制度改革的内在要求。因为适用行政许可法存在诸多不便,而在该法之外另辟蹊径,将行政审批作为行政许可的上位概念来把握,创设"非行政许可审批"的概念等做法,具有规避该法约束之嫌,是有悖法治思维的,应当坚决纠正。

同时,应当对目前通用的"行政审批制度改革"中的"行政审批"进行科学的概念界定。首先,以行政许可法为基本法规范,将属于行政许可的还给行政许可,将属于行政审批或者非行政许可审批的留给行政审批。其次,无论是行政审批还是行政许可,都应当遵循经济和社会发展规律,贯彻有限政府原则,在法律保留原则之下,切实保障各项审批和许可在"实施机关、条件、程序、期限"方面符合基本法规范要求。最后,行政审批和行政许可"必要性的判断标准有三个:其一是不要越位,不该政府管的事,一定不要管;其二是不要缺位,该政府管的事,一定要管好;其三是不要扰民,该政府管的事,在保证管好的前提下,其手续、程序越简单越好"。这种精神在《方案》中得到很好体现,为切实推进政府职能转变提供了重要保障。推行机构改革和行政审批制度改革,同样应当运用法治思维和法治方式。

由此看来,在行政审批制度改革中,坚持依法行政是必需的。但是在进行这样的改革试验中,犯错是在所难免的。为了给改革创新者撑腰壮胆,近年来,江苏泰州,浙江绍兴、杭州等地相继探索建立容错免责机制。容错免责能否破解"为官不为"? 如何防止容错机制被滥用? 多地实地调查发现,随着从严治吏成为常态,由"为官不易"引发的"为官不为"现象屡见不鲜。在博鳌亚洲论坛2015年年会上,有企业家表示,现在干部普遍和企业接触少了,很多干部"不吃、不拿,也不干",害怕做事越多,犯错越多。有些基层干部认为干事风险较大,甚至出现个别年轻干部申请到清闲岗位工作的现象。而在一些干部看来,干事创业的激情淡化实乃事出有因。中国浦东干部学院课题组2015年一项针对领导干部的调研显示,对于"为官不为"的原因,62.16%的调查对象认为与"对落实责任从严的恐惧,害怕问责而不为"存在关联;41.89%的调查对象认为与"对纪律约束从严的疑惑,不清晰'红线''底线'而不为"存有关联。当前,我国经济发展迈入新常态,改革步入深水区,干部"怕而不为"让改革发展蒙上了阴影,建立容错机制成为各方期待。江苏扬州市委组织部开展了一项防治"为官不为"激励保障机制的调研,结果显示,55.5%的调查对象认为应该建立激励干部干事创业、宽容失败的容错机制。改革创新是"摸着石头过河",难免出现失误,有时甚至干得越多出错越多。

如果没有容错免责机制为干部撑腰壮胆,改革的步伐将沉重而迟缓。经常洗碗的人难免偶尔失手将碗打破,自责之余,旁边不干活的人也不依不饶。洗碗越多,失手打破碗的概率就越高,落埋怨、受责备的可能性越大,有人把这归结为"洗碗效应"。工作中不乏这样的事例,以创造精神抓落实的干部,因有些失误被说三道四,在考核测评、干部任用中也容易吃亏。若放任这种现象,"明哲保身,但求无过""事不关己,高高挂起"者会越来越多,任劳任怨的"洗碗者"会越来越少。在日常工作中,人们都可能有失误,更何况是"摸着石头过河"、正在啃改革硬骨头的今天,即便再小心细致,也难免犯错。党的十八大以来,习近平总书记多次强调,保护那些作风正派又敢作敢为、锐意进取的干部。容错机制的提出,将彻底打破这种干不如站、站不如唱的"洗碗效应",让各单位的排头兵轻装上阵,最大限度地调动广大干部的积极性、主动性、创造性,促进干部在新常态下有新作为。

在这种情况下,如何处理依法行政与试点容错的关系又成为一大难点。

在深化行政审批制度改革进程中,贵安新区要取得显著成效,就必须拿捏好依法行政与试点容错二者并存的尺寸,避免出现二者不能共存,制度改革陷入困境。

第三节 政府职责与社会认知的关系

行政审批制度改革中,理顺职责关系,明确政府职责是必不可少的。党的十八大报告明确提出,要深化行政审批制度改革,继续简政放权,推动政府职能向创造良好发展环境、提供优质公共服务、维护社会公平正义转变。推进行政审批制度改革,必须正确处理好政府与市场、政府与社会、上级部门和下级部门之间的职责关系,该取消的取消、该下放的下放、该整合的整合,充分释放制度红利。近年来,贵州省认真落实"简""优""限"的要求,对行政审批制度改革中的理顺职责关系问题进行了积极探索。

第一,梳理脉络,理顺省直部门之间职责关系。推动行政审批制度改革,要梳理部门之间的职责关系,从"权力配置"这个源头上切断某些部门"增生"的权力触角。近年来,贵州省按照"凡是不符合行政许可法规定的一律取消,凡是不适应全省经济社会发展需要的全部取消,凡是中央已经取消的全部取消"的要求,逐一对省直部门职责和行政审批事项进行梳理,对设置过细、审批程序烦琐的审批事项,按照简程序、减时限的要求进行优化。对职能交叉或相近的,根据各部门履行职责的特点,界定部门之间的职责分工,坚持一件事情原则上由一个部门负责,确需多个部门管理的事项,明确牵头部门,分清主办和协办的关系,建立健全部门间协调配合机制。截至目前,按照"能放则放、该放必放"和"权责利相一致"的原则,贵州省共取消省直部门行政许可事项101项、下放管理层级206项、转变管理方式76项。

第二,合理分权,理顺省、市、县的权责关系。如何合理分权,处理好不同行政层级间的权责关系,是行政审批制度改革的难点。贵州省在推进改革中,为减少省一级对市、县过多过细的管理,规定凡是可由市县级行政机关办理的一律下放,凡是属于地方性法规和地方政府规章设定的,以及需要取消、下放、归并和公告中未决的事项,比照其他省(区、市)的做法予以取消、下放、归并。省委、省政府先后出台了《关于省人民政府机构改革的实施意见》《关于市(自治州、地区)、县(市、区、特区)政府机构改革的指导意见》,对政府职能转变、部门职责关系理顺、组织结构调整优化等工作进一步作了明确。通过理顺省、市、县的权责关系,突出不同层级政府职责重点,取消、下放管理层级,转变管理方式,合并审批事项,逐步把政府的职能转变到经济调节、市场监管、社会管理和公共服务上来,避免权力责任脱钩,有权无责的现象。

第三,减少干预,理顺政府与市场的职责关系。行政审批事项多,审批程序繁杂、时限较长,违法增设行政审批环节,变备案、登记为审批、搭车收费等问题,增加了政府和市场主体运行的成本。处理好政府与市场的关系,就要减少对市场的干预,充分发挥市场的自身调节作用,实现"有限政府、强市场"的模式。在行政审批制度改革过程中,贵州省减少或取缔对市场经济活动不必要的政策干预和行政管制,将企业能自主决定的事项交给企业,降低市场准入门槛,缩小投资审核范围;将可以由市场调节解决的事项交给市场,取消对竞争性商品和竞争性服务价格的管制,推动建立充分反映市场供求关系、资源稀缺程度、环境损害成本的资源要素价格形成机制,切实把不该由政府管理的事项转移出去,有效地避免政府越位、缺位、错位。

2011年,贵州省出台了《关于第二批取消、下放管理层级、转变管理方式、合并行政许可事项的决定》《省直机关继续实施的非行政许可审批事项》。第二批拟取消、下放管理层级,转变管理方式,合并、继续实施的行政许可事项共涉及56个行政执法主体的851项行政许可,加上第一批行政许可清理,共精简581项,占省直机关原有行政许可事项的59%。清理、精简非行政许可审批事项166项,占省直机关自查清理上报属于非行政许可事项总数的52.2%。比如,贵州省商务厅2011年清理出行政审批事项60项,企业登记前置许可(审批)事项17项,非行政许可事项8项,下放36项行政许可事项管理权限、取消2项行政审批事项、转变3项管理方式,将省级实施的行政许可减少为19项,将企业登记前置许可(审批)事项减少为11项。2012年年底,贵州省政府出台了《2012年度取消调整的行政审批事项和省直机关继续实施的行政审批事项》,采取取消、调整、合并等方式,减少行政许可事项94项、非行政许可事项66项。通过清理调整行政审批事项,提供优质公共服务,为全省科学发展、后发赶超、同步小康创造良好的发展环境。

第四,划清边界,理顺政府与社会组织的关系。行政审批制度改革的主要目标就是为市场和社会松绑,行政审批权向一些行业组织或社会中介组织转移,减少管理环节。贵州省鼓励和支持社会组织依法参与社会管理,引导各类社会组织加强自我管理,充分发挥社会协调服务、反映诉求、规范行为的作用,增强社会服务能力。通过向社会组织购买公共服务等方式弥补政府行动能力、提供特定公共服务效率不足等问题。可由社会团体、行业组织和中介机构进行自律管理的,一律交给社会团体、行业组织和中介机构,政府不再设立行政审批。公民、法人及其他组织能够自主决定的,行业组织能够自律管理的,政府也不再设定行政审批;凡可以采用事后监管和间接管理方式的,政府不再设前置审批。同时,改革社会组织管理方式,按照政社分开、分类管理、健全自律机制的原则,逐步做到政府与行业组织在人事、财务、资产等方面脱钩,着力解决一些行业组织的行政化倾向问题。

理顺职责关系,明确政府在深化行政审批制度改革中的责任,是改革取得成功必不可少的因素。政府在这个过程中,该做什么,不该做什么,哪些做得好,哪些做得不好,民众都看在眼里。然而,政府做得好的,社会大众不一定认可,政府做得不好的,社会也未必能完全准确地辨别出来。所以政府需要向群众准确无误地表达做事的意向以及取得的成果与其中出现的失误。为此,政府需要正确处理政府职责与社会认知的关系,增强群众对政府理解与认可,提高政府公信力。政府公信力是政府依赖于社会成员对普遍性的行为规范和网络的认可而赋予的信任,并由此形成的社会秩序。政府作为一个为社会成员提供普遍服务的组织,其公信力程度通过政府履行其职责的一切行为反映出来,因此,政府公信力程度实际上是公众对政府履行其职责情况的评价。为了社会的整体进步,为了国家和民族现代化的伟大目标,全方位重塑政府公信力刻不容缓。提高政府公信力,首先要了解民众所需所想,牢固树立执政为民的思想。以人民为中心,执政为民,情为民所系,权为民所用,利为民所谋,是建设信用政府的思想基础。作为新时期的新型服务型政府,要时刻了解群众所需所想,把人民群众的利益摆在首位,做到发展为了人民,发展依靠人民,发展成果由人民共享。提高政府公信力,要坚持依法行政。依法治国是我国的基本方略,坚持依法行政不仅是依法治国的根本要求,更是提高政府公信力的重要法制保障。不断完善公务员考核、奖惩机制,并以法律的形式落实到工作中,加强公务员法制建设教育,切实加强和改进行政执法,做到严格执法、公正执法和文明执法。提高政府公信力,要切实推进政府决策的公开化、民主化、科学化、透明化。不断改革和完善民主决策机制,提高政府决策的民主性,以人民群众的长远利益为出发作出科学的决策,要全面推进政务公开,保障公民的知情权,增加政府工作的透明度,建立政府与公众对政府有关的互动回应机制,提高政府的反应能力和社会回应能力。

贵安新区在深化行政审批制度改革中,在处理政府职责与社会认知关系的问题上,并未完全做到正确高效。在履行政府职责,提高社会认可和政府公信力的过程中,正确处理其关系问题并不容易。

在大数据热潮下,大数据技术从互联网行业应用开始进入政务领域,并掀起一股热潮。然而受数据多样性以及应用需求复杂性的影响,大数据在政务领域应用与其他领域差异和难度较大。在相关体制机制尚未完善、思维方式尚未转变、大数据基础设施尚未健全的情况下,政务大数据管理机制与应用建设还需深入思考。贵安新区的大数据平台在实际运用中并不尽善尽美,存在着诸多问题。

首先,在应用数据管理决策思维尚未形成习惯的情况下,政府建立了一些信息系统,如领导辅助决策信息系统。但领导们还是比较习惯采用传统方式来管理决策,而很少使用该系统,造成利用率低、财政资金浪费。

其次,由于各单位在不同时期先后建立起一些各式各样的业务系统,由不同厂商建设运维,加之多年来需求的不断变更和升级改造,普遍存在着系统与技术文档"两层皮"、系统与实际业务流程不匹配、功能与接口错综复杂难以把控、数据标准化程度差、业务系统和数据安全隐患高等问题。总的来说,就是技术管理不到位,导致单位的业务系统、数据资源被最初承建系统的厂商所"绑架",每年需要多付出高额的运维费用。

最后,对于呼吁数据开放共享的市场和企业来说,在数据产权界定不清、个人信息保护制度尚未健全、企业内部自律不足的情况下,一些互联网企业急功近利,利用各种手段非法收集、分析数据。和传播网民隐私数据问题严重,还有用户数据所有权、知识产权保护等问题也亟待解决。

除了上述问题外,贵安新区由于尚处在探索初期,还存在诸多亟待解决的问题,与长三角、珠三角等地区相比存在较大差距,主要表现为"三个尚未形成":

第一,产业规模偏小尚未形成大规模集群效应。贵安新区大数据产业规模虽然在不断扩大,但从整体上看推进迟慢,大数据产业规模和企业规模偏小,尚未形成大规模效应。2016年1—10月,大数据产业规模总量完成了212.89亿元,占全年目标750亿元的28.39%,相差较大。同时在发展过程中,一方面产业纵向发展不足,产业链发育不充分,配套产业基础薄弱,没有形成完整的产业体系;另一方面产业分布不够集中,尚未形成较强的区域产业优势。

第二,人才支撑不足尚未形成产业快速发展优势。贵安新区自成立以来缺乏大数据高级人才、专业人才、技能人才和管理人员一直是制约大数据产业发展的瓶颈问题。虽然新区不断努力招才引智,但尚未满足产业发展的需求。人员编制和待遇相对较少,政策支持未能及时兑现,导致引进的人才部分流失。

第三,信息基础设施配套不完善尚未形成产业集聚发展态势。发展大数据产业,信息基础设施是关键也是基础,目前新区处于建设初期,虽然在不断加大信息基础设施建设力度,但从全年目标任务来看,仍存在投资未达标、网络覆盖率不高、建设进度迟慢等问题,影响部分企业正常办公及运营投产,尚未形成产业集聚发展态势,亟须加快信息基础设施建设和提升。

这些问题的出现意味着大数据平台在建设构想与实际运用方面存在着不一致。在深化行政审批制度改革中,如何使大数据建设与实际中的运用相一致是政府需要解决的又一个问题。

第七章 国内外行政审批制度改革的典型经验借鉴

第一节 国外行政审批制度改革的典型经验借鉴

一、美国行政审批制度改革的经验借鉴

(一)绩效评估模式

美国整体政府改革采用网络化协作治理形式，在联邦分权体制下具有明显的总统集权特征,拥有完整的流程再造和绩效评估机制,特别注重利用现代科技创新管理方式和服务手段，是一种典型融决策—执行—监督于一体的中观政策协调模式。例如,2012年3月开始的联邦政府基建项目审批制度绩效改革。

为了最大限度推动人员、物资、能源和信息流动,大幅度减少联邦政府审批决策过程的总和时间,提高环境和社会的综合成效,联邦基建审批绩效改革的亮点是不仅搭建了改进基础设施审批程序的指导委员会，在制度设计上还专门设立了一个新的职务——联邦首席绩效官(CPO)。遵照总统行政命令,改革指导委员会成员包括国防部、内政部、农业部、商务部、交通部、能源部、国土安全部、环境保护署、历史保护咨询委员会和陆军部等机构派出的副国务秘书或同级官员，以及首席绩效官员可能邀请参加的其他机构和

官员,由联邦首席绩效官担任主席,具体的事务与环境质量理事会(CEQ)主席共同磋商。此外,改革计划还特别设定了指导委员会和联邦首席绩效官的职能任务,同时也明确规定,二者均不得指导或协调成员机构各自的特殊审批或项目决定。

(二)政策协调机制

政策协调机制是根据中央政府某一政策领域的改革决定或最高长官的行政命令,按照整体政府跨部门协同方式持续、系统、全面推进直至达到最佳政策效果的改革模式。这里以美国出口控制政策的发展变化为例。

首先,为了提高国家安全,提升关键制造业和技术领域的竞争力,美国总统于2009年8月提出对出口控制进行全面评审,2010年4月开始梳理相关出口办照机构(包括商务部、国务院、核监管委员会、能源部、药品执行局、食品药品管理局和农业部)的审批权限,将商务控制清单(CCL)和军用物资清单(USML)合并后,创建了统一的出口控制清单。2010年6月30日专门为出口控制业务更新了信息技术平台,作为所有负责出口办照和审批部门和机构的在线统一端口(USXports),使相关部门之间的信息共享真正实现了无缝对接,有效提升了监管执行力。

其次,为了协调审批工作,使办照流程更加透明、可预测和监视,政府于2010年8月30日开始评审执照监管政策,将分属于商务部(工业安全局)、国务院(国际安全和非扩散局以及国防贸易控制局)和财政部(对外资产控制办公室)的执照审批业务合并进一个集中控制机构(SCA),通过统一的出口执照申请表格和及时更新的执照申请清单,尝试对出口执照审批业务提供"一站式"服务。

再次,为了更好地协调各部委机构工作,逐渐建立起政府大范围统计跟踪刑事和行政执法活动的能力,联邦政府2010年11月在国土安全部内成立了跨部门出口协调执行中心,成员包括国务院、财政部、国防部、司法部、商务部、能源部、国土安全部、国家情报局局长办公室以及其他由总统随时任命的政府部委、执行局或办公室。中心主任由国土安全部国务秘书任命的部内高级官员全职担任,两个副主任也是全职岗位,分别由商务部国务秘书和总检察长任命的商务部和司法部的高级官员担任。同时,联邦政府还专门成立了情报联络处,由国家情报局长任命的联邦政府高级官员全职领导。在商务部网站上专门开辟了跨部门的信息分类单元,负责保留所有部委和机构的综合数据库,及时收发相关信息和情报,协调不同管道的审批流程,为美国政府的出口决策服务。

最后,为了进一步简化进出口审批流程,2014年2月不仅要求政府到2016年12月必须完成国际贸易数据系统(ITDS)建设,还有非常详细的阶段性实施要求以及完成数据转换和透明机制建设的时间期限,要求政府与非政府利益相关方建立伙伴关系,共同建设更有效率的商业流程,使政府管理政策所适用的范围更加广泛,并为此专门成立了边境跨部门执行理事会(BIEC),致力于削减文牍,提高供应链效率,管理美国进出口贸易风险,统一负责政府进出口部门和政府外利益相关方之间的协调工作。

(三)美国行政审批改革的特点

在放松管制理论和政策思想的影响下,自20世纪70年代末开始,美国政府开始了大规模的放松管制的改革。行政审批项目大幅度减少,行政审批程序进一步简化,在许多管制领域引入了市场机制。

1.美国的行政审批具有严格的法律基础,需要接受严格的司法审查

与中国相比,美国的政府管制和行政审批制度有若干特色:美国的政府管制和行政审批制度的经济背景是市场经济,它是在市场经济中发展起来的,也是在完善市场经济的过程中进行改革的。中国的政府管制和行政审批制度是在计划经济时代发展起来的,许多行政审批项目带有浓厚的计划经济色彩,比如项目审批制度、物价审批制度等。

美国的政府管制和行政审批制度具有严格的法律基础。美国是一个具有悠久法治传统的国家。政府严格执行依法行政，没有法律依据，任何行政管制和审批行为都是无效的。与此相比，中国法治建设可以说才刚刚起步，许多行政审批制度都开始有法律依据，但还有一些行政审批制度没有法律依据，而是由行政部门自己设置的。

美国的政府管制和行政审批制度需要接受严格的司法审查。与中国相比，美国有关政府管制和行政审批的法律比较完善，对于什么事项需要审批、审批的期限等都有详细的规定，中国现行法律仍需完善。

行政审批制度的重要内容是行政许可。美国行政许可证的发放具有严格的程序、明确的要求。但即便如此，在实践中也引起了很多问题，比如执照发放很容易保护垄断利益，许可证颁发很容易引起腐败问题。在这些方面，美国政府在19世纪末经历了极其惨痛的教训，那时许多政客为了赢得选票，将许可证出卖给一些企业以筹集资金用于竞选，企业则为了取得行政许可权而给许多政官捐钱，权钱交易泛滥。美国各个方面花了很大的力气，进行各方面的制度改革，才控制了政治权力腐败的问题。进出口许可、外汇额度，尤其是土地使用等方面发生的许多腐败问题都与许可制度相关。为了减少腐败，美国引入市场竞争机制进行制度改革的做法值得借鉴。

2.美国审批制度的改革走渐进式道路，没有轰动性的成效，但其消极效应也较小

美国面临的许多问题与中国是相同的，比如环境、消防和建筑物抗震等方面的行政审批都是一样的，其只有细节方面的差别。但有许多问题，由于国情不同，行政审批制度也相应不同。比如，美国历史上比较注重公民拥有枪支的权利，管制就比较宽松，只要公民没有犯罪前科就可以申请拥有枪支，但中国对枪支有严格的管制制度，一般公民都不可以拥有枪支。美国人口稀少，公民生育不需要申请出生指标，但中国公民必须申请。中国人均国土资源非常稀缺，土地属于国家所有，国土资源使用需要实行严格的行政审

批制度,但美国的土地是私人拥有的,土地资源的使用就没有非常严格的行政审批制度。这些差异没有好坏之分,因为其差异只是因为中美两国所面临的问题严重性程度有差异,因此要解决问题对行政审批制度的依赖程度也有差异。

从改革方式角度来看,美国的行政审批制度改革走的往往是渐进的道路,没有统一的改革步骤,也没有统一的要求。因此,美国行政审批制度改革往往没有什么轰动性的成效,但其消极效应也比较小,积极效应发挥得比较好,改革成果也比较容易巩固。

(四)美国行政审批改革中的典型做法

在放松管制过程中,美国政府针对行政审批过多的情况,进行了大刀阔斧的改革,将原来由政府承担的经济职能转向社会和市场。一方面,政府以市场为导向,放开大多数竞争性行业的管制,让企业有更大的自由活动空间。另一方面,政府对社会中介组织放权。在改革的过程中,美国政府充分发挥社会团体的作用,逐步将政府的某些管理职能,如资格审查、质量控制等权力向商业、行业等中介组织转移。

以在美国注册企业为例,联邦和地方政府网站上都为创业者提供了详尽而专业的介绍和咨询服务。在美国小企业服务局的网站上可以看到,有关企业创建和经营的指导性内容划分得非常细致。比如,如何制定创业计划、如何为企业注册、如何获得许可证和营业执照、如何获得税务号码,以及如何选址等涵盖了各个环节。小企业服务局网站上还列出了每个州的相关部门网站链接,方便快捷。对于不同的手续,联邦和地方政府之间分工十分明确,哪些企业经营需要联邦层面的许可,哪些只需要州政府和地方政府的许可,看起来一目了然。

在弗吉尼亚州,政府为企业提供了"一站式"服务。登录弗吉尼亚州政府网站,进入商业板块,就会发现这里为不同诉求的群体分列了不同的信息板块。如果有人考虑在弗吉尼亚州注册企业、经营企业，或者扩大经营，只需对号入座，在网站的分步指导下，填写所需信息即可。

虽然在弗吉尼亚州注册公司的程序相对简单，但在正式注册之前，需要有一个成熟的公司业务发展方案，公司创办人需对公司短期和长期的发展作出计划，内容要包括公司概况描述、组织架构、市场营销分析等。

美国里根政府于1981年批准的12291号行政命令，是最早规定行政审批需要经过经济评估的法律依据。该命令规定需要设立行政审批的行政部门，必须首先对其提出的行政审批项目进行成本收益分析，上报政府批准的行政审批必须能够产生净收益。

1993年前，美国的无线频谱资源主要是靠美国联邦通讯委员会（FCC）免费分配。此后，随着无线电讯的发展，美国政府开始利用著名的过程控制系统（PCS）拍卖机制分配许可证，这一做法促进了无线通信的有序发展，并增加了巨额的国家收入。借鉴它们的经验，中国也可以试着在诸如土地经营权的出让、产权交易、基础设施、公用事业，以及固定资金投资和国家融资的主要工程建设项目、政府采购等领域引入拍卖和公开招标机制，把市场竞争体制引入行政审批领域中来。

20世纪70年代末开始，美国政府开始了大规模的放松管制的改革。行政审批项目大幅度减少，行政审批程序进一步简化，在许多管制领域引入了市场机制，其效果非常显著：有人估计，美国完全取消了航空领域的管制、部分取消了汽车运输、天然气领域的管制、大量取消了铁路和电信的管制、加上有线电视、经纪业等领域的改革，管制放松改革的收益每年估计在358亿到462亿美元之间，而未实现的收益也有200多亿美元。90年代，美国经济持续高速增长，这是由许多原因构成，放松管制、改革行政审批制度是其中非常重要的因素。

随着行政审批制度的改革，行政体制模式向事后检查监督型模式转变。审批、管制、许可证制度等与直接管制的有关制度发生了转变。政府如何积极制定明确的规则，使行政体制从重视管制执行向监督方面转变成为政府面临的主要任务。司法机关也面临着同样的任务，探讨采取适当的措施对其管制和审批制度进行重新监管显得非常有意义。美国放松管制以后，有关政府管制和行政审批的法律比较完善，对于什么事项需要审批、审批的条件、审批的期限等都有详细的规定。同时，美国的政府管制和行政审批制度需要接受严格的司法审查，审批被纳入行政程序法，强调审批的透明度和听证程序，法院可以对政府机关的行政管制行为进行有效的监督。在深化行政审批制度改革中，可以将有待于审批的项目范围、审批的内容、审批的程序、审批的责任等纳入法制化轨道，通过司法程序对政府审批行为进行监督，加强对行政审批的监管，提高行政审批的科学性。

从世界范围看，行政审批制度及其改革，随着经济活动和市场状况的不断改变呈现动态变化的态势，今天看来是必须要审批的，随着市场状况的变化或许将来将进行市场化改革。反之亦然。美国电信管制改革就是一例。电信业具有明显的规模经营、全程全网和前期投入巨大等特点。20世纪80年代以前，AT&T依靠国家政策的扶持，代表政府基本上独家垄断了美国电信市场，推动了当时美国电信业的发展。但到了80年代初，美国电信行业垄断导致服务费用居高不下、新技术应用缓慢、服务管理水平无改善，在一定程度上阻碍了当时电信新业务的发展。针对这一情况，1984年美国政府以反垄断法为依据将AT&T强行"肢解"为一个长途电话公司（继承AT&T）和7个地方性电话公司，开放电信市场的竞争，使一批全新电信商应运而生，促进了美国电信业的新发展。

（五）美国行政审批制度改革的经验总结

一是加强市场的调控力度。政府取消一些行业、项目的审批权限，把有关事项交还市场，用平等、竞争的法则进行选择。

二是缩小审核、核准的范围。政府在银行业、交通领域尽可能地减少许可证数量上的限制,只要具备基本的职业能力和金融知识条件,就可以获得通过,许可限制大大放松。

三是运用弹性的审批方法。比如在价格上,用对价格的上下浮动区间的管制,代替单一固定的价格管制,使定点的审批转为一种幅度审批,从而更为灵活。

四是简化审批程序,尽可能地压缩程序,缩短时间。

二、日本行政审批制度改革的经验借鉴

（一）日本行政审批改革的主要做法

从20世纪70年代末开始,日本开始大幅度减少审批项目,进一步简化了审批程序,在许多管制领域引入市场机制,使政府逐步淡出微观经济领域。行政审批制度改革取得了明显成效,对于二战后日本经济持续高速发展、确立世界经济强国地位发挥了十分重要的作用。日本政府管制的改革同样是在市场经济、公共行政和依法行政理念的指导下进行的,但更强调放松管制和提高工作效率。主要做法如下:

一是依法确定行政审批制度改革范围和清理审批事项。日本行政审批的程序包括许可、批准、登记、核准、同意、认可和初审等。根据职权法定原则,凡有法律、法规、规章依据的予以保留,没有的一般予以取消。仅1965年,日本中央政府就取消了不合法、不正当的行政审批事项一千多项。

二是按照市场规则的要求,循序渐进、步步推进审批制度改革。日本有比较完善的市场体系,市场发育比较成熟。在行政审批制度改革中,政府十分注重市场规则的运用,充分发挥市场对资源配置的作用,不干预企业生产经营自主权。充分发挥社会中介组织的作用,能够由中介组织履行的职责,政府就不会插手。例如,1999年在发电领域引入招投标制度;在供电领域,收费管制弹性化,实行申报制,也即备案制。

三是引入司法审查和司法救济机制。为了减少错误的行政审批和无效的行政审批,日本在行政审批中引进司法审查机制和司法救济机制,所有的政府管制和行政审批要接受严格的司法审查。行政管理相对人对行政审批不服的,可以提起行政复议或行政诉讼,胜诉后可获得一定的行政赔偿。

(二)日本行政审批制度改革的启示

1."减":减字当头,以政府权力"减法"换取市场活力"加法"

现代政府不应当是全能型与管制型政府,而应当是有限的责任政府。行政审批改革的重点和难点在于部门利益的干扰,审批事项越多,政府管制越多,部门利益化和权力化问题越严重。由此可见,政府的管理职责不应当只是注重控制,而是应当减少权力干预,增加民众权利,增加社会活力。

第一,亮出权力清单和责任清单,科学厘清政府权力边界。权力清单和责任清单是政府权力的家底,因此,推进行政审批改革必须划好权力边界,梳理两个清单。通过权力清单的梳理过程,强化对政府职能进行反思和对政府权力进行精简缩减,让政府更多地投入社会服务和公共管理之中。政府应当做细标准,推动行政审批制度改革标准化运行,进一步明确保留审批事项的细节和流程;做实监管,借鉴日本行政审批方面的司法审查和司法救济制度,依法推动行政审批制度改革,通过整合现有资源,切实提高政府的监管能力与效果;做好协同,积极构建跨主体、跨部门间的协同和共享机制,减少和突破单一部门管理壁垒,提升监管效能。

第二,减少审批数量,激发市场活力。日本为了激发市场主体的竞争力和创造力,最大限度地减少政府部门行政审批及其相关法律法规的数量,消除经济增长障碍,使得企业节省经济成本并帮助政府减轻监管压力。相比之下,通过分析已经取消的行政审批事项可以看出,尽管我国行政审批减少的数量和力度前所未有,但是真正管制权力仍然保留在权力部门之中,部分单位出于各自利益考虑对行政审批事项进行明减暗增,从而造成边减边增、不减反增的情况依然存在。因此,政府必须高度重视在减少审批数量上搞变通的现实困境,杜绝变相审批和阳奉阴违的情况出现,有效排除各利益集团的权力干扰。同时,应当有效遏制新的审批事项,由红头文件设立的不当行政行为,坚决纳入清理范围,一并予以取消。

第三,简化审批流程,强化集中审批。要加强行政审批服务体系建设,着力构建规范化、标准化、信息化和公开化的行政审批服务平台,强化一站式和一条龙服务,努力将资源交易、公共服务和行政审批全部纳入并联审批和集中审批。要以行政审批资源集成为先导,以提供无缝隙的便捷高效服务为目标,科学整合行政服务资源,强化行政审批的统一管理和集中办理,推动"一个窗口管受理、一颗公章管审批",加大后续监管力度,弱化前置审批程序,有效推动审批权与监管权的真正分离。要以信息化建设推动行政审批体制机制创新,以审批信息共享为基础,以网上审批服务为载体,打造智能化和便民化的网上政务服务中心,实现智能服务创新与行政审批创新的有机结合。

2."放":简政放权,还权于市场、社会和地方

简政放权是转变政府职能和释放改革红利的重要抓手。要最大限度地激发各类市场主体的创新创造活力,让公众和市场从权力下放当中受益,让政府真正做到"有权不可任性"。同时,行政审批并非简单的权力下放,还需要不断完善市场准入负面清单,打通权力下放的"最后一公里"问题,逐步实现"法无禁止即可为",有效保障行政审批制度改革掷地有声。

第一,权力下放市场,必须完善配套改革制度。日本行政审批制度改革在激活市场的同时,注重通过间接管理的手段进行间接干预。随着我国行政审批事项大幅度下放和取消,行政审批流程全面"提速",行政审批权全面"瘦身",在放权过程中做好对接工作是关键问题。因此,各级政府应当跟进各项政策措施,打通简政放权的"最后一公里"。要进一步明确审批时限,规范审批动作,化繁为简,简化程序,强化职权分工,提升行政审批效率,真正

减轻经济主体负担。要完善市场准入负面清单制度，精简和优化行政审批，放宽和规范市场准入，营造竞争有序的市场环境，提升市场主体经济效益和优化社会资源配置。

第二，权力下放社会，必须强化社会组织建设。社会组织是政府权力下放的重要承接者，但是与日本相比，我国社会组织发展相对滞后，政府此时全部放手可能会造成社会治理的缺位和社会秩序的混乱。因此，政府应当牢固树立社会本位理念，让社会承接更多公共事务，充分发挥社会协同的优势作用，帮助政府解决社会管理和公共服务难题。此外，政府应当建立健全社会组织建设的规范和制度，完善行业规则、服务标准和办事流程，并将社会组织行为全过程纳入政府监管体系之中，强化对社会组织的引导和监管。

第三，权力下放地方，必须做好承接工作。在统筹推进行政审批权力下放与体制机制创新中，权力承接问题至关重要。从总体来看，审批权下放意味着政府职能的转变，下级政府应当重视问责和监管，严格落实事中事后监管，上级政府应当重视定标准和定政策，改善和加强宏观管理，从而确保审批事项下放后，服务对接好，管理承接好。具体说，要积极借助地方编委的组织架构，明确行政审批体制机制改革领导机构，划清职责分工和部门权责，借鉴试点工作经验，整体推进审批改革创新工作。地方应当主动对接上级相关部门，对接好审批流程、操作规范和事项目录，全力做好中央全部下放审批管理事项的落实工作。

3."管"：放管结合，加强过程控制与事中事后监管

简政放权，不能一放了之。行政审批权力不仅要放，而且要放到位、放彻底。同时，权力的下放意味着政府职能的转变和监管责任的加重，而不是简政减责。为此，政府更需强化部门职责，形成监管合力，不留监管死角，真正做到放权不放责。

第一，规范审批流程，强化过程控制。日本不仅非常重视依法规范和推动行政审批制度改革，而且特别重视科学规范行政审批过程。目前，我国正

逐步转变政府职能,让审批权力从微观事务中解放,不断优化审核流程和审批管理,努力激发市场活力,倾力提升行政效能。为此,政府应当进一步推动行政审批基础性标准规范,依法推动行政审批标准化管理,完善审批管理框架,强化审批流程的规范管理,全面规范人员组成、窗口授权、考核结果、服务监督等审批服务事项,逐步实现规范化和标准化审批。

第二,加强监督管理,强化事中事后监管。日本政府在推动行政审批改革创新过程中,积极引入司法审查和司法救济制度,从而促进政府管制模式向事中事后进行转变。目前,我国行政审批制度改革中,部分地方相继出现行政审批局,在强化行政审批效能的同时,逐步推动审批权与监管权的分离。政府应当当好"警察"而不是当好"司机",应当切实加强监督制约,明确审批权责,完善行政审批权力监督体系,不断提升依法行政和依法审批的能力水平,加强审批流程廉政风险防控机制建设,健全审批责任追究制度,有效推动行政审批权力的规范运行。同时,事中事后监管的范围应当覆盖审批全域,不仅要重视保留的行政审批事项,相关部门还要充分监管已经取消的行政审批事项,通过后续的服务和管理,保证后续监管到位。

第三,强化法治保障,善用法治思维与法治方式。与日本重视依法规范行政审批和强化司法救济相比,我国行政审批仅有行政许可法予以规范,但是审批过程尚需出台配套法律制度进行严格规范。政府应当牢固树立法治理念,通过完善政府行政审批法律体系,让审批权力在法律框架内运行。同时,政府依法规范下放和取消行政审批项目的程序,建立健全行政审批项目下放的法律审查制度,善用法律治理方式规范非行政许可事项,充分强化依法管理非行政许可事项审批。

三、新加坡行政审批制度改革的经验借鉴

（一）新加坡行政审批制度改革的历程

在20世纪70年代西方国家放松规制运动时期，新加坡由于遭受两次石油危机，经济发展变得极为缓慢，政府为了降低行政费用、促进经济增长，开始对政府干预手段进行调整。同时，以信息技术为中心的技术革新，带来了基础部门自然垄断性和公共性方面一定程度的变异，使放松规制和引入竞争成为可能。这期间，新加坡进行了旨在最终提高国家产品竞争力的节约成本的改革，包括放松限制性审批、简化审批手续、实行"一条龙"服务等方面的行政审批改革措施。具体做法是：对私人投资项目，政府部门主要审查其对环境的影响，其他方面一般不予审查；对政府投资项目，除环境因素外，还要审批资金来源、构成、总额及效益等；对重大项目，手续也相当简单，重点是科研报告而不是项目建议书。

为迎合信息技术的发展和应用，新加坡从20世纪80年代起就开始发展电子政务，是全世界最早推行政府信息化并取得显著成效的国家之一。新加坡信息化建设和国家电子政务的发展成绩斐然，现在已成为全球公认的在电子政务发展方面名列前茅的国家。从1980—2003年，新加坡先后推出并实施六次全国性国家信息通信技术计划（ICT计划）和两个电子化政府计划。在政府不遗余力地推动下，经过一系列卓有成效的战略计划实施，新加坡的电子政务已趋于成熟，并开始有效地推进新加坡的社会、经济和国家信息化的整体进步，使人们的工作、生活和休闲方式发生了巨大的变化。根据世界权威评估机构爱森哲的《全球电子政务发展报告》，新加坡是全球电子政务最为发达的国家之一，特别是在2007年，新加坡的电子政务客户服务成熟度排名世界第一。电子政务发展为新加坡的行政改革提供了动力，也为新型的行政服务载体创造了条件，电子政务的不断发展为新加坡网络虚拟为主、物理

实体为辅的行政服务中心模式建设提供了强大支撑和有力工具。

(二)新加坡公共服务中心建设的主要特点

1.服务供给与公众需求完美匹配

公共供给必须与公共需求相平衡是公共行政的基本规律。社会公共需求决定了政府公共供给,决定了政府的职能、服务范围和服务方式,社会公共需求的变化决定了政府职能、体制与行为的变化,公共需求与公共供给之间的矛盾运动构成了政府行政发展的动力。新加坡政府虽然提倡"能够通过电子方式提供的服务都应该成为电子化的服务",但并不以电子服务的数量去占据民心,而是要以公众需求为导向、以服务的生命周期为基础,来整合政府的业务流程,设计政府公共服务的提供种类和渠道,以求从质和量两个方面达到服务的"供需平衡"。为了达到这一目的,新加坡电子公众服务中心在设计、更新及应用的过程中,大力宣传并强调民主参与对服务效能提高的重要性,鼓励公众参与和意见反馈,并为公众参与和意见反馈创造了有效的途径,如在网上提供民意调查、意见反馈等服务模块,并在相关服务的指南中明确标出服务的支持机构及其管理人员的名称及联系方式,以便于公众的咨询、反馈和造访。

2.服务创新与服务宣传有机结合

按公众需求设定服务是政府提供公共服务的价值取向,同时政府还应该让公众知晓哪些服务被提供,以及通过什么渠道公众可以获得这些服务,这一点是政府服务必不可少的一项内容。新加坡在大力发展电子服务的同时,还花费大量时间、精力与资金进行公共宣传,告知公众电子服务的优越之处和哪些政府服务可以通过网上办结,有步骤地引导公众从接受传统服务向接受电子服务过渡。另外,为了提高公众上网办理政务的比例,新加坡政府还给予一定的物质奖励,如:规定在线办理的费用比柜台服务便宜,政府还为公民使用电子服务提供一些"幸运抽奖"。以电子报税系统(My Tax

Portal)为例,新加坡国家税务局为了促进个人和企业把通过书面提交改为电子报税形式,会为使用电子报税的个人和公众,特别是提前申报的个人和企业给予一些礼物或提供一些特别奖励,使新加坡电子报税的比例大为上升。规划设计的这种做法既加快促使公众融入电子服务建设和发展之中,使其更早享受到网上办理政务的便利,提高并保持公众对在线服务的认知度,同时也对政府机构服务的电子化程度和支持程度给予监督,保持电子服务的实际使用率。

(三)新加坡行政公众服务中心建设的启示

第一,要有明确的制度化的改革计划。有了具体明确的制度化改革计划,即使政府领导发生变动都能始终持续不断地进行改革。中国的行政审批制度改革虽有计划,但却欠缺明确的改革目标,因而会出现因领导更迭而阻滞改革进行甚至造成改革难以持续的状况,这一点值得我们深思。

第二,采用稳健、持续、渐进的改革方式。对于像中国这样一个处于转型期的人口大国来说,与西方国家相比无论是在市场化程度、社会力量发育、科技水平等方面仍存在一定差距。为此,采取积极、稳健、持续、渐进的改革将是更好的选择。

第三,从更广阔的视角来看待并实施审批制度改革。实践表明,政府本身无法割裂它与社会、市场、企业以及公众的关系。改革政府,实质上就是改革政府与它们之间的关系。同时,行政审批作为政府行使职能的重要实践手段,也必然同行政组织、公务员、行政权限等联系紧密并相互制约,这些都要求行政审批制度改革必须同其他改革协调一致、相互配合、共同促进。

第四,运用法制的力量保障和推动改革的持续深入。行政改革的发展是有阶段性的,改革的深化基于前一阶段改革成果的稳固,而稳固的方略就是法治化。中国必须运用法制的力量来保障行政审批制度改革的成果并推动改革的深化进行,这也是依法行政的内在要求。

四、英国行政审批制度改革的经验借鉴

(一)英国行政体制的传统特征

"有两点理由说明理解传统行政特点的重要性。首先,这有助于我们正确理解为什么保守党希望改革它;其次,在某种程度上,这种行政的特质解释了为什么它难以抵制改革的压力。"简言之,英国行政体制的传统特质既影响到改革的方向和内容,又影响到改革的实际进程和效果。

英国的传统文化是所谓共识性文化。没有详尽的成文法规,但存在社会普遍接受的行为准则和"游戏规则",自觉约束政府和人们的行为。从政府与社会的关系上看,英国的行政体制具有高度功能分权化特点。换句话说,英国是一个高度发达的市民社会,半独立性公共组织和社会中介组织的大量存在和积极作用使得小规模政府能有效处理公共事务。英国政治文化的三大信条是:议会主权、部长责任制、政治中立。上述构成了英国行政体制运作的大环境。牛津大学教授莱特曾对英国行政体制的传统特征做了概括和总结:

(1)英国的公共行政文化传统具有韦伯主义色彩:公共领域具有特殊性,为了防止腐败和保护公共利益,需要与私人组织保持一定的距离;承认和重视公民权,认为公民应受到同等待遇、同一标准;对公共服务的偏好,认为公共服务能够带来更多的公平和"社会效率";对社会工程的本能的喜欢。除了韦伯主义色彩之外,还有一个特点就是守旧。

(2)对一个单一制国家来说,英国的中央行政规模相对较小,只有约70万文官,而地方政府官员却有250万人。

(3)中央行政对地方的渗透能力相对较弱。中央政府的地域行政总体上很弱,如内务部没有供其使用的国家警察。

(4)通才专政或主导。专业人才的缺乏增加了政府决策时对外部组织的依赖,特别是自由职业者组织(如医生、工程师、教师、律师)等的依赖。这些

人对政府决策有很大的影响。

（5）在大多数部门和领域，中央行政在决策上处于垄断地位，但在行政执行方面却很弱，被称为没有执行者的行政。中央决策主要靠地方政府、自我管理组织、半政府组织等来执行。

（6）中央行政向政治领域的渗透能力很弱，严守政治中立和匿名的信条。由于缺乏欧洲其他国家那样的政治精英和行政精英之间的渗透，所以英国的行政官员不能像在欧洲其他国家那样，期望从政治家那里获得支持——即没有政治家可作为靠山。

（7）文官的内部结构体现了韦伯主义的特点，特别是严格的等级制：常务次官牢牢控制着下属且不受政治变化的影响。

（8）英国文官工会不像公共企业雇员工会那样强大有力。它们相对分散，没有意识形态的支持，缺乏相应的技巧和手段来和政府相抗衡。

（二）撒切尔主义公共管理新思维

撒切尔主义长期是英国行政改革的指导思想。撒切尔主义源于右翼思想库（如亚当·斯密研究所、理性选择研究所）的影响，可以说是学术界的新右派、公共选择学派等在政治上的集中体现。

撒切尔政府对英国传统行政体制的批评集中在三个方面：意识形态、政治和管理。

首先是意识形态上撒切尔坚持新右派的反国家主义观。认为过度扩张的国家抹杀了个人、家庭与社会群体的创造性，毫无效率地生产和分配着公共产品。扭曲了市场法则，对消费者提出的质量要求不敏感，追求整齐划一而忽视了公共服务的多样性。行政机器只是过度扩张的国家的工具。

其次是政治上的批评。认为属于部门政策网络公务员已成为构成这个网络的组织的俘虏和同谋——此处所指的组织包括信奉干预主义的政党、政治家以及自由职业者组织如律师协会、工会等。由于自身的意识形态倾向和职能,文官已和专注再分配政策和扩大预算的组织结为一体。于是公共物品成了"生产者驱动的物品"——它们的生产不是消费者说了算,而是生产者说了算,由是导致不适当公共物品的高成本和过度生产。

最后是管理方面的批评。这种批评较少集中在行政的功能上,而是集中在行政机构的内部运作上:传统行政庞大的等级结构僵化死板、缺乏灵活性、缺乏创新精神等,不适应经济和技术高速发展的世界。

总之,英国行政体制的传统特点都是撒切尔不喜欢的东西,所以要实行根本性的变革。改革的目标,正如1979年保守党竞选宣言所指出的那样,就是要减少"浪费、官僚主义和过渡政府"。

撒切尔主义公共管理新思维的核心是市场取向的改革。格林沃德和威尔逊把它的特征归结为四条:①崇尚市场机制和市场力量,主张尽量减少政府干预。②赞同廉价小政府,节省开支,减少税收,从而激励私人资本投资,追求经济繁荣。③怀疑政府官僚化,导致效率低下和浪费,因而要进行"十字军式的大讨伐"——加强对高级文官的政治控制,大力削减公务员队伍的规模。④从对政府的怀疑发展到对所有公共部门的怀疑,对私营部门的管理方法和手段十分赞赏。

(三)英国行政改革的主要内容

内容的广泛性和全面性是当代英国行政改革的一个特点。汤姆森对英国行政改革的总框架进行了系统描述。她不仅列出了1979—1992年间英国的行政改革的七个主题(私有化、分权化、竞争机制、企业精神、非管制化、服务质量、对工会力量的限制),而且对每一个主题的特征、在实践中的例证及其对公共管理的含义进行了较详细的论述概括,英国行政改革在内容上并没有超越前文提出的范围:

(1)政府角色定位与职能优化。改革着眼于政府与社会的关系,目的是通过"卸载"实现政府从社会的全面撤退和重归小政府模式改革的主要手段是非国有化。

（2）公共服务领域的市场机制。对那些不能推向社会的政府职能实行不同形式的社会化，如合同出租制、内部市场机制等。

（3）公共政策领域的改革。改革涉及教育、医疗卫生、社会保障、环境保护、公共交通、就业等各个领域。这里转述福林教授的观点，列出公共政策领域改革的六个共同发展趋势：

从平等对待所有人到给不同的人以不同待遇；

从普遍性的享有权到选择和公共服务的定额配置；

服务提供者由公共机构的垄断到公私混合机制；

从服务提供者的集中配置某种形式的顾客选择；

决策权从地方向中央集中，管理和财务权向地方下放；

预算配置上引进竞争和结果取向。

可以看出，上述改革既涉及公共政策的宏观方面，又涉及政策执行的微观方面，是市场取向行政改革在政策领域的具体体现。

（4）行政体制内部的改革包括组织结构、工作程序、人事制度、监督机制、公共责任机制、管理方法技术等等。英国行政改革的特点及其国际地位应该承认，从改革的总方向和内容上看，英国的行政改革并没有什么突出的地方。但是，英国行政改革的方式和实际进程却有自己的独特之处。正是这些独特之处奠定了英国在"当代政府改革中的领袖地位"。

五、新西兰行政审批制度改革的经验借鉴

国际学术界普遍认为，在当代西方行政改革浪潮中，新西兰的改革最为激进，属于脱胎换骨式的改革。新西兰工党政府摧毁了旧的结构，通过公司化而建立全新的结构。实现了分权化、小型化、扁平化，强调灵活性、责任与结果。公务员地位进行了根本变革。澳大利亚教授哈里甘曾写道："新西兰模式作为公共部门改革的特例赢得了国际赞佩。改革遵循了以理论为基础的

一系列原则……改革框架被公认为……是一个'设计精湛、内容完整、各部分相互增强'的方案,在执行过程中体现了'严格性和内在一致性,另外以具有日耳曼行政传统的国家为代表",被称为"非连续渐进主义"的"嫁接式"行政改革掘于一个严格的框架即韦伯的层级制模式,仅把一些新的技术、方法、程序等嫁接在旧的结构上。

第二节　国内行政审批制度改革的典型经验借鉴

一、天津市滨海新区行政审批制度改革的经验借鉴

(一)滨海新区行政审批制度改革的背景

2011年1月26日,天津市政府办公厅发布《关于第一批向滨海新区下放市级行政审批事项及扩大滨海新区行政审批实施权限的通知》(津政办发〔2011〕10号)(以下简称《通知》),依照"新区的事新区办"的原则,决定向滨海新区下放市级行政审批事项和扩大滨海新区行政审批实施权限,包括直接向滨海新区下放市级行政审批事项38项,扩大滨海新区行政审批实施权限的事项72项。此外,天津市行政许可服务中心进驻部门在滨海新区行政服务中心设窗口延伸服务的行政审批事项18项。《通知》要求滨海新区做好"一站式"集中审批服务工作,市政府有关部门在新区行政服务中心设窗口延伸服务的,要积极创新审批方式,简化审批程序,切实方便申请人办事。

2011年12月30日,天津市政府办公厅发布《关于第二批向滨海新区下放市级行政审批权限事项和职能事权事项的通知》(津政办发〔2011〕133号),决定第二批向新区下放市级行政审批权限事项32项,下放职能事权事项33项。

2013年7月12日,天津市政府发布《关于取消和承接一批行政审批事项

进一步向滨海新区下放行政审批事项及权限的通知》（津政发〔2013〕20号），决定继续向新区下放行政审批事项及权限51项。

（二）滨海新区行政审批制度改革的初步成效

"一颗印章管审批"的创新实践，使审批职能由一个专业部门全面承担，不仅运转更加规范，而且改变了过去"政出多门、多门一事、互为前置、批不担责"的乱象，解决了"以批代管"甚至"只批不管"的现象，改革成效初显。

一是审批机构和人员大幅度减少。由18个部门近600人掌管的109枚印章，减少到1个部门109人，实行一颗印章管审批。二是行政审批事项大幅度减少。将重复、交叉的审批事项进行有效梳理，先从216项减少到173项，再从173项减少到151项，减幅达30%。三是行政运行成本大幅度减少。审批机构和审批人员的减少，促使行政运行成本降低，政府将节约的行政成本回馈社会，减少了14项行政事业性收费项目，年减少收费近6000万元。四是审批效率大幅度提升。投资项目、企业设立、单办事项审批用时分别不超过原来的1/2、1/3、1/4，50项审批立等可取，实现了全国审批效率领先。

滨海新区行政审批局自2014年5月20日成立，至2015年6月29日，共完成接件126336件，办结124567件，办结率达98.6%；共接待国家部委20个批次，北京、上海、广东、新疆、西藏等366批次5422人到区行政审批局交流考察；新闻联播3次报道，焦点访谈1次报道，央视专题栏目多次报道，国家级报刊、各大门户网站等近130家媒体，组织了1050篇报道。总结一年来的改革历程，滨海新区行政审批局历经了8次具有标志性意义的时间节点：

一是2014年5月20日，滨海新区行政审批局正式启动运行。二是2014年6月12日，时任天津市委书记孙春兰率领全市"互比互看互学"考察团视察新区行政审批局。三是2014年9月11日，李克强总理现场视察滨海新区行政审批局，并给予全国翘楚的评价，希望审批局做天津的标杆、全国的标杆。四是2014年11月15日，国家博物馆永久收藏已封存的109枚审批公章，并拟在《复兴之路》等展览中展出。五是2014年12月23日,滨海新区行政审批局在全国政协双周协商座谈会上,作了主题为"加快转变政府职能,提高政府公信力"的发言,介绍"一颗印章管审批"的经验。六是2015年3月31日,天津全面推广滨海新区行政审批制度改革的经验,在15个区全部成立了行政审批局。七是2015年5月28日,中共中央书记处书记、全国政协副主席杜青林一行深入新区行政审批局考察调研。八是经国务院批准,中编办会同国务院法制办联合印发《相对集中行政许可权试点工作方案》;2015年5月29日,中编办和国务院法制办在新区召开现场会推动全国改革试点。

(三)解决的主要疑惑、难点和推动改革成功的关键点

成立行政审批局是否符合依法行政要求的问题。大多数人员认为,各专项法律明确了实施行政许可的主体部门,将这些行政许可都交由一个部门实施,是否存在行政主体不对应而违法的问题?事实上,早在2004年颁布实施的《中华人民共和国行政许可法》已经对集中实施行政许可有了明确的法律规定,经国务院批准,省、自治区、直辖市人民政府根据精简、统一、效能的原则,可以决定一个行政机关审批局行使有关行政机关的行政许可权。我们通过两步完善行政审批许可程序:第一步,依照法律,经市政府规定组建滨海常务会议新区行政审议通过,报市委同意印发《天津滨海新区深化行政审批制度改革推进政府职能转变的实施方案》,明确划转审批职能;第二步,报请国务院批准,2014年4月30日中办发〔2014〕30号文件批复:"在滨海新区先行开展相对集中行政许可权和行政执法权工作。"将全部审批职责划转一个部门是否存在批不了的问题,按照市委、市政府的部署要求,将本级的审批职责全部划转到行政审批局,过去由18个部门实施的216项审批事项,将由行政审批局1个部门实施。外界就此质疑,行政审批局会否存在不会批、不敢批或乱批的现象。滨海新区行政审批局的改革实践证明,只要将审批骨干力量抽调到位,建立并完善内部运行机制,再充分依托社会相关专业力量,就

完全可以解决这一问题。直到现在,滨海新区行政审批局批复的各类审批办件,没有出现一件行政复议或行政诉讼,企业和申请人普遍比较满意。

将审批权全部集中到一个部门能否避免权力寻租的问题。外界听说滨海新区要成立行政审批局,曾有这样的质疑,过去审批权散落在各个部门,即使出现权力寻租或腐败行为,也只是在一个点上出现,如果都集中到行政审批局,有可能会出现集中腐败问题。从改革的实践效果看,滨海新区行政审批局切实采取多项措施,通过标准规程实施,受理、审查、批准的分设,通过监管部门监控,把分散的审批权力集中关进制度的笼子,去除审批自由裁量权和权力寻租,更加有效保证了审批权力的干净运行。截至目前,相关部门没有接到一起涉及审批局人员权力寻租方面的投诉。

实行审管职能分离是否会造成审管不能衔接的问题。滨海新区成立行政审批局,实施审批与监管职能分离,有人提出质疑,能否处理好审批与监管的衔接。滨海新区出台《关于加强行政审批与监管协调联动工作的实施意见》,应用互联网技术建立了信息交换平台,行政审批局将审批结果(含要件)信息按部门分类,通过平台点对点及时告知监管部门。同时,监管部门将监管中实施行政处罚的情况,通过平台反馈给行政审批局,实现了审批与监管信息双推送。

其他容易受到质疑或怀疑的有关问题。在区行政审批局筹备和运行前期,由于外界不能全貌了解审批局的整体和细化方案,对审批局的运行或多或少存有疑虑。例如:区行政审批局一个部门的审批专用章,在外省市或中央驻津部门是否被认可;与几十家市级审批部门的衔接是否能够保畅;审批涉及政策的连续性是否能够保障等。事实上,滨海新区行政审批局在运行过程中,经协调国家商务部和天津海关报备通过,将原来的7枚加工贸易审批专用章调整为1枚区审批局的行政审批专用章,并在国家林业局的支持下,妥善解决了"木材运输""渔业捕捞许可证""征用占用林地审批"等事项涉及的跨省市运输审批用章法定效力问题。实践证明,在市、区各部门的大力支持和帮助下,这些问题都能够得到很好的解决。

(四)滨海新区审批局实施的持续改革机制创新措施

滨海新区行政审批局重点围绕"行为规范、运转协调、公正透明、廉洁高效"的建局理念,主要从"规范化、便利化"两个方面推进审批机制改革创新。

1.在规范化运行上实施了"三次升级"和"一次改造"

"三次升级",即在原有总体方案的基础上,先后又组织实施了三次审批机制的改革创新。一是实行审批规范化操作。审批局成立之初,组织审批业务处室用4个月时间,统一制作完成了审批事项标准化操作规程(SOP)对审批要件和审批流程、审查标准、审批时限进行了规范和细化,杜绝审批自由裁量权,推进依法依规审批。二是实行"单一窗口"全项受理。按照《行政许可法》第二十六条关于"行政许可需要行政机关内设的多个机构办理的,该行政机关应当确定一个机构统一受理行政许可申请,统一送达行政许可决定"的要求,设立了审批局受理中心,统一受理审批局办理的全部事项,实现多类别"单项窗口"向全项受理"单一窗口"转变,使申请人办事更加便利。三是实行"团队化"专业审查。根据各审批事项的专业化属性,对审批局内设机构的职能和人员进行适当调整,实现"单岗单员"审查向"团队化"专业审查转变,进一步提高审批能力和水平,保证审批质量。"一次改造",即推动实施"受理、审查、批准"的"三分立"审批模式。

2."审管分离"后实施了审管联动"四项机制"

一是建立审管互动信息交流制度。在行政审批系统中建设了审批与监管信息交换平台,审批局将审批结果(含要件)信息按部门分类,通过平台及时告知监管部门。监管部门将监管中实施行政处罚的情况,通过平台反馈给审批局。二是建立重点方面专项会商制度。对涉及国家安全、生态安全和公共安全以及重大生产力布局、战略性资源开发和重大公共利益,且具有直接关联性的重大项目,组织行业主管部门会商,充分听取意见,共同研究确定审批事项。三是建立审查员制度。设立审查员库,从市级审批部门和有关领域的专家库名单中聘请,组织若干审查专家组,根据需要组织审查员参与审批事项审查,保证审批的科学公正。四是建立观察员制度。对一些与监管直接相关的事项,按照工作需要,新区审批局提前商请有关监管部门派出观察员参与审核工作,充分听取观察员意见,加强工作衔接,形成部门合力。

3.在便利化服务上推行了一系列便企便民举措

围绕审批服务便利化,本着"要件要减少,办事要少跑"的工作目标,采取切实有力的保障措施,高效服务于新区投资和服务贸易便利化。一是建立帮办队伍,为申请人无偿提供服务。二是制定审批事项非主审要件"容缺后补"制度,少数投资项目实行"差别化"管理。三是开展无偿寄送审批事项办理结果服务。四是开通 24 小时便企便民服务热线。

(五)滨海新区行政审批制度改革的工作着力点

根据《意见》,今后三年滨海新区将通过改革创新,建立上下贯通、左右衔接、运转协调的行政审批服务体系;建立纵向延伸、服务下沉、有机联动的综合性服务载体;建立适应和有利于滨海新区又好又快发展的集中审批、现场审批、联合审批运行机制,将滨海新区建设成为全国行政审批服务效能处于前列的地区之一,成为全国深化行政审批制度改革的排头兵。

为实现改革目标,滨海新区探索实践"1+9"审批服务创新,即形成一个体制创新带动九项机制创新,总体实现十项创新。在各街镇建立行政服务办公室,从而形成层次清晰的新区行政审批管理体系。同时,建设滨海新区行政服务中心、建立并完善各管委会行政服务中心、全面建设街镇行政服务中心,构建新区、管委会和街镇三个层面的行政审批与综合服务载体。

滨海新区将进一步创新权责一致的行政审批运行机制,在做好承接第一批市级110项行政审批事项权限的基础上,继续争取市级下放行政审批事项权限,承接好后续下放审批事项权限工作,做到凡是有利于新区发展且新区部门有能力承接的审批事项,均在新区办理。

创新审批事项动态管理机制,统一规范审批事项名录和办事指南,进一步减少审批事项申请材料达到20%以上,探索将一些非行政许可事项转变为事后监管,加强动态管理,从而最大限度减少审批事项。

创新行政审批服务下沉运行机制,区人民政府职能部门主要负责整体统筹的审批事项;城区管委会突出社会管理和公共服务的审批职能,经济功能区管委会侧重加强与经济发展相关的审批职能;各街镇主要实施辖区内的便民便企服务事项。

创新全面集中现场审批机制,审批事项将全部进入同级行政服务中心实行集中审批服务,力争做到"大厅之外无审批";"中心"窗口实行首席代表负责制,现场审批率达到96%以上;推行"一审一核、现场审批"的最简化审批模式,杜绝"体外循环"和"收发室"现象,推出一批立等可取的审批服务事项,达到集中审批率、现场审批率全市领先。

创新联合审批办理机制,强化投资项目、企业设立联合审批高效办理机制,实现投资项目联合审批全程办理的自然时间锁控在130天以内,企业设立联合审批全程办理时间锁控在2.5个工作日以内;成立项目审批代办服务中心,为项目审批和企业注册提供优质高效的全程保姆式服务。通过网络平台对新区范围内的各个行政服务中心进行监督、管理和行政效能综合评价,让新区中心成为"汇聚层";实现利用互联网进行网上申报、网上一次性告知、网上补正、网上审核、网上通知办理结果等功能;建设滨海新区行政审批服务网站,将新区所有行政审批事项的全部信息均在该网站上公开发布。

推进公共资源"阳光交易",各类公共资源交易实行统一进场、规范管理、行业监督、行政监察及公共服务,使公共资源中心管理机构及下辖的建设工程交易中心、政府采购中心、产权交易中心实行"收支两条线"管理,达到决策层、监管层、操作层相互制约、相互衔接的效果。

创新审批质量监督检查机制,全程跟踪办件过程,强化社会监督,建立行政审批回访制度,提高服务效率和行政公信力,不断促进管理创新。建立行政审批效率计算机警示系统,通过电子网络、视频监控、现场巡查等方式,对行政审批的实施实行全过程监督管理,实现"一窗统一接件、同步效能登记、审批时间和自然时间双限时、全程帮办领办服务",努力使滨海新区成为全国全市审批效率较快地区之一。

二、广州市荔湾区行政审批制度改革的经验借鉴

(一)荔湾区政务服务中心情况简介

广州市荔湾区政务服务中心成立于2009年4月,于2010年11月正式对外服务,是荔湾区将行政许可和配套服务事项集中,囊括政务公开、政务服务、投资服务、信息化管理、网格化管理、"12345"政府热线及效能监察为一体的综合服务平台。

2013年在全市率先推行行政审批政务服务"三集中、三到位",即:部门行政审批职能向一个科室相对集中,承担审批职能的科室向政务服务中心集中,行政审批事项向电子政务平台集中。做到行政审批事项进驻大厅到位、审批授权窗口到位、电子监察到位,实现受理、审批、监管相分离,"进一个门、办所有事"。2014年将行政审批政务改革定为区委、区政府"1号改革工程",通过流程优化再造、窗口集成统一、区街居三级联动,实现"工程类、经营类和公民类"三大版块政务服务从1.0版的"传统部门摆摊式"向6.0版"互联网+政务服务一窗式"的转变,全面实行"前台一窗综合受理、后台分类审批、统一窗口出件"模式,审批效率大幅度提高,企业和群众满意度大幅度提升。

(二)荔湾区行政审批制度改革的主要经验

1.重视思路创新,顶层设计谋划

在全面深化改革,推进新型城市化发展过程中,荔湾区提出并大力推进

荔湾"e"路转型的思路,着重从区的层面针对荔湾区在新时期的发展进行顶层设计,统筹规划。其中,"以'荔湾效率'(efficiency)政务品牌为亮点,提升城区发展软实力"是整个思路中的关键一环,其整个政务服务改革都是围绕这个思路来展开。

2.重视机制创新,敢于突破陈规

重视机制创新,敢于突破陈规,荔湾区综合受理模式创新首先就表现在机制创新上,颠覆了传统的审批模式,实现了四个突破,为全国首创。

一是破层层审批传统,立集中审批模式。此前,各入驻部门虽然在政务服务中心设立窗口,但由于权责不明,窗口受理、审批都是由各部门甚至是受理审批人员自己私下说了算;同时受理审批人员又担当现场勘查人员,随意性大。因此,存在大量规避从入驻窗口进行申办而从后门进行受理审批的情形,出现把不该获得通过的申办事项给予审批通过、正常从窗口申办的事项难以获得审批的现象,从而导致权力寻租,产生权钱交易,滋生腐败。这才是"事难办"的根本原因。

通过综合受理模式的改革,入驻部门必须向综合受理窗口提供详细受理清单,由综合受理窗口按清单统一收件受理,受理事项的数据受到政务服务中心的监督,如果出现审批数据与受理数据不相符的情况,便可立即查明是入驻部门后门受理,提高了入驻部门和办理人员违规办理审批事项的风险和成本。同时,办理事项需要勘查的不再由审批科室人员进行而是由入驻部门其他科室人员进行,阻断了审批人员人为操控的可能。

这样通过各种改革措施倒逼各入驻部门真正落实"三集中、三到位",真正做到一窗受理,方便办事群众,同时也避免审批权限私相受授发生腐败,导致责任追究,后悔不及。

二是破依机构设窗传统,立综合受理模式。打破政务服务中心办事大厅窗口按部门"摆摊设窗"的传统,整合归并,按照"工程类、经营类、公民类"设置综合窗口,采用"前台收件、后台办件、统一出件"实现了"依机构设窗"到

"依业务设窗"的转变,在综合受理模式下,由区政务服务中心统一招聘、选调公益一类事业编制人员承担前台窗口工作,负责统一收件、统一出件。此模式为全国首创,是对政务服务模式的一种有益尝试,以下分为四点予以介绍。

第一是解决"门难进"的问题。由荔湾区政务服务中心直接承担前台受理窗口业务,主要是从机制上解决政务服务中存在的"门难进"问题。现实中大家一般理解的"门难进"是指服务中心的实体大门难进。现在各地政务服务中心大都实现了办事群众随意出入政务服务中心,仿佛已解决了"门难进"问题。其实不然,在传统受理模式下,前、后台均由入驻单位管理,随意性大。由于区政务服务中心除了提供场地窗口外,存在事实上的权力中空,无法从机制上对入驻部门及其窗口审批人员进行实质有效的监督。因此,入驻单位以专业性名义自设受理审批条件和门槛,就能将群众很多事项阻挡在政务中心派驻窗口申办之外。群众进了政务服务中心的实体大门,但进不了受理审批之门。部门随意设限,这才是真正的"门难进"。

荔湾区综合受理模式正式运行后,受理窗口业务由区政务服务中心直接承担,受理窗口人员也统一由区政务服务中心招聘的公益一类事业编制人员担任,按照各入驻单位提供的受理清单统一收件,入驻单位人员除在有需要时接受办事群众咨询外,只在后台进行审批。

这样把入驻单位受理审批人员与办事群众进行物理隔离,打破了窗口受理与后台审批的职权利益一体化,消除了入驻单位暗箱操作的空间,从而实现审批部门负责决策、执行,政务服务中心负责管理、监督,两相分离又相互制约、相互协调,使办事群众只要进了政务服务中心的大门,按受理清单提供了相应的材料,就自然而然地进入了受理审批程序,而不是像以前一样还可能会挡在受理审批门外,从而打开实体大门和受理审批之门这两扇门,真正实现"门好进"。

第二是解决忙闲不均的问题。综合受理模式运行前,各部门窗口业务数量严重不均衡,以荔湾区为例,办事大厅窗口中业务最多的一天受理量为40

多宗,最少的一年受理量才10宗,导致有的窗口人员工作压力大,有的工作人员却闲得无聊,造成人力资源的极大浪费。

综合受理实施后,大幅度压缩了窗口规模,荔湾区政务服务中心从原来的19个部门53个窗口改变为9个统一收件窗口和2个统一出件窗口,从原来的1个窗口只可办理本部门的几项业务增加到1个窗口可以办理所有部门的977项业务,实现了窗口受理业务的全能化、综合化。随着今后受理业务的增多,窗口也可以随机增加,既解决了传统设窗口模式忙闲不均,以及业务量很少也无法关闭服务窗口的难题,又大大节省了人力、物力,降低了行政运行成本,实现资源利用的最大化。同时缩减了办事时间,使群众、企业办事更加方便,更加容易操作。

第三是解决受理审批权力不规范问题。综合受理模式运行前,各入驻部门虽然有公开相关办事流程,但不规范、不完善,留下很多自由操控的空间。受理、审批所需的材料经常出现不统一的情况,不同的受理审批人员有不同的要求,导致办事群众经常无所适从。

实施综合受理模式后,要各入驻单位将受理、审批事项及其所需材料以清单形式列明,交政务服务中心管理的综合受理窗口,由窗口人员按照清单列明内容进行收件。后台审批人员接收到前台窗口人员推送的收件材料后,不能再随意要求增减清单所列内容而退回材料,必须直接进入受理审批程序,在规定期限内完成审批。通过受理清单式管理,规范入驻部门行政审批权力,把好入口关,起到预防审批人员不作为、乱作为,避免腐败发生。

第四是使群众企业办事更加直观,更加容易操作。改变了分部门设窗造成办事群众东奔西找的弊端。

三是破人事归属壁垒,立审管分离模式。打破政务服务中心窗口人员由各部门派驻、由各部门管理的传统,改革为由区政务中心工作人员承担,直接管理,打破了窗口受理与后台审批的职权利益一体化,造成难以管理的弊端,保证廉洁。实现审批部门负责决策、执行,政务服务中心负责管理、监督,两相分离又相互制约、相互协调,有利于统一提升窗口服务质量。

四是破人员成分掺杂弊端,立归位管理模式。此前,入驻区政务服务中心各部门派驻的人员有公务员、事业单位编制人员和合同制聘用人员三大类,人员素质参差不齐,难于管理,容易出现服务不周到的地方,引起群众投诉。

现在,根据《荔湾区政务服务改革"三集中、三到位"实施方案》要求,要确保驻区政务服务中心的行政审批科室负责人必须为中层副职以上干部,其他工作人员应是业务骨干,承担行政许可、非行政许可审批事项的审核和审批工作的人员必须为行政机关(含参照公务员法管理的事业单位)具有公务员身份的人员;同时,由荔湾区政务办统一招聘选调公益一类事业编制人员专门负责前台窗口受理工作,窗口工作人员的日常管理、年度考核等由区政务办统一负责,建立了服务与责任、管理与考核之间的有效约束机制,有效提高了政务窗口服务质量。

3.重视流程创新,实现窗口优化

一是优化简化流程。传统的政务服务模式是各入驻部门虽然会集在政务服务中心"摆摊设窗",但都是各自为政,从受理—审批—出件,单独完成,互不相干。企业或群众遇到需要联合审批的事项,必须办完一个部门的所有手续之后,再去另一个部门办理,费时费事。

而综合受理模式则是采取"前台收件、后台办件、统一出件"的方式,综合受理窗口只需要按照受理事项的清单收件,企业或群众无论是申请单独审批事项还是联合审批事项,无需直接面对各个审批部门,仅需去综合受理窗口按办件的受理清单申请递件就可以了,然后就只需等待审批的结果。

二是实行分类分块分区。推出以"工程类、经营类和公民类"三大版块的政务服务模式,工程类按综合受理联合审批流程运作;经营类按商事登记改革方式和"一表制"流程运作;公民类按区街两级实行"统一受理、综合办理"流程运作。这样大大简化优化了办理流程,提升了服务群众的效能。

4.重视手段创新,强化改革保障

一是强化信息技术保障。荔湾区创新推行"两网一平台"电子政务系统,全流程实现"公众外网咨询、查询、预约,荔湾区一站式行政审批系统平台综合受理,内部专业网分类审批"。

以"荔湾区一站式行政审批系统"为统一综合平台,在目前各部门业务审批系统无法统一的情况下,要求各部门将相关审批基本数据同步推送至该平台。该平台在收件受理、审核审批、批件完成、通知取件每个环节均推送短信到办事群众手机上,同时,该平台还与区公众网、荔湾政务微信平台和区效能监察网联通,从而保证中心的所有审批事项的流程信息在系统内可查可管,让办事群众随时获知业务办理进度,实现全流程公开。

这样既解决了目前各审批部门各自独立业务系统难以对接的协调障碍,又能以最少的成本实现信息共享。实行"公众外网、综合平台、内网"基础信息互通共享制度,做到网上和现场办事"三统一",即统一材料、统一标准、统一时限,逐步实现所有事项向电子政务平台集中。这些审批流程创新调整,为荔湾区实现"工程类、经营类和公民类"三大版块从"传统批发市场式"的政务服务方式向"现代商厦式"转变,最终为打造出"荔湾模式"的政务电商平台模式打下了坚实的基础。

二是强化事项办理联动。为进一步做强、做优、做实政务服务,提升政务服务的质量和水平,荔湾区建立了省、市、区统一的、联动的网上办事大厅,实现了网上办事大厅与实体大厅的并轨运行;建立了市区联动的建设工程联合审批系统,开展了"双轨"制联合审批。

5.重视服务创新,打造服务品牌

一是为企业和办事群众提供"热情导办、主动协办、贴心代办、重点联办"的"一站式"政务服务,每项服务有规范、有流程、有标准、有实效,确保服务质量和水平。

二是以办事人的角度,首创定制了具有荔湾特色的以事项为入口的"新版办事指南"。改变传统的以部门为指引的官方模式,采用以"办理事项—办理流程—办理事项的要件资料—办理窗口地点及时间",即把流程指南由原先的文字形式变为图表形式,力求流程指南更加直观、简洁明晰,适合各种层次的办事群众易懂易看。在办事大厅办事查询机实现可查可打印,既符合绿色环保,也便于办事事项变更调整而随时更新,并同步在"广州荔湾"门户网站和荔湾政务微信平台发布。

三是升级办事取号系统,除了采用身份证识别取号外,还以建设工程联合审批模式为指引,做好专业类、工程类的业务咨询和材料初核,大大方便了群众办事的受理准确率。

四是完善电子监察技术手段,提高服务效能。配备电子自助查询和自助打印系统,将所有行政审批事项纳入电子监察范围,做到审批全程网上同步公开。实施窗口服务满意度有效评价及评价满意度月报制度,完善视频实时监控系统,设置服务评价器,主动接受办事群众监督。改革后连续4年,区政府服务中心按时办结率和群众满意率均为100%,实现零投诉。

三、江苏省南通市行政审批制度改革的经验借鉴

(一)南通市行政审批制度改革的基本情况

改革不是要取消行政管理成本最低、效果最直接的行政审批,而是要促进政府职能转变,政府管制方式转变。为响应中央编办、国务院法制办关于开展相对集中行政许可权改革试点的工作,江苏省委、省政府选取南通市为改革试点单位之一,探索相对集中行政审批的实现形式,创新行政审批模式。

南通选择与"大众创业、万众创新"最密切的市场准入、投资建设领域先行改革,以政务中心为依托组建行政审批局,将相关部门纳入试点的行政许可权集中交由行政审批局行使,做到"一枚印章管审批",提高了审批效率,扭转了"以批代管",激发了创业创新活力。2015年11月初,南通市本级行政

审批局收件3759件、办结3696件，按期办结率100%。可以说，南通市结合自身实际情况，经过整体谋划、方案设计、研讨论证、逐层报批等程序，挂牌成立南通市行政审批局（全国首个地级市行政审批局），探索实现相对集中行政审批新模式，积累了不少经验。

（二）南通市行政审批改革的主要做法

（1）重构组织框架。行政审批局的设立意味着审批权力主体的重新定位，势必带来组织框架的调整。南通市构建了"一个主体"和"六大支撑体系"的组织架构。"一个主体"指新组建行政审批局，与原政务中心（改革后更名为政务服务中心）合署办公。

（2）厘定集中范围。相对集中行使审批改革旨在创新审批方式、简化审批流程、缩短审批时限、优化审批服务，在划定相对集中的领域和事项范围时，亦不可脱离改革的主旨，需根据实际情况进行设置。这既是相对集中行政审批内涵的要求，也可避免绝对集中带来权力寻租的空间。南通市在详细梳理行政审批事项的基础上，首先抓住了市场准入、建设项目两大领域作为相对集中行政审批的核心范围，实施改革。

（3）调整人员管理。组织架构的变化，需要人员的重新配备和划转变动。如何对人员进行合理的安排，关系到新部门的稳定运转；同时，如何使审批人员适应和胜任新的审批工作，也是影响改革成效的因素之一。围绕行政审批局成立以后的人员划转和管理问题，南通市探索出了这样的解决方案：按照"政治坚定、业务精通、作风过硬、富有激情"的标准，从首批确定试点的市场准入和建设项目审批所涉及的相关部门中挑选人员，组成市行政审批局首批工作人员。挑选到市行政审批局的审批人员编制仍在原部门，实行双向兼职，工作岗位、日常管理和绩效考核出市行政审批局统一负责，派出部门不再安排与行政审批无关的工作。同时，根据工作需要，在市级部门中分期分批选拔优秀年轻干部到市行政审批局挂职锻炼。

(三)南通市行政审批改革的主要经验

(1)明确审批主体定位与职责,是改革行政审批传统模式的基础。过往的行政审批饱受诟病,与审批主体多且权责不明确有很大关系。政务服务中心的"物理集中"并未改变审批权力主体分散于各部门的传统审批格局,"两集中,两到位"的模式在很大程度上缓解了这一问题,审批窗口职能更加丰富,窗口人员也被授予更多权限,但仍未突破编制管理等环节存在的问题。新设行政审批局的方式,实现了原属各部门的审批职能部分或全部划转,职能的划转意味着权能与责任的转移。对于行政审批而言,这样做的好处在于:由于所有行政审批事项都划归一个部门办理,利于打破原属部门之间的隔阂,即使在不修改法律法规的前提下,也可以将相近、相同、相似的事项在行政审批局合并办理;对于行政审批局来说,由于内部信息共享,高效协作,亦可最大限度地实现"一枚印章管审批"的目标,提质增效;对于公众来说,集中在同一物理空间内的审批主体,更方便其表达需求,同时回应审批质量与效果。也就是说,行政审批局,一方面明确厘定了审批主体身处的"方位",使其职能的行使更加有理有据;另一方面,按照"职责对应"的逻辑关系,职能的确定意味着承担相应的责任,对于规范和简化行政审批权力运行和监督,皆有益处。

(2)行政审批局权能与责任的疑虑。从改革的策略上看,新设行政审批局的举措属于增量改革的范畴,有打破原属部门间藩篱,化解部门利益纠葛的优势。但反过来看,行政审批局本身是否被赋予了过大的权能与责任,进一步说,是否能够承担得起这样的权能和责任,仍然值得深入探讨。按照南通市的情况,行政审批局既是审批行为的具体实施部门,也是审批结果的责任承担者,同时还在一定程度上担负着监管责任,能否实现首尾兼顾,仍需要更多的实践操作来加以检验;人员管理上存在的编制问题关涉各方利益,"双向兼职"的业务员是否具备综合能力与素质,是否承接得住行政审批局与原部门之间的业务衔接矛盾,都是影响行政审批局真正发挥权能的因素。

从外部来看,在府际之间,南通市相对集中行政审批这一模板能否获得正式认同,凝结成具备一定扩散性的经验,亟须解决权威性、同步性问题。目前来看,多数试点城市的改革举措与经验,是否得到上级政府与其他地方政府的认可与支持还存在争议。比如,虽然目前南通市没有出现辖域内相关企业在获得行政审批局盖章的营业执照去异地投资、成立公司不被认可的案例,但是由行政审批局加盖的公章是否具有普遍效力、效力多大,仍存疑问,这就对改革的整体性、协调性提出了更高的要求。抽象来看,这仍然是一个改革的普遍性与特殊性的问题。

(3)梳理审批事项,厘定集中范围,再造业务流程,是探索相对集中行政审批权的关键环节。相对集中行政审批不能停留在探索"审批事项物理上的集中"层面上,而应当提质增效,实现转变。南通模式的主要经验就在于:先是细心梳理审批事项,在此基础上因地制宜厘定集中,重点抓投资建设、市场准入两大领域,随后按照集中范围内的审批事项特性,再造业务流程,包括绘制业务流程图、优化内部链条、推行"容缺预审"。其中,绘制业务流程图应当说是核心环节。精设的审批业务流程直接面向公众,是行政审批局实际运转方式的抽象概括。南通市花费了大量心血对业务流程进行逻辑推演,才删繁就简,呈现出这样一套审批流程。简化的对外服务程序,需要辅之以强大的内部业务链条来衔接,行政审批局的基本功能与意义就在于此。南通市行政审批局很好地贯彻了这一理念,将市场行为主体与投资行为主体参与的程序限制到最低程度,内部科室之间主动消化流转、衔接问题,最大程度上实现了效率与质量的统一。

(四)南通市相对集中行政审批改革中的困难

1.如何疏通信息壁垒,打造行政审批网络统一平台

南通市在对行政审批的梳理过程当中,一个棘手的问题就是如何解决

审批类别、事项、权力名称的多样、重复,即如何实现统一标准。解决这一问题,也是为未来行政审批服务信息化平台的构建去除障碍,显然目前在这一方面还需要努力探索和完善。因而地方政府普遍寄期望于在省级政府层面出台统一标准,实现信息系统的跟进。

在政府部门内,实现规范统一的信息交流,实现资源的共享共用,可以加强部门内、部门间合作,实现协同办公,能够实现统一标准,降低重复采集与存放的资金、时间成本,这也是提升行政审批效率的需要。

成立行政审批局虽然在体制上打破了部门疆界,但由于多数部门都仍使用国家部委或省级行业主管部门统一建设的审批专网,且只有在专网上操作才能发放申请人所需要的证书,这就造成了实际的限制。这样一来,行政审批局实际上又被这些专网分割成了条块的部门,审批信息得不到及时共享,行政审批局的机构优势不能充分发挥。

2.如何填补引领、配合改革推进的法律法规的空缺

南通市实行审批的"双章管理",即在审批事项办结文件与颁发执照上同时加盖行政审批局与原审批职能部门的公章,确保其法律效力。但从法律上来说,既然设立了行政审批局,那么部门的审批权已被剥离,部门所盖章也相应失去效力。但现实的情况可能恰恰相反,部门公章多被社会认可具有法律效力,行政审批局公章的效力还存在疑问。

改革的深入需要法律法规的引领与适时跟进,这也是建设法治政府的基石。一方面,"法无授权不可为"的基本法治精神在政府改革之中不可违背。另一方面,改革本身也需要法律法规来确保自身合法性。

从合法性角度看,行政审批改革理当遵循《行政许可法》法定程序方能实现合法性。也就是说,试点城市改革的具体做法是否符合《行政许可法》等上位法的规则与程序,是否得到合法性承认,不仅是试点城市的疑问,也是对改革方式方法以及成效能否复制、扩展的疑问。

3.如何看待、借鉴试点城市的创新扩散

改革开放以来,地方政府创新是改革进程中一道独特的风景线。但伴随实践的深入展开,地方创新难以推广、扩散的问题时有发生。由于地域差异、政府层级等因素,各地政府创新方式与能力很不一样,对于地方政府创新扩散适用性的探讨也显得尤为必要。并不是所有的创新都适合扩散。

在行政审批改革的问题上,各地市在行政层级、辖区范围、经济发展状况、城建水平等方面差异明显,所面对的行政审批环境也大不相同。这也是各地在探索相对集中行政审批扩散的内容、范围与实现形式上做法存在差别的原因。在较低层次上,围绕"行政许可权的相对集中实施"这一主题,各地行政审批新的政策工具如何实现求同存异、对症下药,仍需不懈探索;在较高层次上,提炼某种具有一定扩散适用性的工具难度更大,对实践的要求更高。

(五)南通市行政审批局改革的主要成效

审批效能提高,投资创业更加快捷。截至2017年8月,企业设立登记时间由原来最少12~15个工作日压缩到3个工作日以内;内资企业设立申报材料由原来4套19份压缩到1套9份,外资企业设立申报材料由原来5套46份压缩到1套15份。投资建设项目审批时限由原来最少254个工作日压缩到100个工作日以内,一般工业项目审批从立项到施工许可50个工作日内办结。截至2018年3月初,全市新增市场主体8.8万家,增长34.7%。

政务服务优化,群众办事更加便利。通过集中行使行政审批职能,各个部门分头实施的串联审批流程变为行政审批局处室内部并联办理,申请人跑"多地多家"变为"一地一家"。通过"互联网+政务服务",实现预约、申报、办理、查询全过程网上运行,让"数据多跑路、群众少跑腿"。截至2016年年底,南通市县两级行政审批局累计批件42.6万件,按期办结率100%,群众满意度持续保持在99.5%以上。

行政成本降低,政府治理更加简约。截至2017年8月,市场准入、投资建设领域审批部门由15家缩减为1家,审批处室由26个减少为4个,审批人员由132名精简为43名,累计精简审批节点411个、精简率58.5%。对58个收费项目实行"零收费"政策,对小微企业免征43项行政事业性收费,全年累计减轻企业负担100亿元。改革促进了审管有机联动,倒逼政府部门将更多精力转移到监管和服务上来,彻底改变了以批代管、只批不管的传统弊端,推动政府由"管理型"加快向"服务型"转变。

(六)南通市行政审批局改革的主要经验

加强制度设计,凝聚各方共识,是顺利推进改革的基础和前提。推行"一枚印章管到底",必然涉及众多部门的权力调整、利益调整,必须做好各个方面的思想工作、组织工作,最大限度地凝聚共识、集聚合力。一方面,必须把改革摆到全局工作的重要位置,在整体设计、制度供给上狠下功夫,在领导体制、推进机制上动足脑筋,着力激发内生动力,不断催生创新活力。另一方面,必须使改革成为各个部门、全体干部职工的自觉行动,动员他们树立服务大局理念,强化自我革命意识,勇于打破利益藩篱,主动在职能划转、流程再造、政策传递、岗位设置、技术支撑等方面给予支持和配合。

坚持问题导向,聚焦痛点难点,是顺利推进改革的关键和核心。改革推进的痛点就是突破的重点,群众办事的难点就是关注的焦点。针对当前存在的"企业投资不便利、群众办事不方便"等实际问题,南通市主动"问诊于企",深入"问需于民",找准了与投资创业关系最为密切的市场准入、投资建设两个重点领域,先行先试,先作先成,带动了改革的整体突破,形成了试点的示范效应。针对群众反映的审批过程中存在的"盖章多、材料多、中介多、收费多、审批时间长"等突出问题,最大限度地简化环节、优化流程、降低成本,让企业和群众享受到更加便捷、高效、优质、低廉的公共服务。

突出有效监管,强化审管衔接,是顺利推进改革的支撑和保障。集中高效审批和事中事后监管是相对集中行政许可权改革的"一体两面"。如果事中事后监管不到位,必然影响改革的实际成效。南通市按照"谁审批、谁负责,谁主管、谁监管"的原则,公开权责清单、明确职责关系,严格界定行政审批局与主管部门的监管责任,进一步明确了监管部门的监管对象、监管内容、监管方式、监管程序、监管责任和监管要求;按照"一批就管、审管同步、无缝衔接"的目标,通过审批信息服务平台及时推送审管信息,进一步强化了"定期推送、同步跟进、督查督办"三位一体的审管联动机制;按照"规范服务行为、严控服务收费"的目标,健全完善中介监管制度,编制明确中介服务事项和收费目录,建立行政审批中介服务"网上超市",积极推进行业商会与行政机关脱钩试点工作,保证以最严格监管措施实现最高效集中审批。

四、河北省邢台市威县行政审批制度改革的经验借鉴

(一)威县行政审批制度改革的背景

河北省邢台市威县地处冀南黑龙港流域,总人口60万,是国家扶贫开发工作重点县。2014年,作为河北省唯一一个综合改革试点县,威县以行政审批制度改革为突破口,成立了全省首个行政审批局,把县里26个职能部门的116项行政许可权以及35项登记、备案、确认等事项划转至审批局。

(二)威县行政审批制度改革的具体做法

1.实现权限、编制和人员划转

一是将县管26个部门的116项行政许可权及35项管理方式为审批形式的行政确认等行政职权,从原部门剥离划转至行政审批局。国地税内部归并整合成立审批科(股),整建制进驻行政审批局。二是各部门人员编制一并划转,行政审批局明确为县政府工作部门,核定编制70名。三是各部门筛选推荐,并优先考虑原政务服务中心窗口人员,统一划转;国地税进驻人员纳入

行政审批局统一管理。通过权限、编制和人员的划转，相对切断了审批与原部门之间的联系，使审批成为独立职能，杜绝了"前店后场、体外循环"的现象。同时，取消了建设工程交易中心、土地出让中心和产权交易中心，相关职能全部划转到公共资源交易中心，纳入行政审批局管理。

2.探索"一局两中心"组织架构

一局，即行政审批局，内设政策法规和项目服务科、投资项目科、文教卫事务科等8个机构；两中心，即行政审批信息中心和公共资源交易中心。

3.创新审批运行机制

打破政务服务中心按单位设置窗口的运作方式，按照办事流程改革运行机制。废止原职能部门的42枚印章，启用"审批专用章"，实现了"一枚印章管审批"。按照"一窗受理、内部流转、限时办结、统一发证"的运行模式，实现营业执照、组织机构代码证、税务登记证"三证合一"及"一证一码"。由行政审批局牵头，利用网络平台组建中介网上"超市"，按照"零门槛、无障碍和非禁即可"的入驻原则，划分咨询评估、勘察设计、测量、监测等6类中介机构，纳入"超市"统一管理，变垄断为竞争、分散为统一、封闭为公开、指定为竞价。探索项目引进单位和行政审批局共同代办模式：审批局成立项目审批代理办公室，组建代办员队伍，每个项目除引进单位有1名全程代办员外，同时明确1名审批代办员，并设计了"提前介入、预约服务、统一受理、集中审批、领办代办"的新工作流程。

同时，运行中设计了四大保障系统。一是建设网上审批、网上办事大厅、音视频监控系统。网上审批系统，把审批系统纳入"智慧威县"建设，实现事项网上审批、网上监察及电子文档存储材料；网上办事大厅系统，申请人可通过网络进行网上申请、网上查询、网上评议；音视频监控系统，审批局设立监督总台，直接监控县乡两级平台人员在岗情况、工作过程，并记录音视频信息，实施远程监控，乡镇平台可随时提出咨询，行政审批局即时解疑释惑、业务指导，还可以相互传送项目信息资料网上预审，实现了县乡平台有效连接。

二是再造流程。梳理出企业设立登记流程图、企业投资项目审批流程图、政府投资项目审批流程图、企业设立"一照一码"办理流程图,基本涵盖了主要经济事务的审批;对划转事项审批流程重新梳理,压缩子环节时限。

三是设立投资项目、企业设立等5个功能区,使关联事项紧密连接,实现了简单事项立即可以审批、联办项目一口受理、并联审批一章多效、踏勘验收统一进行,审批类、核准类和备案类项目分别减免申请或提交材料19项、17项和12项。

四是建立健全首问负责、一次告知、限时办结、无休日预约服务、联合踏勘等工作机制,设计了一次告知单、限时办结卡,实现了审批服务规范化、制度化、流程化。

4.构建信息双向反馈机制

通过信息互通网络,行政审批局随时将审批情况告知职能部门,方便职能部门后续监管;职能部门随时将行政处罚等监管情况告知行政审批局,实现信息共享,以便双方都能及时采取措施。

5.形成县长现场办公机制

每周五下午由县长或常务副县长召集行政审批局及涉及相关部门,在行政审批局现场办公,通报一周审批情况,解决审批与监管中不协调的问题。

6.施行信息员互通机制

划转审批事项的职能部门均明确1名主管副职和1名信息员负责与行政审批局联系沟通,协调双方之间存在问题以及需与上级部门沟通的事宜。权限、职能和责任的明确界定,促进了"监管更强更严"。目前,各职能部门积极创新事中事后监管体制机制,均建立组织体系,利用"两随机"抽检方式,加强对本行业重点领域的日常监督检查,形成事中事后监管有相应组织机构、必备人员力量和整体覆盖的体系格局。

五、四川省成都市武侯区行政审批制度改革的经验借鉴

（一）武侯区行政审批制度改革的背景

2008年12月，成都市武侯区根据中央"大部门制"和决策权、执行权、监督权相分离的改革思路，成立了行政审批局。2009年4月出台《武侯区行政审批新机制运行管理暂行办法》，纵深推进相对集中行政审批权制度改革，将原来分散在20多个职能部门的60项审批事项及行政审批权集中至行政审批局，职能部门在审批职能划转后专注于行使监督和管理职能。武侯区通过创新组织制度与治理结构，探索相对集中行使行政审批权，理顺了审批部门间职责分工，实现审批部门整体化，为深化行政审批制度改革探索了新路，积累了经验。

（二）武侯区行政审批制度改革的主要经验

审管分离，形成管理新模式。全区的行政审批职能由新成立的行政审批局承担，行政监管和服务职能由各职能部门承担，履职情况的督查职能由政府监察部门承担。这一做法将行政权力按审批、管理、监督进行了"三分"，职能部门的权力、职能、利益实现"瘦身"，行政审批与行政监管在分工协作中相互制衡，形成了行政审批与行政监管相分离的管理模式。

职能整合，转变政府角色。从职能部门整体转出审批权，迫使其加快转变工作方式，深入第一线，更加注重"服务者"的角色定位，实现了政府角色转变，从机制上推动了服务型政府建设。

集约办件，审批效能大大提速。武侯区行政审批局按照专业化审批的要求，将工作重心移至窗口，精简审批项目，简化审批流程、减少审批环节，推出了网上审批与实体大厅审批相结合的审批模式，从而实现了集约化办理。武侯区办理行政许可的平均时限较过去缩短了一半。

一岗多能,节省行政资源。行政审批权相对集中到区行政审批局后,实行"一岗多能、一人多专"的运行办法。过去一个窗口只办一两件事项,现在一个窗口的日办件量是过去的3倍以上,全区原需90多人承担的审批工作,现仅由30多人承担,大大节约了行政运行成本。

阳光审批,权力运行更透明。审管一体的体制,缺乏监管,容易产生权力腐败。在新体制下,所有审批事项都在政务中心集中办理,审批科长坐镇窗口,现场处理,公众监督,阳光透明。同时,审批和监管部门相互监督,也使得权力运行更加透明。

(三)武侯区推动行政审批制度改革的成功原因

武侯政务在发展过程中形成了"三大法宝",也是武侯政务事业建设以来的"三个基因"。

1.坚持问题导向

坚持问题导向是武侯政务改革创新的重要基础。武侯区政务服务中心改革发展的历程,是直面并不断解决宏观层面的大厅管理问题、人员服务问题、质量管理问题、行政审批问题、部门分割问题,以及许多具体的,如部门变着花样将政务中心作为"接件窗口"问题、审批办理"多头受理"问题、大厅部门窗口忙闲不均造成行政资源浪费问题、部门协调难度大等各类问题的过程。

坚持问题导向,最终是要解决好问题。面对问题,武侯区政务服务中心以学习创新来探索解决之道,这也是中国特色的政策创新扩散机制在武侯的实践。政策扩散是指一项政策创新在特定的时间段内,通过特定的途径,在政府组织间进行传播扩散的过程。政策创新的扩散,体现了政府组织之间的相互学习、模仿和竞争。政策创新的扩散作为一种历史趋势,在国际和国内政策实践及政策科学研究中的地位日益凸显。在政策实践领域,政府间的政策学习、效仿、转移是现代政府制定和采纳政策的重要方式之一。

一站式办公、政务服务中心、"两集中、两到位"等模式都是在全国地方政府中间通过扩散、模仿、学习发展起来的。1999年,浙江金华率先设立全国首家集中办事的行政服务中心,并迅速带动了各地积极探索"一站式办公""一个窗口对外"的政府业务办理机制,随即各地建立起各类政务服务中心。武侯在借鉴省内外优秀政务服务中心的运行模式的基础之上,在职能定位、组织机构、工作机制、政务流程等方面均进行了卓有成效的探索与结合自身实际的改良。

2.向企业学习

武侯政务从落后到标杆,从最初的高标准建设、一直在创新与超越,特别是创造性地向五星级酒店学习管理经验,进行政务服务创新践行了新公共管理运动中政府效仿企业的原则,使"企业家政府"理念植入实践。

"企业家政府"理论出现于20世纪90年代,它是对国外政府行政改革产生很大影响的行政学说,核心是改革政府的十项原则:政府是掌舵者而不是划桨者;政府应当通过各种形式引入竞争机制,改善行政管理;政府只需简单界定它们的基本目标和任务,再根据这一目标和任务制定必要的规章和制度,然后就放手让其雇员去履行各自的责任;政府应讲究效果,对各个部门业绩的衡量重在成果而不是投入项目的多少,即政府应设法用三种方法来有效地进行业绩测即按业绩付酬、按业绩进行管理、按效果做预算;政府是受顾客驱使的,其宗旨是满足顾客的需求,不是官僚政治的需要,政府应像企业一样具备"顾客意识",建立"顾客驱使"的制度,政府应具有一种投资观点,应把利润动机引进为公共服务的活动中,变管理者为企业家,即以市场为导向,通过市场力量来进行变革;政府应着眼于预防为主,而不是通过事后服务来挽回损失,在做出决定时,应尽一切考虑到未来,以防患于未然;政府应善于下放权力,实行参与式管理,通过参与及合作,分散公共行政机构的权力,简化其内部结构上的等级;政府在行政管理工作中应采取市场取向的思维,应引进市场机制,改善公共服务,政府的管理政策应以市场为依托，组织市场，规范市场，通过市场的力量推进变革。

武侯政务服务效仿企业的管理方式，引入并实践了ISO9001国际质量标准，引入企业的绩效管理，引入五星级酒店"顾客是上帝"的服务理念，在传统政务服务中心的模式上开拓创新，将企业管理经验植入政府，取长补短，形成了不断创新、不断超越的武侯政务服务模式。

3.部队的执行力

武侯区政务服务中心有大量的军转干部，这是其人力资源队伍不可忽视的特征。这些军转干部，在部队形成了纪律性和执行力，自然地将严于执行的行为习惯带到政务服务。武侯区政务服务中心虽然是窗口单位，但仍是科层制组织，有着官僚制的特点。与中国政府其他科层组织一样，官僚制理性化程度并不高，规范化、科学化仍是短板。武侯区政务服务中心将部队执行的行为惯性带到了组织，造就了武侯区政务服务中心铁一样的执行力。"官僚制"理论认为无论是大企业还是政府等都需要建立合理的组织管理，而最理想、最有效的组织形式是官僚集权组织，作为一种高度规范化、理性化的组织机构的理想类型，"官僚制"的基本特征有：合理的分工、层级节制的权力体系、依照规程办事的运作机制、形式正规的决策文书、组织管理的非人格化、适应工作需要的专业培训机制、合理合法的人事行政制度等。军队是理性官僚制典型组织，而"官僚制"本身也具有强调执行的特点，然而地方政府的规范化、理性化不够，难以发挥"官僚制"的优势。武侯区政务服务中心则通过有军旅生涯的人力资源队伍，半军事化的管理，将"官僚制"的"命令—服从"体现在了领导授意，积极执行改革倡议，并实施落地，有效地弥补了理性化和规范化的不足。

更重要的是，武侯区政务服务中心在工作标准的制定上注重细节，在规范的执行上毫不含糊、令行禁止、赏罚分明。同时，武侯区政务服务中心也坚持以人为本，体现窗口服务的特点，重视员工的个人发展，为员工能够愉悦工作提供各种条件，从而确保各项工作的扎实、有效开展。

"坚持问题导向、向企业学习、部队的执行力"是武侯区政务服务中心建设初期形成的三大基因，也是武侯政务服务之所以一直不断自我革命的团队文化。锐意创新结硕果，深化改革创辉煌，武侯区政务服务中心的初期建设为今后的改革打下了坚实的基础。

（四）武侯模式被复制和发展

2013年9月2日，天津市政府行政审批管理办公室工作团队考察武侯区行政审批局。考察团认为武侯区在行政审批体制改革中大胆探索创新的审管分离、三级政务服务体系、行政服务标准化、3D政务大厅等经验和做法走在了全国前列，值得学习和借鉴。9月27日，天津市滨海新区组团到武侯区行政审批局参观考察、调研学习。

2014年4月，中共中央办公厅、国务院办公厅《关于印发天津市人民政府职能转变和机构改革方案的通知》（厅字〔2014〕30号）授权天津市"在滨海新区开展相对集中许可权和相对集中执法权工作"。在天津市委、市政府的支持和推动下，天津滨海新区充分发挥国家赋予的综合配套改革和先行先试的政策优势，选择行政许可权相对集中作为行政审批改革的突破口，进行体制机制创新。在充分吸收"武侯模式"成功经验的基础上，滨海新区结合自身的特点开展行政许可权相对集中体制和机制设计，明确提出"一颗印章管审批"的口号。2014年5月20日，天津市滨海新区行政审批局正式挂牌成立，将分散在18个不同单位的216项审批职责归并到一个部门，用行政审批局的1枚公章取代了职能部门的109枚行政审批专用章。由于取得了国务院的授权批准，滨海新区行政审批局成为全国第一家依法设立的行政审批局。

和各地政务服务中心相比，行政审批局的改革模式在减少审批人员、优化审批流程、减低行政成本、提升审批效率等方面优势明显。和武侯区行政审批局相比较，滨海新区行政审批局利用新区体制上的优势，在整合审批权力"碎片化"、一口受理、综合服务、一体化审批等方面，又向前迈出了一步。

由于滨海新区的改革成效以及其在中国行政体制中的特殊地位，行政审批局成立以后，吸引了众多目光的关注，行政许可权相对集中的"审批局模式"影响日益扩大。考察团络绎不绝，负责审批改革的中央编办领导多次到滨海新区调研，到此考察过的宁夏银川市、湖北武汉东湖高新区、湖北襄阳新区、广西南宁开发区、河北威县等地也很快设立了行政审批局。

第八章　推进行政审批制度改革：
打造国际化、法治化、便利化的营商环境

第一节　营商环境对于促进经济发展具有重要作用

21世纪初，为支持引导私营企业的健康良好发展，营商环境一词被提出。营商环境是指在公司活动整个过程的各种周围情况和要求的总和，包括影响企业活动的政治因素、经济因素、文化因素等，它还是一个国家或区域沟通、协作以及加入竞争的依靠，展现了该国或地区的经济能力。研究营商环境的标准很多，其中世界银行通过调查世界各国与营商相关的外部环境情况，量化各项指标并进行全球排名，以此制定标准来反映出各国的营商环境便利程度，为各国政府进行行政改革提供权威参考。由于营商环境包含了商事主体从事经营活动的各种状况与需要的各种要件，因此自2003年所订立的5项指标起，每一年都会根据实际情况做相应增补。世行公布的《2018年营商环境报告》中已经涉及 190 个国家及地区的10 项指标，分别是：开办企业、办理施工许可证、获得电力、登记财产、获得信贷、保护少数投资者、纳税、跨国贸易、执行合同、办理破产。

打造国际化、法治化、便利化的营商环境是依法治国、建设法治政府与有限政府的重要组成部分。政府职能转变与特定时段的经济发展之间有密不可分的互动关系，政府职能转变需要适应当时的经济发展情况，同样政府职能定位与颁布的政策也会推动或阻碍经济的发展。在中华人民共和国成

立之初，由于特殊的历史背景，计划经济体制下的政府就是全能型政府，改革开放后社会主义市场经济体制建立和发展，打造有限政府、服务型政府和法治政府成为政府职能转变的目标。在这一关系推动下，我国政府明确提出要打造法治化营商环境。国务院颁布的《关于推进国内贸易流通现代化建设法治化营商环境的意见》（国发〔2015〕49号）中表示要主动适应与引领经济新常态，加快我国营商环境的法治化建设，推动体制机制创新，完善治理体系，更好地服务于社会发展。

营商环境优化有利于营造高效便民的政务环境。营商环境优化的首要任务就是简化行政审批。2016年5月9日，李克强总理在全国推进简政放权放管结合优化服务改革电视电话会议中总结了当前改革成果：减少行政审批事项三分之一以上、非行政审批许可彻底终结、工商登记由"前证后照"改为"前照后证"、前置审批精简85%等。在放权的同时针对人民群众的实际需要，各地政府也逐步探索"一站式服务"理念，建设政务超市、行政服务大厅，发展电子政务、接受网上办公等新形式。在这一系列改革的推动下，为企业"松了绑"、为群众"解了绊"、为市场"腾了位"、为廉政"健了身"，极大激发了市场活力，将大众创业万众创新落到实处。有统计显示2015—2016年，全国平均每天新增企业1.2万户，我国营商环境在世界银行发布的统计报告中每年提升6个位次。

企业要成为正规经济体，第一步便是要到工商行政部门进行登记注册。开办企业的过程包含取得许可证照，完成相关监管部门要求的盖章、核对、公示。因此，开办企业的便利程度能够很直接地反映出当地政府的行政办事效率，是反映行政审批改革成效的一面镜子。近年来，优化营商环境已经成为转变政府职能、激发市场活力的重要工程，营商环境的优化能有力地促进经济平稳快速发展。

第二节 提升营商环境迫切需要推进行政审批制度改革

20世纪90年代,国务院明确提出了依法行政的要求。经由7年立法历程于2004年开始实施的《中华人民共和国行政许可法》,对行政审批权的设定主体、权限、运用范围、程序及相关要素和环节作出了明确的法律规定。尽管在以后八年多的时间里行政审批制度改革烽火连绵、成效累累,但由于"政府职能缺少明晰而刚性的法律约束"和政府权力缺乏清单规范,各级政府依然率性而为地保留和增设了名目繁多的审批关卡, 各类法人和自然人仍然无可奈何地承受着多种和多级行政盘查。截至2013年年初,国务院各部门行使的行政审批事项有1700多项,各地省、市、县三级政府不计其数,行政体系与营商体系的摩擦有增无减,营商活动在营商体系中不饱和状态几无改观。

我国行政审批制度存在着如下三大问题:

第一,行政审批事项种类繁多。精简行政审批事项一直是我国行政审批制度改革的重点和难点。行政审批制度改革自全面展开之后,从国务院到地方各级政府都积极贯彻实施中央的计划和要求, 分多批次取消和调整了许多的行政审批环节,特别是召开党的十八大以后,改革的步伐不断加快,需求不断提高,行政审批制度的改革获取了显著的效果。即使如此,目前我国行政审批所环节仍包含很多,缺乏变通,这样不仅降低了行政审批部门的工作效率,而且妨碍了经济和社会的进步,阻碍了营商环境的建设。

第二,行政审批程序烦琐。行政审批程序是行政人员进行行政审批的环节、手段、次序和时限等,是行政审批制度中必不可少的关键部分。设定科学合理的行政审批程序是提高政府办事效率,构建服务型政府的重要途径。我国的行政审批制度缺乏统一的行政程序法律法规,以至于在实践运行中,行政审批缺少统一程序规范和流程标准。一方面,行政审批程序不完善,随意性大。许多行政审批事项对申请人的申请条件和申请办法没有统一明确的规定,再加上审批标准不明确,操作缺乏科学性和合理性,使审批人员在执行过程中有很大的随意性。

第三,监督机制不完善。一是相关的法律法规并不健全;二是权力运行的透明度低;三是权力监督以内部监督为主,缺乏广泛的参与。长此以往,必然导致权力的"任性"。与权力相对的是责任,权力规定了政府能干什么,责任则规定了政府必须干什么。然而"权责相等"的原则在行政审批中却没有很好地实现,各部门的责任边界尚不明确,责任追究机制也尚不健全。

第三节 贵安新区行政审批局优化营商环境的具体举措

一、夯实基础,改革创新更给力

贵安新区行政审批局(政务服务中心)将增强干部职工的服务意识和改革创新意识作为极其重要的工作来抓,通过激发干部职工改革创新动力,为企业发展给足动力。

一是加强理论学习。为进一步增强全体干部理论素养,贵安新区行政审批局(政务服务中心)通过开展学习党的十九大精神系列活动、线上线下学习行政许可法、业务知识专题学习等方式,不断强化干部职工思想认识、服务理念,切实打造了一支革命化、年轻化、知识化、专业化的干部队伍,充分学习吃透中央、省委相关政策,扎实专研审批业务知识,充分将上级政策和审批服务有机结合,推动改革创新不断向前发展。

二是突出培训教育。为积极帮助企业解决业务知识掌握不准确,新政策接受不及时的问题,贵安新区行政审批局(政务服务中心)不定期开展相关业务知识培训教育,手把手指导企业熟悉政策规定、优化生产环境,帮助企业进行全面升级改造,已开展审管分离系统应用、建筑施工企业"三类人员"、特种作业人员培训等。目前,贵安新区"三类人员"参培参考人数达1200余人次,核发安全合格证书720余人次,促进新区建筑业及其他企业经济的蓬勃发展。

三是强化外出取经。积极选派业务骨干参与省局和新区组织的各类学习培训,同时安排不同干部队伍,不同调研方向的考察队伍到全国各地在简政放权深入、审批服务创新、营商环境优化等方面做得好的地方学习考察。截至目前,贵安新区行政审批局(政务服务中心)已安排10余个学习考察组赴天津滨海新区、重庆两江新区、成都天府新区等地开展学习考察工作,形成考察报告10余篇,提出建议意见30余条,为深化"放管服"改革,不断优化新区营商环境,加快推进内陆开放型经济试验区建设夯实了坚实的基础。

贵安新区行政审批局(政务中心)党组书记室讲党的十九大会议精神报告会议现场

二、化繁为简,问题解决更顺畅

为促进民营经济健康有序发展,切实解决制约民营经济发展面临的突出困难和问题,贵安新区行政审批局(政务服务中心)多措并举,不断激发民营经济的活力和创造力,推进民营企业发展。

一是减少民企准入限制。在新区申请企业名称预先核准的企业,在名称不与法律法规冲突的前提下,企业申请名称排序不受限制。在注册登记时,只要求提供申请人对该房屋产权证明即可登记，不再审查该场所的法定用途及使用功能，并允许"一照多址""一址多照"，具体经营范围不受注册资本等经营条件的限制。

二是提升登记效率。全面实施"五证合一、一照一码"登记制度改革，采取"一窗受理、互联互通、信息共享"模式，积极推行"多证合一""一照一码"改革，建立程序更便利、内容更完善、流程更优化、资源更集约的市场准入新模式，极大提升为民营经济服务的水平，进一步简化审批环节，缩短审批时限，为民营经济的准入提供了便利，办结时间从之前的10~15个工作日压缩为1个工作日。

三是简化退出程序。为了让真正有退出需求、债务关系清晰的企业快捷便利退出市场，重新整合资源，解决企业"生易死难"的问题，贵安新区行政审批局（政务服务中心）积极推行简易注销登记改革。简易注销清算组备案可以在注销登记时合并办理，简易注销时不需要提交股东会决议（股东决定）、清算报告、清税证明等手续，公告时由原先在报纸上刊登注销清算公告改为在国家企业信用信息公示系统《简易注销公告》平台上向社会公示，节约了企业成本，节省了登报费用。

三、优化服务，企业发展更便捷

为打通企业发展过程中出现的各种"梗阻"，贵安新区行政审批局（政务服务中心）在优化企业服务上积极创新服务模式，确保企业在发展中一心一意抓好经济发展。

一是申报资料容缺后补。随着审批改革的不断深入，行政审批局提出了对非关键性申报资料采取容缺后补的方式，在服务企业中主动作为，容许部分项目业主办理审批事项时暂不提交部分申请材料，在项目提供承诺书的情况下，采取边办边改的措施，先确保项目能顺利实施。

二是企业服务掌上运行。自2017年9月始，企业只需关注"贵安行政审批"微信公众号,即可通过手机对名称进行字数申报,申请人可参照系统提示信息,进行名称查询、比对和选择,确认其拟使用企业名称并自主申报。在此后的企业登记环节,登记人员只需从公序良俗角度对名称进行合规性审查。此项服务开通后,能够将企业起名原先几个小时的等待时间缩短为5分钟,使核准人员工作量降低90%,显著提高登记部门工作效率,缩短企业等待时间,促进大众创业、万众创新。截至`2017年12月,通过企业名称自主申报系统申报成功的申请者共计100余户。

三是审批服务数据管理。贵安新区行政审批局(政务服务中心)利用大数据业务平台对审批业务、效能监察和市场主体发展情况进行收集和分析,即时直观展示数据分析结果,通过分析结果对审批服务环境进行优化,促进大数据与审批服务深度融合,进一步提升审批效率,科学推动效能监察,促进经济社会健康发展,自2016年平台运行的一年时间,共办理审批服务事项625051件,累计提供延时服务12096分钟,服务对象评价满意率99.21%,行政审批效率大幅度提升。

第四节　贵安新区行政审批制度进一步改革的方向和关键

一、深入推进相对集中行政许可权改革

第一,继续加大改革创新力度。从群众、企业需求出发开展工作,并建立重要审批事项回访制度、监管清单动态调整和第三方评估机制,针对突出问题,深化改革、对症下药、标本兼治,不断形成可复制可推广的经验。

第二,继续推动审批事项划转工作。按照"审批局外无审批"的要求,在已划转事项的基础上,继续推动管委会有关内设部门行政许可事项集中划转行政审批局工作。

第三,继续推动配套服务事项划转工作。会同新区法制办全面梳理新区

行政服务事项，对与行政审批密切相关的行政服务事项报管委会同意后划转由行政审批局实施，提高行政效能。

第四，继续推进审管分离无缝衔接工作。与相关业务部门就审批、监管环节存在争议事项达成共识，并积极对接上级业务主管部门，做好工作的无缝衔接。

二、深入推进商事制度改革

第一，推行"审核合一"服务措施。实行工商登记"审核合一"，由窗口工作人员依法独立履行受理、审查、核准等职能，在保障审批环节和审批流程质量的基础上，提高审批效能，简化更多审批事项流程，进一步提高办事效率、缩短办事时限，为培育市场主体发展创造更加宽松的环境。

第二，推行企业登记注册便利化服务措施。按照"工商企业通"的要求，进一步加强与工商银行和建设银行开展的企业登记注册业务合作，将新区中心银行服务网点作为免费为企业提供登记注册服务的辅助通道。

第三，推行名称自主申报改革试点工作。加强和完善商事主体名称登记管理，放宽商事主体准入条件，激发商事主体活力。进一步完善硬软件设施，通过企业名称自主申报系统实现企业对拟定名称进行自主查询、比对、判断、申报。

第四，推行全程电子化工商登记模式改革工作。实现市场主体通过网上全流程登记模式办理企业设立登记，企业不需要提供任何纸质资料，在互联网上远程办理就可以领取电子营业执照。

第五，进一步放宽企业经营住所登记。放宽企业住所（经营场所）登记条件，将律师事务所、会计师事务所、审计师事务所等第三方机构的办公场所作为企业住所登记，鼓励这些机构为企业提供登记代理、商务秘书、创业指导、投资规划、运营方案设计、法律协助等专业服务，进一步降低创业门槛，激发市场活力。

第六,积极推进个体营业执照和税务登记"两证整合"改革。由工商行政管理、税务部门分别核发的营业执照和税务登记证,改为由工商行政管理部门核发加载统一社会信用代码的营业执照,该营业执照具有原营业执照和税务登记证的功能。

三、深入推进投资项目审批改革

第一,拟定新区建成建筑工程补办施工许可证实施办法。立足新区实际,主动担当作为,着力解决遗留问题,尽快理顺施工秩序,促进建成项目尽早竣工验收投入使用。尽早编制完善并运营新区建设行业企业资质管理改革试点方案分项实施细则。

第二,争取独立组建贵安新区建筑业协会。有效解决投资项目图纸审查难、审查慢、时间长等突出问题.

第三,拟定重大审批事项部门联动监管机制建设。强化监管职能作用发挥,更好地服务企业发展。

第四,实现"单一接口"报件,切实提高审批效率。对企业投资项目所有审批及手续的报件,实行"一个窗口办理、过程内部流转、限期完成审批"。制定在线监管平台培训、考核、通报工作机制,大力提升在线监管平台的运行效率,实现相关部门的横向联通和纵向贯通。

第五,研究推进"项目审批一表清"工作。针对项目审批中存在的沟通机制不健全、项目手续办理复杂等问题,结合各窗口审批工作实际,研究制定《项目审批"一表清"工作实施办法》,优化办事程序,简化办事环节,畅通项目审批手续办理信息,及时跟踪项目前期手续办理情况并定期通报审批情况,按季度编制项目推进情况分析报告。

第六,切实减少政府投资前置要件。对需将规划选址、用地预审作为企业投资项目准入的前置审批的政府投资类项目,在报批可行性研究报告时,项目实施单位因相关审批部门办理原因确实无法提供相关正式文件的,由规划和国土部门根据项目情况出具相关说明结合项目"容缺审批"要求即可先行审批可行性研究报告。同时，编制科室审批事项容缺审批清单，明确与科室审批事项一一对应"容缺范围""容缺条件"和"容缺审批权限"，使容缺审批规范化、制度化、模块化。

第七，开展"先建后验"试点。对企业投资项目具备条件的报建手续试行"先建后验"的审批改革，建立以"部分审批事项前置代办+企业依法承诺+备案"为核心的并联审批模式。企业在获得用地后，对原来前置审批事项只要依法作出承诺并经公示和备案后，项目即可"先建"，对部分审批手续允许企业承诺在项目开工至竣工验收前"容缺后补"，行业监管部门按承诺的要求和行业规范加强监管，并制定细化实施方案。

第八，不断优化"分析云平台"。制定各室落实措施，明确相关业务选配中介机构的标准、单价、程序、中介咨询机构评分考核标准等，切实提高中介咨询服务的实效性。制定取消可研评估项目实施办法，明确规定纳入取消可研中介评估审批的项目类别、条件、和项目方、编制方的责任、考核评价机制以及惩戒约束机制。

四、深入推进政务服务改革

第一，继续优化审批流程和完善行政审批制度。对已经出台的行政审批管理制度和现有审批流程，在实际操作过程中不断加以修订、完善；对需要新建的制度不断加以创新，使数据共享、传送、并联审批等各项工作按章办事，规范运行，优化审批流程，进一步提高办事效率。

第二，进一步加强规范综保区分局审批服务工作。明确综保区审批服务事项，优化审批服务流程，规范审批程序，提高审批效率，实现就地就近服务，为综保区企业提供优质、高效、便捷的审批服务。

五、深入推进信息化建设

第一，推进信息系统资源共享工作。推进"贵州省网上办事大厅审批服务系统"与相关业务系统的信息对接，有效整合网上办事大厅申报数据、审批服务系统、电子证照批文库、电子监察系统等各类数据资源，打通数据壁垒，增强协同联动、互认共享，解决"信息孤岛"、二次录入等问题，运用云计算等技术建成审批服务大数据智能分析系统，以大数据分析推进"智慧服务型政府"建设。

第二，深入推进审批信息化建设。通过专业信息人员，解决处室审批过程中存在的系统不兼容问题，达到相关打证系统与局审批系统互通共容。

第三，积极探索行政审批专家库建设。出台专家库组建管理办法，搭建平台，整合资源，实现专家管理的动态化、高效化和科学化，优势互补，资源共享，方便专家和企业之间的合作，更好地组织专家开展审批服务咨询、项目论证、现场踏勘等活动，提高审批效率，节约行政成本。

六、着力降低行业准入门槛

第一，拟定新区建设行业企业资质管理改革方案。围绕宽进严管、降低标准、强化事后监管，激发市场活力和企业自主创造力。

第二，推进新区安全工作"三类人员"考核管理改革。进一步简政放权，培育市场主体，强化综合监管，激发企业活力。

第三，《药品经营许可证》与GSP证书"两证同发"工作的深入推进。在全省率先探索在"审管分离"情况下《药品经营许可证》与GSP证书"两证同发"审批机制。

第四，探索开展货运物流"无车承运人"审批试点改革。围绕"规模条件、信息化条件、安全运营条件、风险赔付条件"四个方面，择优选择试点企业，向省级交通运输主管部门提出试点申请。

第五，结合已办事项情况，对部分行政审批许可事项，继续简化办事流程，减少申请材料，取消部分事项筹建审批许可环节，降低审批许可设置条件，增强企业活力，促进新区经济社会加快发展。

七、继续发挥外脑智库的作用

要坚持以学术理性突破制度惯性，组建专家团队，协助进行整体设计和研制改革文件，研究出台政策和工作方案。

行政审批改革涉及多部门协调、触及多部门利益，如何破解"当局者迷"的难题，需要借助外部智库的力量。在推进行政审批改革的过程中，既要总结已有的成功经验，又要同时发现新生的各种问题。外脑智库的作用就在于，充分、全面、客观地总结这些经验，深入、理性地分析这些问题并提出科学对策。

通过外脑智库的协助，不仅可以将实践经验转化为理论成果，更能起到"宣传队""播种机"的作用，使得新区的改革事业受到更为广泛的关注，有助于在社会上树立新区良好的改革创新的形象，增强新区的"品牌效应"。

八、推动审批模式创新

改革审批方法是提高审批时效、加快审批速度的保证。审批方法包括审批程序、审批流程、审批收费、办结时间、审批监督等方面和环节。要从审批目的出发，按照《行政许可法》，对审批的整个流程进行科学的设计和规划，包括申报项目材料的规定、各个环节的审核意见、审核时间限定、审核过程衔接、审批结果回复、收费标准确定等，都要详细具体且向社会公开。程序和流程的设计要求是：环节少，环节之间衔接紧密，每个环节的要求明确，办结的时间具体。审批实际上是一种服务，要为民便民，把审批过程变成为地方和企业服务的过程。

推行"双I审批"。即"诚信审批（Integrity Approval）"和"智慧审批（Intelligent Approval)",推行基于诚信申报、诚信经营为核心的激励惩罚审批服务制度和通过网络审批系统"自动受理、自动审批、自动出证",实行审批过程完全没有"人为因素"的"智慧审批"新模式,真正做到智能便捷、简便易用,让企业和群众办事更方便、更快捷、更有效率。

推行"同城通办"。推进证照库在乡村的应用,依托网上办事大厅,建立上下级联动审批机制,在新区园区、乡镇实施就近申请、同城通办、就近领证服务新模式。

推行建筑行业企业资质管理改革。重点采取降低准入条件、调整政策标准、转变管理方式、注重失信惩戒等措施,鼓励发展一批龙头企业、培育一批骨干企业、催生一批本土企业,促进新区建设行业企业快速健康发展。

九、注重评价体系建设

评作风和行政文化。行政审批制度改革涉及政府行政管理的制度惯性和行为习惯,行政审批制度改革目标是建立服务型政府,要让政府从管制型向服务型转变,从审批管理到政务服务转变,从官本位向民本位、社会本位转变。着力解决审批机关存在的"门难进、脸难看、事难办",以及"行政不作为、慢作为、乱作为"的问题,着力解决利益驱动问题,促使政府正确履职,高效履职,廉洁履职,全心全意为人民服务。评作风就是看对群众的态度,是否尊重群众和关心群众,是否坚持党的群众路线、观点和方法。审批业务服务直接联系人民群众,与公众、企业的切身利益密切相关,直接关系到社会公众对政府的感受和评价。坚持评作风就是要引导政府部门执政为民,把群众需求作为创新的重点,创建为民服务的体制机制、渠道路径和工作方式。创新政民互动机制和评估机制,尊重人民首创精神,积极引导民众参与政府管理和相关改革决策,解民情、听民意、汇民智,引导公务员利用政民互动机制充分释放企业对取消行政审批事项的内在驱动力,保障人民群众"说得上话、插得上手"。

评项目和改革进程。为了确保取消和下放的行政审批项目落实到位，对已取消的行政审批项目要建立监督检查评估程序。一是由原实施部门对取消行政审批项目的贯彻落实情况进行自查，主要包括对取消的行政审批项目，是否存在违法将项目转交下属事业单位、协会继续审批的行为；是否存在拆分、合并或重组审批事项以新的名义、条目替代类似审批的行为；是否存在以某种名义进行变相审批的行为。二是由行政审批制度改革部门会同纪检监察部门，对部门落实取消行政审批项目情况进行检查，并对取消后的社会效果进行评估，形成评估报告，向社会公布。三是评估那些承接下放的行政审批事项的部门的审批流程和实际效果，分析是否改革优化了事前审批，是否加强了事中和事后管理，以及是否释放活力和激发动力，取得了预期效果；四是评估部门间的进度，通过发送审批项目取消和下放进度表，在部门之间形成竞争比较、相互促进的机制。五是由审改部门和纪检监察部门针对检查评估情况，提出整改措施，并监督改进，必要时把相关改革情况向本级党政领导汇报，并进一步完善相关改革方案。

评结果和实际绩效。重点是评估行政审批的效率、效能、效果和长效。评效率就是看行政审批是否少了，是否快了，是否更方便了；评效能就是看审批部门领导力、协同力、治理能力、依法行政水平等是否提高；评效果就是要看人民群众是否满意，是否取得了明显的社会效益、经济效益、生态效益等；评长效就是要评行政审批改革制度化的成效，是否建立政府行政管理科学的长效机制和治理体系。加强行政审批制度改革，提升政务服务品质，涉及政府的内部治理和能力建设，对树立执政为民的政府形象、增强政府公信力、营造优良的政务环境，推进政府各项政策的落实，以及促进社会经济的全面发展、构建和谐社会都具有重大意义。

评估人员和创先争优。审批改革的动力最终还是取决于机关全体人员回应经济社会发展需求、积极改革创新的决心。广大公务员对行政审批制度的弊端有真切的直感，他们是取消和下放行政审批后加强监管的主力军，他们是一种推动改革不断深化的自动自发的力量。要评估公务员创新意识和创新成效，并将其纳入领导干部、公务人员、部门工作的年度考评体系，引导他们积极学习借鉴，参照外地先进或试点地方的改革经验，要进行"对标"，找到适合自己的标杆，查找工作不足，明确努力方向，还要参照标杆，分析标杆，制定改进的举措和方案，同时将改进措施与每个人的日常工作紧密联系，进行实时监控，纠正偏差，努力超越标杆，创造新的标准。要以评估机制来引导开发来自公务员内部改革力量的平台，引领公务员深入开展调查研究，敢于啃硬骨头，勇于冲破思想观念的障碍，积极把先进的管理理念引入到行政管理的制度创新中，以机制变革促体制改革，以行政管理创新促进行政改革发展。

栽下梧桐树，引来金凤凰。简政放权的深化、服务方式的创新促进了营商环境的优化；越变越好的营商环境，又促进了改革红利持续释放，吸引更多企业和项目向贵安新区聚集，拉动全省经济发展迸发出新的活力。

营商环境也是生产力。制度经济学认为，营商环境由影响企业生产经营活动全过程的经济要素、政治要素、社会要素和法律要素等一系列社会制度构成，其实质是一种相当稀缺、不可替代的资源要素。优化营商环境，就是释放制度生产力，提升整体生产率，促进经济社会健康发展。一名企业家说过，市场经济是"候鸟经济"，哪里的营商环境优、服务质量好、办事效率高、投资成本低，企业就会到哪里发展，资金就会往哪里聚集。贵安新区近年来良好的发展态势对此作出了生动诠释，也再次表明，良好的营商环境是吸引力、竞争力，更是创造力、驱动力。

当前贵州省正处在转型升级的关键当口，如果"放管服"不到位、营商环境不好，企业就不愿意来，发展就会"青黄不接"。这种对形势的清醒认识和正确判断，是推动工作、深化改革的基础和前提。在实践中，一系列具体举措抓到了点上、落到了实处：找准真痛点、真需求，集中整治问题；聚焦增活力、添动力，深化简政放权，不断为市场主体松绑减负、祛除烦苛；突出主动性、针对性，创新优化服务，最大限度向市县下放权力，最大限度减少审批及前置审查事项，最大限度优化政务流程，收到了实实在在的效果。

营商环境建设是一项系统工程，需要长期不懈的努力。一方面，营商环境建设涉及思想转型、制度重构、职能转变、作风建设等诸多内容，很多问题往往抓一抓就见效，松一松就反弹。只有常抓不懈，才能避免各种问题反弹、回潮，真正将已有成果固定下来。一方面，一些地方在优化营商环境方面还存在一些问题，比如，思想认识不到位，亲商重商的社会氛围不够浓厚，涉企收费较重的问题比较突出，惠企政策落实中的"中梗阻"问题未从根本上得到解决，行政审批和服务效能有待提高，等等。解决这些问题，仍需态度不变、力度不减，用心感受企业需求，持续深入推进"放管服"改革，以权力"减法"服务"加法"激发市场"乘法"，不断提升企业和群众的获得感、满意度。

附　录

一、贵州省贵安新区推进行政审批制度改革满意度调查问卷

（企业）：

您好！

为进一步深化贵安新区行政审批制度改革和全面客观评估贵安新区行政审批现状，受贵安新区行政审批局委托，由天津师范大学评估课题组开展此次调查。此调查问卷为匿名填写，所列答案无所谓对错，您的回答将帮助我们全面准确了解贵安新区行政审批制度改革及落实情况，进而为客观分析和提出下一步贵安新区行政审批制度改革提供参考。请您根据自身实际情况独立填写，对于您的回答我们会严格保密，数据只会用于统计分析，不用于其他使用。期望得到您的大力支持与配合。

请选出您认为合适的选项！

天津师范大学评估课题组

2017年9月

调查员：＿＿＿＿＿＿＿＿＿＿＿

调查时间：＿＿＿＿＿＿＿＿＿

一、被调查者基本情况：

1.您所在的机构名称：＿＿＿＿＿＿＿＿＿＿＿＿＿＿＿＿＿＿＿

2.机构所在地(市、区、县)：＿＿＿＿＿＿＿＿＿＿＿＿＿＿＿

3.您所在机构的单位性质是【单选】:(　　　)

A.政府机关　　　　　B.国有企事业单位

C.外资企业　　　　　D.民营企业　　　　　E.其他

4.您目前所在企业的经营范围是【单选】:(　　　)

A.贸易类　　　　　B.服务类　　　　　C.安装类

D.科技类　　　　　E.咨询类　　　　　F.生产类

5.您的受教育程度是【单选】:(　　　)

A.研究生以上　　　　B.大学本科

C.大专　　　　　　　D.高中及以下

6.您目前在企业中的职务是【单选】:(　　　)

A.普通员工　　　　B.基层管理人员　　　　C.中层管理人员

D.高层管理人员　　E.法定负责人　　　　　F.其他:

二、请您根据实际情况回答下列问题！(若无特殊说明,则为单项选择题)

1.您觉得以下哪项行政审批制度改革对您的影响较大?(　　　)

A.设立行政审批局

B.政务服务中心的流程优化

C.行政审批事项目录的公布

D.事中事后监管的加强

2.您对贵安新区行政审批制度改革及政务服务中心的了解程度为：
（   ）

    A.非常了解　　　　　　B.比较了解　　　　　　C.一般

    D.不太了解　　　　　　E.完全不了解

3.您对贵安新区行政审批制度改革工作的整体评价是：（   ）

    A.非常满意　　　　　　B.比较满意　　　　　　C.一般

    D.不满意　　　　　　　E.不清楚

4.贵安新区为推进行政审批制度改革,加大力度简化行政审批程序,您认为这对您所在企业影响大吗？（   ）

    A.影响很大　　　　　　B.影响较大　　　　　　C.一般

    D.影响不大　　　　　　E.没有影响

5.您认为贵安新区政务服务中心的行政审批事项所经程序是否烦琐？
（   ）

    A.非常烦琐,多到有时候弄不清楚

    B.比较烦琐,要走的部门和窗口较多

    C.一般,没有特别的感觉

    D.不烦琐,程序简单,较为满意

6.您对贵安新区政务服务中心行政审批项目收费情况的评价是：（   ）

    A.收费项目多,部分收费项目不合理

    B.收费项目一般,没有明显不合理的收费项目

    C.收费项目较少,收费较低,较为满意

    D.不清楚,没有多大感受

7.在办理行政审批事项时,工作人员是否一次性告知您所需提交的所有材料？（   ）

    A.跑一次告知一项,麻烦至极

    B.多次告知,多次准备

C.告知不够清楚准确,需多次办理

D.机关窗口一次性告知清楚,而且简洁清楚

E.办理前通过电话、网络等可查清所需提交的相关材料

8. 您认为贵安新区政务服务中心各个窗口的工作人员沟通是否及时有效?(　　)

A.沟通及时,各个窗口合作默契,加快相关工作的进展

B.沟通较为及时有效,个别时候有因沟通不及时影响工作进展的情况

C.沟通较差,窗口间工作的连续性、畅通性经常受到阻碍

D.没有沟通交流,各窗口工作自成一个体系

9.您认为贵安新区政务服务中心的工作人员是否存在违规操作的情况?(　　)

A.违规操作现象严重,怎么做多数凭借工作人员的意愿

B.存在违规操作现象,但不严重

C.一般,没有多大感受

D.工作人员完全照章程办事,不存在违规操作现象

E.不清楚工作人员操作是否违规

10.您认为行政审批局的成立运行对贵安新区营商环境的打造有无影响?(　　)

A.影响很大,极大地方便了各企业行政审批事务的办理,推进企业的发展进步

B.影响较大,比较利于贵安新区打造便捷为民的营商环境,对促进其经济发展有较大作用

C.一般,没什么影响

D.不清楚是否有影响

11.贵安新区政务服务中心在行政审批完成后,相应的检查和回访情况如何?(　　)

 A.从来没有检查和回访

 B.偶尔抽查和回访,但次数不多,较为随意

 C.定期进行检查和回访

 D.不清楚有没有进行检查和回访

12.您对贵安新区网上行政审批事项的情况评价是:(　　　)

 A.进行网上预审查   B.进行网上初审

 C.网上全流程审批   D.其他情况

13.您认为贵安新区在推行网上审批方面做得如何:(请在您认为合适的选项下画√)

序号	调查内容	非常好	较好	一般	较差	非常差
(1)	网上审批利用程度如何					
(2)	网上审批效率如何					
(3)	网上审批简化所需材料如何					
(4)	网上审批便捷度如何					

14.您认为贵安新区政务服务中心存在哪些亟待解决的问题?【多选】
(　　)

 A.工作人员服务态度较差 B.工作效率低,等待时间长

 C.审批事项多而繁杂   D.审批流程不够简化,烦琐且麻烦

 E.其他

感谢您的大力支持与配合,祝您身体健康、工作顺利,阖家欢乐!

二、贵州省贵安新区推进行政审批制度改革满意度调查问卷

（社会公众）：

　　您好！

　　为进一步深化贵安新区行政审批制度改革和全面客观评估贵安新区行政审批现状，受贵安新区行政审批局委托，由天津师范大学评估课题组开展现此次调查。此调查问卷为匿名填写，所列答案无所谓对错，您的回答将帮助我们全面准确了解贵安新区行政审批制度改革及落实情况，进而为客观分析和提出下一步贵安新区行政审批制度改革提供参考。请您根据自身实际情况独立填写，对于您的回答我们会严格保密，数据只会用于统计分析，不用于其他使用。期望得到您的大力支持与配合。

　　请选出您认为合适的选项！

天津师范大学评估课题组
2017年9月

调查员：＿＿＿＿＿＿＿＿＿＿＿

调查时间：＿＿＿＿＿＿＿＿＿＿

一、被调查者基本情况

1.您的性别：（　　）

　A.男　　　　　　　　　B.女

2.您的年龄是：（　　）

　A.18~25岁　　　　　　B.26~35岁　　　　　C.36~45岁

　D.46~55岁　　　　　　E.55岁以上

3.您的职业是：（　　）

　A.公务员　　　　　　　　　　　　　B.事业单位人员

C.国有、集体企业单位人员　　　　D.民营企业人员

E.教师　　　　　　　　　　　　F.学生

G.自由职业者　　　　　　　　　H.农牧民

I.离退休人员　　　　　　　　　J.失业、待业人员

K.宗教教职人员　　　　　　　　L.其他

4.您的受教育程度是:(　　　)

A.高中及以下　　　　　　　　　B.大专

C.大学本科　　　　　　　　　　D.研究生及以上

二、请您根据自身实际情况回答下列问题(若无特殊说明,则为单项选择题)

1.请问您怎样评价贵安新区推进行政审批制度改革工作落实总体情况?(　　　)

A.满意　　　　B.比较满意　　　　C.基本满意

D.不太满意　　E.不清楚

2.请问您认为贵安新区行政审批收费的项目是多还是少?(　　　)

A.非常少　　　B.较少　　　　　　C.一般

D.较多　　　　E.非常多　　　　　F.不清楚

3.请问在办理行政审批事项时,工作人员是否一次性告知您所需提交的所有材料?(　　　)

A.跑一次告知一项,麻烦至极

B.多次告知,多次准备

C.告知不够清楚准确,需多次办理

D.机关窗口一次性告知清楚,而且简洁清楚

E.在办理前通过电话、网络等可查清所需提交的相关材料

4.请问您认为贵安新区在办理审批事项时要求出具的材料是多还是少？（　　）

A.非常多　　　　　　B.比较多　　　　　　C.一般,无较大感受

D.非常少　　　　　　E.比较少　　　　　　F.非常少

G.不清楚

5.请问您在办理审批事项证明材料时难易程度如何？（　　）

A.办理困难,无从下手

B.办理较为困难,程序较为复杂

C.一般,无较大感受

D.办理较为简单容易

E.办理容易,方便快捷

F.不清楚

6.请问您在贵安新区办理行政审批事项有异议时,对工作人员的投诉渠道评价如何？（　　）

A.投诉渠道畅通,能及时有效的投诉

B.投诉渠道比较畅通,在一定时间内能完成相关投诉

C.一般,无较大感受

D.投诉渠道比较不畅通,完成有效投诉需花费一定的精力及时间

E.投诉渠道非常不畅通,投诉无门

7.请问您怎样评价贵安新区工作人员办理行政审批事项时的服务态度？（　　）

A.热情有礼　　　　　　　　　B.比较热情有礼

C.一般,无较大感受　　　　　　D.不太热情

E.态度消极且没有礼貌　　　　　F.不清楚

8.请问您怎样评价贵安新区工作人员办理行政审批事项时的工作效率?

(　　)

A.办事效率高,速度快　　　　　B.办事效率较高,速度较快

C.一般,无较大感受　　　　　　D.办事效率较大,速度较慢

E.办事效率低下,无故拖沓　　　F.不清楚

9.您认为贵安新区行政审批制度改革仍需加强的地方有哪些?【多选】

(　　)

A.削减审批事项　　　　　　　　B.优化审批流程

C.加快审批效率　　　　　　　　D.改进服务态度

E.加强事中事后监管　　　　　　F.其他

感谢您的大力支持与配合,祝您身体健康,阖家欢乐!

三、贵州贵安新区管理委员会关于印发贵安新区"证照分离"改革试点方案的通知(黔贵安管发〔2016〕6号)

贵州贵安新区管理委员会文件

黔贵安管发〔2016〕6号

贵州贵安新区管理委员会关于印发
贵安新区"证照分离"改革试点方案的通知

新区各部门、各单位,开发投资有限公司,华芯公司,直管区各乡镇,各园区管委会:

现将《贵州贵安新区"证照分离"改革试点方案》印发给你们,请认真贯彻落实,并及时将试点工作有关重要情况报管委会。

2016 年 4 月 30 日

贵州贵安新区"证照分离"改革试点方案

为贯彻落实党中央、国务院和省委、省政府对贵安新区全面深化改革，推进体制机制创新等先行先试的工作要求，加快政府职能转变，根据《中共中央国务院关于印发〈法治政府建设实施纲要（2015—2020）〉的通知》（中发〔2015〕36号）、《国务院行政审批制度改革工作领导小组关于印发〈关于贯彻行政审批制度改革的五项原则需要把握的几个问题〉的通知》（国审改发〔2001〕1号）等文件要求，探索开展"证照分离"改革试点，结合贵安新区直管区（以下简称"直管区"）实际，制定本试点方案。

一、总体要求

开展"证照分离"改革试点，是深化商事制度改革，落实简政放权、放管结合、优化服务，深入开展相对集中行政许可权试点工作，加快构建权责明确、透明高效的事前审批和事中事后监管体系的重要举措，对正确处理政府和市场的关系，维护公平竞争的市场秩序，具有重要意义。通过改革审批方式和加强综合监管服务，进一步完善市场准入，强化市场主体地位，率先探索"取消办证一批、改为备案一批、自主办证一批、承诺办证一批、证照合发一批、严格准入一批"等"六个一批"证照分离改革模式，释放企业创新创业活力，增强经济发展动力，推进"重审批轻监管"向"轻审批重监管"转变、"严进宽管轻服务"向"宽进严管重服务"转变，营造法治化、国际化、便利化的营商环境。

二、改革原则

(一)先行先试,注重效果

选择与企业经营活动密切相关的部分行政许可事项先行先试,创新前置审批、后置审批模式和证照核发方式,切实有效解决市场主体办证难等问题,为企业提供便捷高效优质服务,不断提高企业市场竞争力。

(二)分类推进,动态管理

根据行政许可事项的不同情况,分类推进,深入试点。依据试点推进有关情况适时调整和完善改革试验任务,与时俱进,动态管理,滚动实施,有力有序有效推进试点改革,不断优化投资发展环境。

(三)宽进严管,宽严并举

切实放宽市场准入,充分发挥市场机制作用,激发创新创业活力。对涉及国家安全、公共安全、生态安全、安全生产等行政许可事项,依法规范和加强。建立宽进严管的市场准入和监管制度,探索构建以诚信为核心的新型市场监管体系,做到放得更活、管得更好、服务更优。

三、试点措施

按照易操作、可管理的原则,从与企业经营活动密切相关的行政许可事项中选择审批频次比较高、改革后效果比较明显的50项行政许可事项(详见附表),先行开展改革试点。

(一)取消办证

对部分市场竞争机制能够有效调节、行业组织或中介机构能够有效实现行业自律管理,取消行政审批,实行行业自律管理,允许企业直接开展相关经营活动。包括工程造价咨询企业暂定级资质认定等6项行政许可事项。

（二）改为备案

对部分行政许可事项取消审批,实行备案登记制。根据行政许可的申请条件,企业将相关材料报送新区行政许可部门备案后,即可开展相关经营活动。行业主管部门根据备案信息加强事中事后监管,开展行业引导,制定行业规划和维护公共利益。包括权限内中外合作职业办学机构审批等11项行政许可事项。

（三）自主办证

对部分暂时不适宜取消、专业性要求不高,对公共安全和市场秩序潜在负面影响较小,可通过市场机制有效调节的资格资质类行政许可事项,企业办照后即可直接开展相关经营活动。企业可根据自身需要,自主选择适时申办相关资格资质许可,并降低准入门槛。新区政府类项目有关招投标不设置自主办证许可事项的资格资质条件。包括城市园林绿化企业三级资质核准等3项行政许可事项。

（四）承诺办证

对部分暂时不能取消审批,但通过事中事后监管能够纠正不符合审批条件的行为,且不会产生严重后果的行政许可事项,实行企业承诺制。对部分行政许可事项企业办照后,向行政许可部门作出承诺,即可在办证期间按照法律法规的有关规定从事生产经营活动;对部分行政许可事项,企业承诺符合审批条件并按照法律法规的有关规定开展经营活动,提交有关材料当场办理相关行政许可事项后,即可从事被许可行为。包括权限内旅行社经营国家规定旅游业务审批等6项行政许可事项。

（五）证照合发

对部分前置行政许可事项，企业申办行业行政许可和营业执照实行"一并申请、证照同发"；对部分后置行政许可事项，企业可选择营业执照和行业行政许可"一并申请、证照同发"或"分别申请、证照分发"；对部分关联性强的行政许可事项，实行证照合一发放，不另颁发行业行政许可证件。包括权限内外商投资企业设立及变更审批等9项行政许可事项。

（六）严格准入

对直接涉及国家安全、公共安全、生态环境保护以及直接关系人身健康、生命财产安全等特定活动的行政许可事项，加强风险控制，强化市场准入管理。包括食品生产许可等15项行政许可事项。

四、强化监管

（一）建立协同监管机制，实现信息互联共享

建立登记注册、行政审批、行业主管相互衔接的市场监管机制，实行"双告知""双随机一公开"等制度。行业主管部门全面强化和创新事中、事后监管，加快构建行政监管、信用管理、行业自律、群众参与相结合的综合监管体系。全面推行应用集审批、监管、服务和监督于一体的新区审批服务大数据云平台，并推进与制度机制有机结合，实现审批部门、市场监管部门、行业主管部门以及其他部门之间的信息实时传递和"全程留痕"监督管理，探索"协调联动、便捷高效、公开透明、分析应用"的"云上审批""云上监管""云上服务"新路。

（二）建立分类监管机制，加强诚信管理

探索建立事前信用承诺制度、事中信用分类监管、事后信用联合奖惩机制，构建以诚信为核心的新型市场监管体系。建立行政审批诚信档案制度，依据监管对象的日常经营活动、信用评价信息等诚信情况，将监管对象分为不同类别，建立相应的激励机制、预警机制和惩戒机制。健全企业信息公示制度和公示信息抽查制度，完善企业经营异常名录制度和严重违法企业"黑名单"制度。完善失信信息记录和披露制度，加强对失信单位和人员的监督，加大违法违规行为惩戒力度，视情况实施吊销营业执照、吊销注销撤销许可证、列入经营异常名录和"黑名单"等惩戒措施。加强跨部门联动响应，形成"一处违法、处处受限"的联合惩戒机制。

（三）建立行业自律机制，发挥行业协会商会作用

切实创造有利条件，充分发挥行业协会商会对促进行业规范发展的重要作用。积极引导市场主体自治自律，推进行业自律，促进市场主体自我约束、诚信经营，共同维护公平竞争的市场秩序。鼓励行业协会商会制订行规行约和行业内争议处理规则，制定发布产品和服务社会团体标准。支持行业协会商会监督会员遵守行业自律规范、公约和职业道德准则。通过政府购买服务等方式，委托行业协会商会开展信用评价、咨询服务、法律培训、监管效果评估，推进监管执法和行业自律的良性互动。

（四）建立社会监督机制，发挥社会力量参与作用

监管部门可依法委托具备法定资质的专业技术机构进行检查、检验、检测。积极发挥会计师事务所、律师事务所、公证机构、检验检测认证机构等专业服务机构在鉴证市场主体财务状况、维护投资人权益等方面的监督作用。推进监管执法信息公开，畅通公众知情和参与渠道，健全公众参与监督的激

励机制。创造条件鼓励群众积极举报违法经营行为,充分利用新媒体等手段及时收集社会反映的问题。充分发挥新闻媒体作用,强化舆论监督。

（五）建立动态监管机制,注重风险防范适时调节

充分运用大数据、物联网等现代信息技术,实时采集和监控监管对象的信息,做到早发现、早预警,提高发现问题和防范、化解风险的能力。建立风险防控基础制度体系,完善风险评估、风险预警、风险处置等制度,定期开展风险点梳理排查、风险巡查。优化风险告知提示方法,通过信息公示、抽查、抽检等方式,强化对市场主体线上线下一体化的全过程监管。

附表

贵州贵安新区"证照分离"改革试点具体事项表

（共 50 项）

序号	事项名称	实施机关	试点措施					
			取消审批			保留审批		
			取消办证	改为备案	自主办证	承诺办证	证照合发	严格准入
1	工程造价咨询企业暂定级资质认定	新区行政审批局	√					
2	二、三级房地产估价机构资质核准	新区行政审批局	√					
3	省属企业实行其他工时制度的审批	新区行政审批局	√					
4	中央驻黔和省级单位主办或扶持劳动就业服务企业认定	新区行政审批局	√					
5	医疗机构放射性药品使用许可（一、二类）	新区行政审批局	√					
6	出版物零售单位经营许可	新区行政审批局	√					
7	权限内中外合作职业办学机构审批	新区行政审批局		√				
8	文艺表演团体设立及变更审批	新区行政审批局		√				
9	设立文物商店许可及销售文物审核	新区行政审批局		√				
10	人力资源服务机构设立审批	新区行政审批局		√				
11	养老机构设立许可	新区行政审批局		√				
12	申请设立音像制品批发、零售经营单位审批	新区行政审批局		√				
13	设立从事包装装潢印刷品和其他印刷品印刷经营活动企业审批	新区行政审批局		√				
14	印刷业经营者兼营包装装潢和其他印刷品印刷经营活动审批(不含商标、票据、保密印刷)	新区行政审批局		√				
15	印刷业经营者兼并其他印刷业经营者审批	新区行政审批局		√				
16	从事城市生活垃圾经营性清扫、收集、运输、处理服务审批	新区行政审批局		√				
17	中介机构从事会计代理记账业务审批	新区财政局		√				

续表

序号	事项名称	实施机关	试点措施					
			取消审批			保留审批		
			取消办证	改为备案	自主办证	承诺办证	证照合发	严格准入
18	城市园林绿化企业三级资质核准	新区行政审批局			√			
19	房地产开发企业三级及以下资质核准	新区行政审批局			√			
20	物业服务企业三级资质核准	新区行政审批局			√			
21	权限内旅行社经营国家规定旅游业务的审批	新区行政审批局				√		
22	药品经营(零售)许可证核发	新区行政审批局				√		
23	修理计量器具的企业审批	新区行政审批局				√		
24	公共场所卫生许可	新区行政审批局				√		
25	假肢和矫形器(辅助器具)生产装配企业资格认定	新区行政审批局				√		
26	典当业特种行业许可证核发	新区公安局				√		
27	权限内外商投资企业设立及变更审批	新区行政审批局					√	
28	娱乐场所经营许可	新区行政审批局					√	
29	食品经营许可(从事不含冷藏冷冻的预包装食品)	新区行政审批局					√	
30	对外劳务合作经营资格核准	新区行政审批局					√	
31	《粮食收购许可证》核发	新区行政审批局					√	
32	木材经营加工许可	新区行政审批局					√	
33	草种经营许可证核发	新区行政审批局					√	
34	林木种子生产经营许可证核发	新区行政审批局					√	
35	申请设立旅行社审批	新区行政审批局					√	
36	食品生产许可	新区行政审批局						√
37	食品经营许可(在二级以上水源保护区内的餐饮服务)	新区行政审批局						√
38	互联网上网服务场所经营单位的设立、变更许可	新区行政审批局						√

续表

序号	事项名称	实施机关	试点措施					
			取消审批			保留审批		
			取消办证	改为备案	自主办证	承诺办证	证照合发	严格准入
39	国家规定范围内的重要工业产品生产许可证核发	新区行政审批局						√
40	国家规定范围内特种设备安装改造单位资格许可	新区行政审批局						√
41	《燃气经营许可证》核发	新区行政审批局						√
42	饲料、饲料添加剂生产企业设立审查	新区行政审批局						√
43	消毒产品（卫生用品类）生产企业卫生许可	新区行政审批局						√
44	剧毒化学药品运输许可	新区公安局						√
45	第二类易制毒化学品运输许可证核发	新区公安局						√
46	运输民用爆炸物品安全许可	新区公安局						√
47	权限内矿产资源开采许可	新区国土资源局						√
48	烟花爆竹批发及零售许可	新区安监局						√
49	危险化学品经营许可证核发	新区安监局						√
50	权限内矿山企业安全生产许可证核发	新区安监局						√

贵州贵安新区管理委员会办公室　　　　2016 年 5 月 2 日印发

共印 110 份

四、贵州贵安新区管理委员会关于印发贵安新区"审管分离"实施办法和行政审批管理办法的通知(黔贵安管发〔2016〕7号)

贵州贵安新区管理委员会文件

黔贵安管发〔2016〕7号

贵州贵安新区管理委员会关于
印发贵安新区"审管分离"实施办法和
行政审批管理办法的通知

新区各部门、各单位,开投公司,华芯公司,直管区各乡(镇):

现将《贵安新区"审管分离"实施办法(试行)》、《贵安新区行政审批管理办法(试行)》印发给你们,请认真贯彻执行。

2016 年 4 月 30 日

贵安新区"审管分离"实施办法(试行)

第一章 总则

第一条 为深化贵安新区相对集中行政许可权试点改革,建立健全行政审批与监管相互协调的运行机制,依据《中华人民共和国行政许可法》《中央编办国务院法制办关于印发〈相对集中行政许可权试点工作方案〉的通知》(中编办发〔2015〕16号)等法律法规和有关文件精神,结合贵安新区直管区实际,制定本办法。

第二条 本办法所称"审管分离",是指贵安新区开展国家相对集中行政许可权试点工作,建立行政许可事前审批与事中事后监管相对分离、相互制约又相互协调的工作机制。

第三条 贵州贵安新区行政审批局(以下简称"行政审批局")依法履行省人民政府批准的行政许可事项审批职能,探索"一颗印章管审批"。

第四条 对已划转到行政审批局的行政许可事项(以下简称"划转事项"),新区有关职能部门不再行使审批权,主要负责事中、事后监管和相关行业规划、政策、标准、规范制定等工作。

第五条 行政审批局与有关职能部门按照"权责统一"的原则,对"审管分离"后的行政行为承担相应法律责任。

第二章　审批职责

第六条　行政审批局依据法律法规和新区行业主管部门制定的相关规划、政策、标准和规范作出审批行为。

第七条　行政审批局负责统筹新区行政审批的规范和创新工作，促进简政放权、放管结合、优化服务，转变政府职能。

第八条　行政审批局牵头负责新区行政审批的事项精简、流程再造、承接下放等工作，建立健全行政审批服务标准化体系，规范审批行为，提高服务效能。

第九条　行政审批局负责统筹协调投资项目并联审批工作，提高审批效率和服务质量。

第十条　行政审批局应定期对负责实施的行政许可实施情况进行评价，建立制度、畅通渠道，听取公民、法人或其他组织对行政许可实施的意见和建议。

第十一条　需经新区已划出相关行政审批职责的有关职能部门审核并报上级行政审批部门批准的行政许可事项，由行政审批局负责审核上报。

第三章　监管职责

第十二条　有关职能部门工作重心向事中事后监管转变，根据法定的审批条件、技术规范、技术标准和有关法律、法规、规章的规定进行事中事后监管，创新监管方式，构建行政监管、信用管理、行业自律、群众参与相结合的综合监管体系。

第十三条　有关职能部门应全面强化监管职能，严格强制标准执行，加强日常监督检查、信息技术运用和风险监测防范，建立常态化监管机制。

第十四条 有关职能部门应加强事中、事后监管的体制机制改革,制定具体的监管制度、办法和计划,明确每项监管工作的关键点与监管流程路线图等,并纳入云平台统一管理。

第十五条 有关职能部门应正确处理履行监管职责与服务发展的关系,注重检查与指导、惩处与教育、监管与服务相结合,防止监管缺失、监管过度、监管不当,做到不缺位、不错位、不越位。

第十六条 划转事项后,与行政许可事项相关的行政监督检查、行政征收、行政处罚、行政强制等其他行政权力仍由原职能部门实施。

第十七条 划转事项中,涉及前期许可和后期竣工验收的审批事项,项目建设期间有关职能部门应根据法律法规和许可标准严格监管,建立监管台账,并在竣工验收时出具监管意见。同时,行政审批局应根据审批工作需要,加强对项目建设过程的跟踪了解和督促落实。

第四章　衔接机制

第十八条 行政审批局与有关职能部门应加强沟通、信息推送、协调联动,实现审批与监管既相互分离又相互制约、相互促进,提供优质高效的公共服务。

第十九条 行政审批局应及时向有关职能部门通报行政审批办理情况,有关职能部门应及时将有关监管情况和涉及本行业行政审批的政策标准、法律法规更新情况反馈行政审批局,涉及吊销证照等行政处罚的及时提交行政审批局备案或注销。

第二十条 行政审批局负责审批中涉及联合踏勘、联合会审及联席会议的组织实施工作,重大和特殊审批事项应充分听取行业主管部门的意见。

第二十一条 行政审批局应建立重要审批事项"回访制度",审批后及时跟踪了解许可事项的落实、监管、发展等情况,对监管存在的问题及时告知行业主管部门加强监管工作。

第二十二条　有关职能部门在监管过程中，对许可事项审批存在的问题及时告知行政审批局予以纠正或严格相关许可事项的准入，做到既依法依规审批，又符合新区发展客观实际。

第二十三条　有关职能部门应全力支持行政审批局工作，并协助做好与上级有关行政主管部门的沟通对接工作，保证集中行政许可权工作稳妥推进、规范有序。

第二十四条　行政审批局牵头推进"大数据+审批服务""互联网+审批服务"，建立集审批、监管、服务、监督为一体的大数据云平台，实现与制度机制有机结合，探索"协调联动、便捷高效、公开透明、全程留痕、分析应用"的"云上审批""云上监管""云上服务""云上监督"新路，打造"数据铁笼"，营造公开、公平、公正的投资发展环境。

第五章　附则

第二十五条　本办法未尽事宜由新区相对集中行政许可权试点工作领导小组办公室负责解释。

第二十六条　本办法自下发之日起施行。

五、贵州贵安新区管理委员会关于公布精简及保留事项行政审批项目的通知(黔贵安管发〔2016〕10号)

贵州贵安新区管理委员会文件

黔贵安管发〔2016〕10号

贵州贵安新区管理委员会关于
公布精简调整及保留行政审批项目的通知

新区各部门、各单位,开发投资公司,华芯投资公司,直管区各乡镇政府:

为贯彻落实国家和省有关要求,贵安新区再次全面梳理和精简新区行政审批项目,经研究决定,共保留182项行政审批项目合并为92项,取消行政审批项目30项,37项行政审批项目改为备案,11项行政审批项目下放乡镇实施,现一并向社会公布。

新区各部门要认真做好取消、调整和保留的行政审批项目的落实和衔接工作。对公布保留的行政审批项目,要进一步完善各环节工作流程和管理规范,不断提高审批的效率和质量;对取消的行政审批项目，要加强事中事后监管，防止变相实施行政审批或出现管理真空；对改为备案的行政审批项目，要建立健全后续监管制度，制定配套措施，加强日常监管和服务；对下放乡镇实施的行政审批项目，相关部门不得再实施审批，同时要加强监督、指导工作，实现管理重心下移，做到权力下放，监管和服务标准不降。

新闻中心、政务服务中心、各审批部门要做好审批信息公开工作，及时调整更新办事指南对外公布。监察分局、政治部、法制办、行政审批局要加强督促检查，确保精简调整行政审批事项衔接落实到位。

附件：1.贵安新区保留实施的行政审批项目目录（共计92项）
　　　2.贵安新区取消的行政审批项目目录（共计30项）
　　　3.贵安新区改为备案的行政审批项目目录（共计37项）
　　　4.贵安新区下放乡镇的行政审批项目目录（共计11项）

2016 年 8 月 29 日

附件 1

贵安新区保留实施的行政审批项目目录

（共计 92 项）

序号	保留合并事项名称	子项序号	子项名称	法律依据	审批部门	备注
1	施工许可	1	占（利）用、挖掘公路（城市道路）或者跨越、穿越公路架设、增设管线设施施工完毕验收通行许可	《中华人民共和国道路交通安全法》第 32 条；中华人民共和国公路安全保护条例》（国务院令第 593 号）第 29 条	行政审批局	
		2	在公路（城市道路）上增设平面交叉道口的许可	《中华人民共和国公路法》第 55 条；《中华人民共和国公路安全保护条例》（国务院令第 593 号）第 27 条	行政审批局	
		3	在公路（城市道路）两侧建筑控制区内埋设管线、电（光）缆等设施或设置非公路标志、标牌的许可	《中华人民共和国公路法》第 56 条；《中华人民共和国公路安全保护条例》（国务院令第 593 号）第 27 条、《贵州省公路路政管理条例》第 27 条	行政审批局	
		4	在公路及公路（城市道路）用地范围内设置公路标志以外的广告、标牌及其他标志的许可	《中华人民共和国公路法》第 54 条；《中华人民共和国公路安全保护条例》（国务院令第 593 号）第 27 条	行政审批局	
		5	跨越、穿越公路修建桥梁、渡槽或者架设、埋设管线、电缆等设施的许可	《中华人民共和国公路法》第 45 条；《中华人民共和国公路安全保护条例》（国务院令第 593 号）第 27 条、《贵州省公路路政管理条例》第 18 条	行政审批局	
		6	因特殊情况需要临时占用城市道路审批	《城市道路管理条例》（国务院令第 198 号）第 31 条	行政审批局	
1	施工许可	7	因建设需要占用、挖掘公路和公路用地或者使公路改线批准和验收	《中华人民共和国公路法》第 44 条、《公路安全保护条例》（国务院令第 593 号）第 27 条	行政审批局	
		8	因工程建设需要挖掘城市道路审批	《城市道路管理条例》（国务院令第 198 号）第 33 条	行政审批局	
		9	权限内交通建设项目和修复项目施工许可（子项：国家重点公路工程施工许可）	《中华人民共和国公路法》（中华人民共和国主席令第 19 号，2004 年 8 月 28 日公布）；《公路建设市场管理办法》；（交通部令第 14 号，2004 年 12 月 21 日公布）；《公路工程竣（交）工验收办法》（交通部令第 3 号，2004 年 3 月 31 日公布）；《航道建设管理规定》（交通部令第 3 号，2007 年 3 月 12 日公布）	行政审批局	
		10	依附于城市道路建设各种管线、杆线等设施审批	《城市道路管理条例》（国务院令第 198 号）第 29 条	行政审批局	
		11	权限河道管理范围内建设项目及采沙等有关活动审批	《中华人民共和国水法》（中华人民共和国主席令第 74 号，2002 年 8 月 29 日公布）；《中华人民共和国防洪法》；（中华人民共和国主席令第 88 号，1997 年 8 月 29 日公布）；《中华人民共和国河道管理条例》（国务院令第 3 号，1988 年 6 月 3 日公布）；《贵州省河道管理条例》	行政审批局	
		12	建筑工程施工许可	《中华人民共和国建筑法》第 7 条	行政审批局	

序号	保留合并事项名称	子项序号	子项名称	法律依据	审批部门	备注
1	施工许可	13	权限内建设项目水土保持方案审批及生产建设项目水土保持设施竣工验收	《中华人民共和国水土保持法》（中华人民共和国主席令第49号，1991年6月29日公布）	行政审批局	
		14	权限内占用农灌水源、水利工程设施或者在水利工程设施保护和管理范围内进行有关活动审批	《贵州省水利工程设施管理条例》（1996年11月29日贵州省第八届人民代表大会常务委员会第二十五次会议通过）；《国务院对确需保留的行政审批项目设定行政许可的决定》（国务院令第412号，2004年6月29日公布）	行政审批局	
		15	大坝坝顶兼做公路、大坝管理和保护范围内修建码头、鱼塘及险坝改变运行方式审批	《水库大坝安全管理条例》（国务院令第77号，1991年3月22日公布）	行政审批局	
		16	跨越（穿越）河道建设项目（工程设施）位置和界限审批	《中华人民共和国水法》第38条；《中华人民共和国防洪法》27条	行政审批局	
2	申请设立旅行社及权限内旅行社经营国家规定旅游业务的审批	17	申请设立旅行社审批	《旅行社条例》（国务院令第550号）第6条、第7条、第9条、第10条	行政审批局	
		18	权限内旅行社经营国家规定旅游业务的审批	《旅行社条例》（国务院令第550号，2009年2月20日公布）；《贵州省人民政府关于2013年度取消和调整行政许可项目的决定》（省政府令第146号）附件2第29项	行政审批局	
3	风景名胜区内项目特许经营	19	风景名胜区内项目特许经营	《贵州省风景名胜区条例》第44条	行政审批局	
4	饲料、饲料添加剂生产企业设立审查及其预混合饲料产品批准文号核发	20	饲料、饲料添加剂生产企业设立审查	《饲料和饲料添加剂管理条例》（国务院令第609号）；《动物源性饲料产品安全卫生管理办法》（农业部令第6号）；《饲料生产企业审查办法》（农业部令第73号）；《省人民政府关于省直机关继续实施的行政许可项目的决定》（省政府令第139号）；《国务院关于取消和下放一批行政审批项目的决定》（国发〔2013〕44号）	行政审批局	
		21	饲料添加剂、添加剂预混合饲料产品批准文号核发	《饲料和饲料添加剂管理条例》（国务院令第609号）；《饲料添加剂和添加剂预混合饲料产品批准文号管理办法》（农业部令2012年第5号）；《省人民政府关于省直机关继续实施的行政许可项目的决定》（省政府令第139号）	行政审批局	
5	建立地方种畜禽场及其生产经营许可	22	种畜禽生产经营许可	《中华人民共和国畜牧法》第22条、第24条；《种畜禽管理条例》（国务院令第153号）第15条	行政审批局	
		23	建立地方种畜禽场审批	《种畜禽管理条例》（国务院令第153号）	行政审批局	

序号	保留合并事项名称	子项序号	子项名称	法律依据	审批部门	备注
6	林木种子生产经营及林木种子、苗木和其他繁殖材料以及应施检疫的森林植物及其产品的检疫审批	24	林木种子、苗木和其他繁殖材料以及应施检疫的森林植物及其产品的检疫审批	《植物检疫条例》（国务院令第98号）第7条、第11条	行政审批局	
		25	林木种子生产经营许可证核发	《中华人民共和国种子法》（主席令第34号，2004年8月28日修正）；《贵州省林木种苗管理条例》（2004年9月24日贵州省第十届人大常委会第十次会议通过）	行政审批局	
7	古树名木移植及更新、修剪、砍伐城市道路树木审批	26	古树、名树移植许可	《城市绿化条例》（国务院令第100号）第25条、《贵州省森林条例》第13条	行政审批局	
		27	城市古树名木迁移审批	《城市绿化条例》（国务院令第100号）第25条	行政审批局	
		28	修剪、砍伐城市树木审批	《城市绿化条例》（国务院令第100号）第24条	行政审批局	
		29	更新砍伐公路用地上的树木或采伐公路行道树的许可	《中华人民共和国公路法》第42条；《贵州省公路路政管理条例》第22条；《公路安全保护条例》（国务院令第593号）第26条	行政审批局	
8	权限内占用或者征用林地审核或批准	30	权限内占用或者征用林地审核或批准	《中华人民共和国森林法》（主席令第3号，1998年4月29日公布）；《中华人民共和国森林法实施条例》（国务院令第278号，2000年1月29日发布）；《贵州省森林条例》（贵州省人大常委会公告第17号，2000年3月24日公布）；《贵州省林地管理条例》（贵州省人大常委会公告，2003年9月28日公布）	行政审批局	
		31	临时占用林地审批	《中华人民共和国森林法实施条例》（国务院令第278号，2000年1月29日公布）《贵州省林地管理条例》（贵州省人大常委会公告，2003年9月28日公布）	行政审批局	
9	特殊车辆行驶公路的许可	32	超限运输车辆行驶公路许可	《中华人民共和国公路法》第50条、《中华人民共和国公路安全保护条例》（国务院令第593号）第35条、第36条	行政审批局	
		33	铁轮车、履带车及其他可能损害公路路面的机具确需在公路上行驶的许可	《中华人民共和国公路法》第48条；《贵州省公路路政管理条例》第19条	行政审批局	
10	道路货运、客运及班线经营许可	34	新增、变更、延续客运班线经营许可	《中华人民共和国道路运输条例》第11条、第14条；《贵州省道路运输条例》第9条、第10条；《道路旅客运输及客运站管理规定》（2012年修订，交通运输部令第8号）第29条	行政审批局	
		35	市际毗邻县乡镇间农村客运班线许可	《中华人民共和国道路运输条例》（国务院令第628号）第10条；《贵州省人民政府关于第二批取消、下放管理层级、转变管理方式、合并的行政许可事项的决定》（贵州省人民政府令第129号）附件2第52项	行政审批局	
		36	道路货物运输许可（不含危货）	《中华人民共和国道路运输条例》（国务院令第628号）第25条	行政审批局	
		37	道路客运及班线经营许可	《中华人民共和国道路运输条例》（国务院令第406号，2004年4月30日公布）	行政审批局	
11	在城市建筑物、设施上张挂、张贴宣传品、设置大型户外广告审批	38	在城市建筑物、设施上张挂、张贴宣传品、设置大型户外广告审批	《城市市容和环境卫生管理条例》（国务院令第101号）第11条、17条	行政审批局	
12	水利水电工程规划设计审批	39	水利水电工程防洪规划同意书审批	《中华人民共和国防洪法》第17条	行政审批局	

序号	保留合并事项名称	子项序号	子项名称	法律依据	审批部门	备注
12	水利水电工程规划设计审批	40	权限内建设水工程规划审批	《中华人民共和国水法》（中华人民共和国主席令第74号，2002年8月29日公布）	行政审批局	
		41	权限内水利基建项目初步设计文件审批	《国务院对确需保留的行政审批项目设定行政许可的决定》（国务院令第412号，2004年6月29日公布）	行政审批局	
13	机动车维修、驾驶员培训及道路运输站（场）审批	42	机动车维修经营许可	《中华人民共和国道路运输条例》（国务院令第628号）第40条	行政审批局	
		43	机动车驾驶员培训经营许可	《中华人民共和国道路运输条例》（国务院令第628号）	行政审批局	
		44	道路运输站（场）经营许可	《中华人民共和国道路运输条例》（国务院令第628号）	行政审批局	
14	城市客运经营权转让许可及道路运输证、从业资格证核发	45	城市公共客运交通特许经营权出让许可	《贵州省城市公共交通条例》第17条、第23条	行政审批局	
		46	出租汽车客运经营权转让许可	《贵州省城市公共交通条例》第35条	行政审批局	
		47	城市公共交通道路运输证、从业资格证核发	《贵州省城市公共交通条例》23条、第31条、第32条	行政审批局	
15	单位和个人从事农业转基因生物生产、加工批准	48	单位和个人从事农业转基因生物生产、加工批准	《农业转基因生物安全管理条例》（国务院令第304号）第21条；《国务院关于第四批取消和调整行政审批项目的决定》（国发〔2007〕33号）附件2《国务院决定调整的行政审批项目目录》第4项；《贵州省人民政府关于2013年度取消和调整行政许可项目的决定》（省政府令第146号）附件2；《省人民政府决定下放的行政许可项目目录》第10项	行政审批局	
16	草种生产许可证核发	49	草种生产许可证核发	《中华人民共和国种子法》；《草种管理办法》（农业部令第56号）	行政审批局	
17	防雷装置设计审核和竣工验收	50	防雷装置设计审核和竣工验收	《国务院对确需保留的行政审批项目设定行政许可的决定》（国务院令第412号，2004年6月29日发布）；《气象灾害防御条例》（国务院令第570号，2010年1月27日发布）；《贵州省气象条例》（2009年11月25日贵州省第十一届人民代表大会常务委员会第十一次会议通过）；《贵州省气象灾害防御条例》（2007年9月24日贵州省第十届人民代表大会常务委员会第二十九次会议通过）；《防雷减灾管理办法》（中国气象局令第8号，2004年12月16日公布）《省人民政府关于省直机关继续实施的行政许可事项的决定》（省人民政府令第128号，2011年8月15日公布）	行政审批局	
18	权限内建设项目水资源论证报告书审批与取水许可	51	权限内建设项目水资源论证报告书审批与取水许可	《中华人民共和国水法》（中华人民共和国主席令第74号，2002年8月29日公布）；《国务院对确需保留的行政审批项目设定行政许可的决定》（国务院令第412号，2004年6月29日公布）	行政审批局	

序号	保留合并事项名称	子项序号	子项名称	法律依据	审批部门	备注
19	动物及动物产品检疫许可	52	动物及动物产品检疫许可	《中华人民共和国动物防疫法》第42条、第45条、第47条；《贵州省人民政府关于第一批取消下放管理层级转变管理方式的行政许可事项的决定》（省政府令126号）附件2；省人民政府决定下放管理层级的行政许可目录》9、10项；《省人民政府关于第二批取消、下放管理层级、转变管理方式、合并的行政许可事项的决定》（省政府令129号）附件2；省人民政府决定下放管理层级的行政许可目录》21项	行政审批局	
20	权限内兽药、农药广告内容审查	53	权限内兽药广告内容审查	《中华人民共和国广告法》；《兽药管理条例》（国务院令第404号）；《兽药广告审查办法》（国家工商总局、农业部令第29号）	行政审批局	
		54	权限内农药广告内容审查	《中华人民共和国广告法》；《农药管理条例》（国务院令第326号）；《农药管理条例实施办法》（农业部令第38号）；《农药广告审查办法》（国家工商总局、农业部令第88号）	行政审批局	
21	木材采伐许可证核发	55	木材采伐许可证核发	《中华人民共和国森林法》（主席令第3号，1998年4月29日公布）；《中华人民共和国森林法实施条例》（国务院令第278号，2000年1月29日公布）	行政审批局	
22	权限内企业不使用政府投资建设项目等核准	56	权限内企业、事业单位、社会团体等投资建设的固定资产投资项目核准	《国务院关于投资体制改革决定》（国发〔2004〕20号，2004年7月16日发布）；《企业投资项目核准暂行办法》（国家发改委令第19号，2004年9月15日）；《省人民政府关于取消和调整一批行政审批项目的决定》（贵州省人民政府令第155号）；《省人民政府关于发布政府核准的投资项目目录（贵州省2014年本）的通知》；《政府核准的投资项目目录（贵州2015年本）》	行政审批局	
		57	权限内外商投资企业投资建设的固定资产投资项目核准	《国务院关于发布政府核准的投资项目目录（2013年本）的通知》（国发〔2013〕47号）；省人民政府关于发布政府核准的投资项目目录（贵州省2015年本）的通知；外商投资项目核准和备案管理办法（国家发改委令第12号）》	行政审批局	
23	设立拍卖企业及分公司的审核许可	58	设立拍卖企业及分公司的审核许可	《中华人民共和国拍卖法》第十一条；拍卖企业可以在设区的市设立。设立拍卖企业必须经所在地的省、自治区、直辖市人民政府负责管理拍卖业的部门审核许可，并向工商行政管理部门申请登记，领取营业执照	行政审批局	
24	报废汽车回收企业资格认定	59	报废汽车回收企业资格认定	《报废汽车回收管理办法》（国务院令第307号）第六条	行政审批局	
25	对外劳务合作经营资格核准	60	对外劳务合作经营资格核准	《对外劳务合作管理条例》（国务院令第620号公布）第五条	行政审批局	
26	《粮食收购许可证》核发	61	《粮食收购许可证》核发	国务院法制办公布《粮食法（征求意见稿）》、《粮食流通管理条例》（国务院令2004年第407号）第九条	行政审批局	

序号	保留合并 事项名称	子项 序号	子项名称	法律依据	审批部门	备注
27	防空地下室设计建 设验收及人防设施 拆除、迁移审批	62	人防工程及设备、设施拆除 许可	《中华人民共和国人民防空法》第28条	行政审批局	
		63	防空地下室建设项目、设计 审核及竣工验收初审	《人民防空工程建设管理办法》第28条	行政审批局	
		64	人民防空通信警报设施拆 除或迁移许可	《中华人民共和国人民防空法》第28条	行政审批局	
28	权限内勘察单位、设 计单位、工程监理单 位和城乡规划编制 单位资质审批	65	权限内勘察单位、设计单位 资质核准	《中华人民共和国建筑法》第十三条	行政审批局	
		66	权限内监理单位资质核准	《中华人民共和国建筑法》第十三条	行政审批局	
		67	城乡规划编制单位丙级资 质核准	《中华人民共和国城市规划法》、《城市规划 单位资质管理规定》第二条 从事城市规划编制的 单位，应当取得《城市规划编制资质证书》（以 下简称《资质证书》）。 城市规划编制单位应当 在《资质证书》规定的业务范围内承担城市规划编 制业务	行政审批局	
29	园林绿化企业、房地 产开发企业、物业服 务企业资质审批	68	城市园林绿化企业三级资 质核准	《城市绿化条例》 第16条； 《关于印发《城市园林绿化企业资质管理办法》和《城 市园林绿化企业资质标准》的通知》	行政审批局	
		69	房地产开发企业三级及以 下资质核准	《城市房地产开发经营管理条例》（国务院令第248 号）第九条	行政审批局	
		70	物业服务企业三级资质核 准	《物业管理条例》第32条； 《物业服务企业资质管理办法》	行政审批局	
30	燃气经营审批	71	《燃气经营许可证》核发	《城镇燃气管理条例》第十五条	行政审批局	
		72	燃气设施改动审批	《城镇燃气管理条例》第十一条	行政审批局	
31	商品房预售许可	73	商品房预售许可	《贵州省城镇房地产开发经营管理条例》第二十四 条；房地产开发企业销售商品房，应当符合国家规 定的条件，预售商品房的，应当依法取得商品房预 售许可证	行政审批局	
32	建筑施工企业三类 人员、建设行业特种 作业人员安全考核 合格证核发	74	建筑施工企业三类人员、建 设行业特种作业人员安全 考核合格证核发	《安全生产许可证条例》第二条：国家对矿山企 业、建筑施工企业和危险化学品、烟花爆竹、民用 爆炸物品生产企业（以下统称企业）实行安全生 产许可制度。企业未取得安全生产许可证的，不得从 事生产活动。《建设工程安全生产管理条例》第二 十条、第二十五条；《建筑施工特种作业人员管理 规定》的通知建质[2008]75号第六条规定建筑施工 特种作业人员的考核发证工作，由省、自治区、直 辖市人民政府建设主管部门或其委托的考核发证 机构负责组织实施	行政审批局	
33	限制进出口技术许 可	75	限制进出口技术许可	《中华人民共和国对外贸易法》第十九条； 《中华人民共和国技术进出口管理条例》	行政审批局	
34	兼营广告业务的事 业单位广告经营资 格审批	76	兼营广告业务的事业单位 广告经营资格审批	《广告管理条例》(1987年10月26日国务院颁发)第 6条;《省人民政府关于第二批取消、下放管理层级、 转变管理方式、合并的行政许可事项的决定》（省 政府令129号）附件2;《省人民政府决定下放管理 层级的行政许可事项目录》93项	行政审批局	
35	权限内市场主体名 称预先核准、设立、 变更、注销登记	77	名称预先核准登记	《中华人民共和国公司登记管理条例》（国务院令 第451号，2005年12月18日修改）;《企业名称登 记管理规定》（国家工商行政管理总局令第7号， 1991年7月22日发布）;《企业名称登记管理实施 办法》（国家工商行政管理总局令第10号，2004 年6月14日发布）;《省人民政府关于省直机关继 续实施的行政许可事项的决定》（省人民政府令第 128号，2011年8月15日公布）	行政审批局	

序号	保留合并事项名称	子项序号	子项名称	法律依据	审批部门	备注
35	权限内市场主体名称预先核准、设立、变更、注销登记	78	市场主体（有限责任公司及分公司、股份有限公司及分公司、企业集团、全民集体企业及分支、私营企业及分支、外商企业及分支、联营企业、企业法人及分支、营业性登记）设立、变更、注销登记	《中华人民共和国公司法》；《中华人民共和国公司登记管理条例》（国务院令第648号）；《企业法人登记管理条例》（国务院令第648号，2014年修订）；《中华人民共和国合伙企业法》；《合伙企业登记管理办法》（国务院令第497号）；《中华人民共和国个人独资企业法》；《中华人民共和国私营企业暂行条例》（国务院令第4号农民专业合作社登记管理条例）（2014年修订，国务院令第498号）	行政审批局	
		79	被授权范围内的外商投资企业（含台、港、澳投资企业）及其分支机构批准、设立、变更、注销登记	《中华人民共和国公司法》；《中华人民共和国中外合资经营企业法》；《中华人民共和国中外合作经营企业法》；《中华人民共和国外资企业法》；《中华人民共和国公司登记管理条例》（国务院令第451号）；《中华人民共和国企业法人登记管理条例》（国务院令第1号）；《外国企业或者个人在中国境内设立合伙企业管理办法》（国务院令第567号）；《外商投资企业授权登记管理办法》（国家工商行政管理总局令第4号）	行政审批局	
36	计量检定机构、计量检定人员、资质认定和制造、修理计量器具审批	80	制造在全国范围内从未生产过的计量器具新产品的型式批准	《中华人民共和国计量法》；《中华人民共和国计量法实施细则》；《贵州省计量监督管理条例》；《贵州省人民政府关于取消和调整一批行政审批项目的决定》（贵州省人民政府令第155号）	行政审批局	
		81	制造、修理规定范围内的计量器具许可	《中华人民共和国计量法》；《贵州省计量监督管理条例》；《制造修理计量器具许可监督管理办法》（国家质检总局令第104号）；《省人民政府关于向贵安新区、国家级技术开发区、国家级高新技术产业开发区和贵阳综合保税区下放一批行政审批项目的决定》（贵州省人民政府令第153号）	行政审批局	
		82	权限内授权计量检定机构审批	《中华人民共和国计量法》；《贵州省计量监督管理条例》；《省级人民政府关于向贵安新区、国家级技术开发区、国家级高新技术产业开发区和贵阳综合保税区下放一批行政审批项目的决定》（贵州省人民政府令第153号）	行政审批局	
		83	权限内计量标准器具考核	《中华人民共和国计量法》；《省级人民政府关于向贵安新区、国家级技术开发区、国家级高新技术产业开发区和贵阳综合保税区下放一批行政审批项目的决定》（贵州省人民政府令第153号）	行政审批局	
		84	权限内计量检定人员计量检定证件核发	《中华人民共和国计量法》（中华人民共和国主席令第28号，1985年9月6日发布）；《中华人民共和国计量法实施细则》（1987年1月19日国务院批准，1987年2月1日国家计量局发布）；《计量检定人员管理办法》（国家质检总局令第105号，1987年12月29日公布）；《省人民政府关于省直机关继续实施的行政许可事项的决定》（省人民政府令第128号，2011年8月15日公布）	行政审批局	

序号	保留合并事项名称	子项序号	子项名称	法律依据	审批部门	备注
36	计量检定机构、计量检定人员、资质认定和制造、修理计量器具审批	85	食品检验机构和检验检测机构资质认定	《中华人民共和国计量法》；《中华人民共和国产品质量法》；《中华人民共和国计量法实施细则》；《贵州省计量监督管理条例》；《检验检疫机构资质认定管理办法》；《省级人民政府关于向贵安新区、国家级技术开发区、国家级高新技术产业开发区和贵阳综合保税区下放一批行政审批项目的决定》（贵州省人民政府令第153号）	行政审批局	
37	特种设备机构、作业人员、使用审批	86	权限内特种设备作业人员资格证核发	《中华人民共和国特种设备安全法》；《特种设备安全监察条例》；《省级人民政府关于向贵安新区、国家级技术开发区、国家级高新技术产业开发区和贵阳综合保税区下放一批行政审批项目的决定》（贵州省人民政府令第153号）	行政审批局	
		87	国家规定范围内特种设备使用登记和修理安装改造单位资格许可	《中华人民共和国特种设备安全法》；《特种设备安全监察条例》；《省级人民政府关于第一批取消下放管理层级转变管理方式的行政许可事项的决定》（贵州省人民政府令第126号）；《省级人民政府关于向贵安新区、国家级技术开发区、国家级高新技术产业开发区和贵阳综合保税区下放一批行政审批项目的决定》（贵州省人民政府令第153号）；《关于调整改革特种设备行政许可工作的公告》（国家质检总局公告2009年第67号）	行政审批局	
		88	移动式压力容器、气瓶充装单位资格许可	《中华人民共和国特种设备安全法》；《特种设备安全监察条例》；《省级人民政府关于取消和调整一批行政审批项目的决定》（贵州省人民政府令第155号）	行政审批局	
38	国家规定范围内的重要工业产品生产许可证核发	89	国家规定范围内的重要工业产品生产许可证核发	《中华人民共和国工业产品生产许可证管理条例》；《省级人民政府关于向贵安新区、国家级技术开发区、国家级高新技术产业开发区和贵阳综合保税区下放一批行政审批项目的决定》（贵州省人民政府令第153号）	行政审批局	
39	机动车安全技术检验机构资格许可	90	机动车安全技术检验机构资格许可	《道路交通安全法》第13条；《机动车登记规定》	行政审批局	
40	药品经营（零售）许可证核发、变更、换发和质量管理规范认证	91	药品经营（零售连锁及零售）质量管理规范认证	《药品管理法》16条；《国务院关于第六批取消和调整行政审批项目的决定》附件2；《国务院决定取消的行政审批项目目录》第112项；《省人民政府关于第二批取消、下放管理层级、转变管理方式、合并的行政许可事项的决定》（省政府令第2号）附件2；《省人民政府决定下放管理层级的行政许可事项目录》第111项："药品经营（零售连锁及零售）质量管理规范认证，省人民政府食品药品监督管理部门委托下发。"	行政审批局	
		92	药品经营（零售）许可证核发、变更、换发	《中华人民共和国药品管理法》第14条；《中华人民共和国药品管理法实施条例》（国务院令第360号）第16条、第17条	行政审批局	
41	食品经营、生产及食品相关产品许可	93	食品经营许可（餐饮服务）	《中华人民共和国食品安全法》第35项；《省人民政府关于第二批取消下放管理层级转变管理方式合并的行政许可事项的决定》附件2第112项	行政审批局	
		94	权限内食品生产许可证核发	《中华人民共和国食品安全法》第二条；《中华人民共和国工业产品生产许可证管理条例》（国务院令第440号）；《国务院关于第六批取消和调整行政审批项目的决定》（国发〔2012〕52号）；《食品添加剂生产监督管理规定》（国家质检总局令第127号）；《食品生产许可管理办法》（国家质检总局令第129号）	行政审批局	

序号	保留合并事项名称	子项序号	子项名称	法律依据	审批部门	备注
42	特殊药品使用、购用许可及运输证明、邮寄证明核发	95	放射性药品使用许可	《放射性药品管理办法》(国务院令第 25 号)第 23 条；《贵州省人民政府关于 2013 年度取消和调整行政许可项目的决定》(省政府令第 146 号)附件 2 省人民政府决定下放的行政许可项目目录(31 项)第 30 项	行政审批局	
		96	科研教学所需毒性药品购用审批	《医疗用毒性药品管理办法》《国务院令[第23号]》第 10 条；《省人民政府关于第二批取消下放管理层级转变管理方式合并的行政许可事项的决定》附件 2 第 110 项	行政审批局	
		97	麻醉药品和第一类精神药品运输证明、麻醉药品和精神药品邮寄证明核发	《麻醉药品和精神药品管理条例》(国务院令第 442 号)第 52 条第一款、第 54 条第一款；《省人民政府关于 2012 年度取消和调整行政许可的决定》(省政府令第 138 号)附件 2；《省人民政府决定下放的行政许可项目目录》第 21 项：麻醉药品和第一类精神药品运输证明、麻醉药品和精神药品邮寄证明核发，由省食品药品监督局下发至设区的市级人民政府食品药品监督管理部门。	行政审批局	
43	第三类医疗器械经营许可	98	第三类医疗器械经营许可	《医疗器械监督管理条例》(国务院令第 650 号)第三十一条；《医疗器械经营监督管理办法》第八条	行政审批局	
44	医疗机构麻醉药品、第一类精神药品购用印鉴卡核发(与麻醉用品运输合并)	99	医疗机构麻醉药品、第一类精神药品购用印鉴卡核发(与麻醉用品运输合并)	《麻醉药品和精神药品管理条例》(国务院令第 442 号)。	行政审批	
45	权限内设立职业技能培训机构、职业技能鉴定、民办学校审批	100	职业技能鉴定及职业资格证书办理	《中华人民共和国劳动法》第 69 条	行政审批局	
		101	职业技能培训机构的认定	《中华人民共和国民办教育促进法》第 11 条	行政审批局	
		102	权限内设立中外合作办学机构(含港澳台与内地合作办学机构)审批	《中华人民共和国中外合作办学条例》(国务院令第 372 号)；《省人民政府关于省直机关继续实施的行政许可项目的决定》(省政府令第 139 号)	行政审批局	
		103	设立民办学校审批	《中华人民共和国民办教育促进法》(中华人民共和国主席令第 80 号, 2002 年 12 月 28 日公布)；《贵州省民办教育促进条例》第 7 条第(三)项、第(四)项、第(五)项	行政审批局	
		104	残疾人学校设置审批	《残疾人教育条例》(国务院令第 161 号)46 条	行政审批局	
46	校车使用审查	105	校车使用审查	《校车安全管理条例》(国务院令第 617 号)第 14、15 条	行政审批局	
47	社会团体及其分支机构(代表机构)、民办非企业法人成立、变更、注销登记	106	社会团体及其分支机构(代表机构)成立、变更、注销登记	《社会团体登记管理条例》(国务院令第 250 号, 1998 年 10 月 25 日公布)	行政审批局	
		107	民办非企业单位成立、变更、注销登记	《民办非企业单位登记管理暂行条例》(国务院令第 251 号, 1998 年 10 月 25 日公布)	行政审批局	
48	假肢和矫形器(辅助器具)生产装配企业资格认定	108	假肢和矫形器(辅助器具)生产装配企业资格认定	《国务院对确需保留的行政审批项目设定行政许可的决定》第 67 号；《贵州省人民政府关于 2013 年度取消和调整行政许可项目的决定》(省政府令第 146 号)第 3 项	行政审批局	
49	公墓、殡仪服务馆(站)、火葬场审批	109	建设公墓审批	《殡葬管理条例》(国务院第 225 号发布, 第 628 号修正)第 8 条；《贵州省人民政府关于取消和调整一批行政审批项目的决定》附件 2；《省人民政府决定下放和部分下放管理层级的行政审批项目目录》第 2 项	行政审批局	

序号	保留合并事项名称	子项序号	子项名称	法律依据	审批部门	备注
49	公墓、殡仪服务馆（站）、火葬场审批	110	农村公益性公墓审批	《殡葬管理条例》（国务院令第225号发布，第628号令修订）第8条	行政审批局	
		111	建设殡仪服务站、骨灰堂和在土葬改革地区建设殡仪馆、火葬场审批	《贵州省殡葬管理条例》第12条	行政审批局	
50	娱乐场所设立审批	112	娱乐场所设立审批	《娱乐场所管理条例》（国务院令第458号）第9条	行政审批局	
51	互联网上网服务营业场所经营单位的设立审批	113	互联网上网服务营业场所经营单位的设立审批	《互联网上网服务营业场所管理条例》（国务院令第363号）；《贵州省人民政府关于2013年度取消和调整行政许可的决定》（省政府令第146号）第19条；"互联网上网服务营业场所经营单位的设立、变更许可，由省文化厅下发至市（州）、省直管县（市）人民政府文化行政部门。"	行政审批局	
52	经营高危险体育项目许可	114	经营高危险体育项目许可	《全民健身条例》（2009年国务院令第560号）第三十二条；《国务院关于取消和下放一批行政审批等事项的决定》（国发〔2013〕19号第91项	行政审批局	
53	从事计划生育技术服务执业许可	115	计划生育技术服务机构执业许可	《计划生育技术服务管理条例》（国务院令第428号，2004年12月10日修订）；《计划生育技术服务管理条例实施细则》（国家计划生育委员会令第6号，2001年12月29日公布）；《国务院关于第六批取消和调整行政许可项目的决定》（国发〔2012〕52号）附件2（一）部分第50项；《省人民政府关于2012年度取消和调整行政许可的决定》（省政府令第138号）附件2；《省人民政府决定下放的行政许可项目目录》12项《贵州省人民政府关于省直机关继续实施的行政许可项目的决定》（贵州省人民政府令第139号，2013年1月30日公布）	行政审批局	
53	从事计划生育技术服务执业许可	116	计划生育技术服务人员执业证书核发	《国务院对确需保留的行政审批项目设定行政许可的决定》（国务院2004年第412号令）第208项；《贵州省人民政府关于第一批取消下放管理层级转变管理方式的行政许可事项的决定》（贵州省人民政府令第126号）附件2；《省人民政府决定下放管理层级的行政许可事项目录》第13项；《计划生育技术服务管理条例实施细则》（国家计划生育委员会令第6号）第33条	行政审批局	
		117	医疗、保健机构从事计划生育技术服务审批	《计划生育技术服务管理条例》（国务院令第428号，2004年12月10日修订）；《省直机关继续实施的行政许可事项的决定》（省人民政府令第128号，2011年8月15日公布）	行政审批局	
54	卫生许可	118	消毒产品（卫生用品类）生产企业卫生许可	《中华人民共和国传染病防治法》第29条；《国务院对确需保留的行政审批项目设定行政许可的决定》（国务院令第412号）第200项；《省人民政府关于2012年度取消和调整行政许可的决定》（省政府令第138号）附件2；《省人民政府决定下放的行政许可项目目录》10项	行政审批局	
		119	公共场所卫生许可	《公共场所卫生管理条例》（国发〔1987〕24号）4条	行政审批局	
		120	供水单位卫生许可	《国务院对确需保留的行政审批项目设定行政许可的决定》（国务院令第412号）第204项；《贵州省生活饮用水卫生监督管理条例》第7条；《省人民政府关于第一批取消、下放管理层级、转变管理方式、合并的行政许可事项的决定》（省政府令126号）附件2；《省人民政府决定下放管理层级的行政许可目录》43项	行政审批局	

序号	保留合并事项名称	子项序号	子项名称	法律依据	审批部门	备注
55	权限内医疗机构的设置许可	121	权限内医疗机构的设置审批	《医疗机构管理条例》（国务院令第149号，1994年2月26日发布）；《贵州省实施<医疗机构管理条例>办法》（省政府令第21号，1996年6月10日发布）	行政审批局	
		122	医疗机构设置放射诊疗技术和医用辐射机构许可	《放射性同位素与射线装置安全和防护条例》（国务院令第449号，2005年9月14日公布）；《放射诊疗管理规定》（卫生部令第46号，2006年1月24日发布）《关于职业卫生监管部门职责分工的通知》（中央编办发[2010]104号）；《省人民政府关于省直机关继续实施的行政许可事项的决定》（省人民政府令第128号，2011年8月15日公布）	行政审批局	
		123	从事遗传病诊断、产前诊断以及涉外婚前医学检查的母婴保健技术服务机构执业许可？	《中华人民共和国母婴保健法》（中华人民共和国主席令第33号，1994年10月27日发布）；《中华人民共和国母婴保健法实施办法》（国务院令第308号，2001年6月20日公布）	行政审批局	
56	医务人员执业注册许可	124	医疗机构医师执业注册许可	《中华人民共和国执业医师法》（中华人民共和国主席令第5号，1998年6月26日发布）；《贵州省人口与计划生育条例》（2009年9月25日贵州省第十一届人民代表大会常务委员会第十次会议通过）《省人民政府关于省直机关继续实施的行政许可事项的决定》（省人民政府令第128号，2011年8月15日公布）	行政审批局	
		125	外籍医师在华短期执业许可	《国务院对确需保留的行政审批项目设定行政许可的决定》（国务院令第412号）第199项："外籍医师在华短期执业许可，地（市）级人民政府卫生行政主管部门。"	行政审批局	
56	医务人员执业注册许可	126	护士执业注册许可	《中华人民共和国护士条例》（国务院令517号，2008年1月23日发布）；《贵州省人民政府关于2012年度取消和调整行政许可项目的决定》附件2；《省人民政府决定下放的行政许可项目目录》第11项下放	行政审批局	
		127	婚前医学检查、施行结扎手术和终止妊娠手术的人员以及从事家庭接生的人员资格许可	《中华人民共和国母婴保健法》第33条	行政审批局	
57	再生育审批	128	再生育审批	《中华人民共和国人口与计划生育法》（2001年12月29日第九届全国人民代表大会常务委员会第二十五次会议通过 根据2015年12月27日第十二届全国人民代表大会常务委员会第十八次会议《关于修改〈中华人民共和国人口与计划生育法〉的决定》修正）；《贵州省人口与计划生育条例》（2016年）第三十二条	行政审批局	
58	港澳台律师事务所驻内地或大陆代表机构设立许可	129	港澳台律师事务所驻内地或大陆代表机构设立许可	《外国律师事务所驻华代表机构管理条例》（国务院令第338号）《香港、澳门特别行政区律师事务所驻内地代表机构管理办法》（司法部令2002年第70号）；《国务院关于取消和调整一批行政审批项目等事项的决定》（国发〔2014〕27号	行政审批局	
59	权限内矿山企业安全生产许可证核发	130	权限内矿山企业安全生产许可证核发	《安全生产许可证条例》（国务院令第397号）第3条、第7条；《省人民政府关于第一批取消下放管理层级转变管理方式的行政许可事项的决定》（贵州省人民政府令第126号）附件2；《省人民政府决定下放管理层级的行政许可事项目录》第61项	安监局	

序号	保留合并事项名称	子项序号	子项名称	法律依据	审批部门	备注
60	权限内危险化学品经营许可证核发	131	权限内危险化学品经营许可证核发	《危险化学品安全管理条例》(国务院令第591号)第6条、第35条	安监局	
		132	危险化学品安全使用许可证核发	《危险化学品安全管理条例》第31条	安监局	
61	烟花爆竹零售经营许可证核发	133	烟花爆竹零售经营许可证核发	《烟花爆竹安全管理条例》(国务院令第455号)第19条	安监局	
62	权限内矿山建设项目用于生产、储存危险物品的建设项目安全设施设计审查及竣工验收	134	权限内矿山建设项目用于生产、储存危险物品的建设项目的安全设施设计审查	《中华人民共和国安全生产法》(中华人民共和国主席令第70号,2002年6月29日发布);《中华人民共和国矿山安全法》(中华人民共和国主席令第65号,1992年11月7日公布);《煤矿安全监察条例》(国务院令第296号,2000年11月7日发布);《贵州省危险化学品建设项目安全许可实施细则》(黔安监三〔2012〕118号)第3条、第5条	安监局	
63	危险物品的生产、经营、储存单位和矿山企业主要负责人、安全生产管理人员安全资格证及生产经营单位特种作业人员资格证核发	135	危险物品的生产、经营、储存单位和矿山企业主要负责人、安全生产管理人员安全资格证及生产经营单位特种作业人员资格证核发	《中华人民共和国安全生产法》(中华人民共和国主席令第70号,2002年6月29日发布);《中华人民共和国矿山安全法》(中华人民共和国主席令第65号,1992年11月7日公布);《生产经营单位安全培训规定》(国家安全生产监督管理总局令第3号,2006年1月17日发布);《安全生产培训管理办法》(国家安全生产监督管理局国家煤矿安全监察局令第20号,2004年12月28日发布);《特种作业人员安全技术培训考核管理规定》(国家安全生产监督管理总局令第30号,2010年5月24日发布)	安监局	
64	新、改、扩建生产、储存危险化学品(包括使用长输管道输送危险化学品)的建设项目安全条件审查	136	新、改、扩建生产、储存危险化学品(包括使用长输管道输送危险化学品)的建设项目安全条件审查	《危险化学品安全管理条例》(国务院令第591号,2011年3月2日发布);《贵州省危险化学品建设项目安全许可实施细则》(黔安监三〔2012〕118号)第3条、第5条、第6条	安监局	
65	会计人员会计从业资格审批	137	会计人员会计从业资格审批	《中华人民共和国会计法》(中华人民共和国主席令第24号,1999年10月31日修订);《会计从业资格管理办法》(财政部令第26号,2005年1月22日发布)	财政局	
66	对纳税人变更纳税定额的核准	138	对纳税人变更纳税定额的核准	《中华人民共和国税收征收管理法实施细则》第47条:"纳税人对税务机关采取本条规定的方法核定的应纳税额有异议的,应当提供相关证据,经税务机关认定后,调整应纳税额。"	国税局、地税局	
67	对纳税人延期申报的核准	139	对纳税人延期申报的核准	《中华人民共和国税收征收管理法》第27条、第37条	国税局、地税局	
68	对采取实际利润额预缴以外的其他企业所得税预缴方式的核定	140	对采取实际利润额预缴以外的其他企业所得税预缴方式的核定	《中华人民共和国企业所得税法实施条例》第128条	国税局、地税局	
69	增值税专用发票(增值税税控系统)最高开票额审批	141	增值税专用发票(增值税税控系统)最高开票限额审批	《国务院对确需保留的行政审批项目设定行政许可的决定》(国务院令第412号)附件第236项:增值税防伪税控系统最高开票限额审批,实施机关:区县税务机关	国税局	
70	非居民企业选择由其主要机构场所汇总缴纳企业所得税的审批	142	非居民企业选择由其主要机构场所汇总缴纳企业所得税的审批	《中华人民共和国企业所得税法》第51条;《中华人民共和国企业所得税法实施条例》第127条	国税局	

序号	保留合并事项名称	子项序号	子项名称	法律依据	审批部门	备注
71	护照、港澳、台通行证核发	143	中国普通护照核发	《中华人民共和国护照法》第5条	公安局	
		144	内地居民前往、往来港澳通行证核发	《中国公民因私事往来香港地区或者澳门地区的暂行管理办法》第12条	公安局	
		145	大陆居民前往台湾通行证核发	《中国公民往来台湾地区管理办法》(国务院令第93号)第6条	公安局	
72	烟花爆竹运输、焰火晚会燃放许可证核发	146	《烟花爆竹运输许可证》核发	《烟花爆竹安全管理条例》(国务院令第455号)第22、23、	公安局	
		147	焰火晚会燃放烟花爆竹许可	《烟花爆竹安全管理条例》(国务院令第455号)3、33条	公安局	
73	民用爆炸物品购买、运输许可	148	民用爆炸物品购买许可	《民用爆炸物品安全管理条例》(国务院令第466号)第21条	公安局	
		149	运输民用爆炸物品安全许可	《民用爆炸物品安全管理条例》(国务院令第466号)第21条	公安局	
74	爆破作业项目和爆破作业人员资格许可	150	爆破作业项目许可	《民用爆炸物品安全管理条例》(国务院令第466号)第35条	公安局	
		151	爆破作业人员资格许可	《民用爆炸物品安全管理条例》(国务院令第466号)第33条	公安局	
75	集会游行、示威和大型群众性活动安全许可	152	集会、游行、示威许可	《中华人民共和国集会游行示威法》第6、7、9条	公安局	
		153	大型群众性活动安全许可	《大型群众性活动安全管理条例》(国务院令第505号)第12条	公安局	
76	特种行业许可证核发	154	公章刻制业特种行业许可证核发	《国务院对确需保留的行政审批项目设定行政许可的决定》(国务院令第412号)第37项	公安局	
		155	典当业特种行业许可(包括典当业变更、注销)	《国务院对确需保留的行政审批项目设定行政许可的决定》(国务院令第412号)第38项	公安局	
		156	旅馆业特种行业许可证核发	《国务院对确需保留的行政审批项目设定行政许可的决定》(国务院令第412号)第36项	公安局	
77	剧毒、第二类易制毒化学品化学品购买、运输许可	157	剧毒化学品购买许可	《危险化学品安全管理条例》(国务院令第591号)第38条	公安局	
		158	剧毒化学品运输许可	《危险化学品安全管理条例》(国务院令第591号)第43、50条,《中华人民共和国道路交通安全法》第48条	公安局	
		159	第二类易制毒化学品运输许可证核发	《易制毒化学品管理条例》(国务院令第445号)第20条	公安局	
78	权限内金融机构营业场所、金库安全防范设施建设方案审批及工程验收	160	权限内金融机构营业场所、金库安全防范设施建设方案审批及工程验收	《国务院对确需保留的行政审批项目设定行政许可的决定》(国务院令第412号);《金融机构营业场所和金库安全防范设施建设许可实施办法》(公安部令第86号)、《贵州省金融机构银行业安防设施建设专家评审工作实施方案》(黔公通〔2006〕119号)	公安局	
79	权限内矿产资源开采许可	161	权限内矿产资源开采许可	《中华人民共和国矿产资源法》;《中华人民共和国矿产资源法实施细则》	国土局	
80	乡镇企事业、村公共设施、公益事业、农村居民宅基地审批	162	乡镇企事业、村公共设施、公益事业、农村居民宅基地审批	《中华人民共和国土地管理法》59条;《贵州省土地管理条例》29、30条	国土局	
81	国有土地转让、划拨、改变用途许可	163	国有土地使用权划拨许可	《中华人民共和国土地管理法》第54条;《中华人民共和国土地管理法实施条例》第22条、第23条	国土局	
		164	国有划拨土地使用权转让许可	《中华人民共和国城镇国有土地使用权出让和转让暂行条例》(国务院令第55号)第45条	国土局	
		165	建设单位改变国有土地建设用途审批	《土地管理法》第56条	国土局	

序号	保留合并事项名称	子项序号	子项名称	法律依据	审批部门	备注
82	建设项目施工和地质勘查需要临时使用国有土地或者农民集体所有土地审批	166	建设项目施工和地质勘查需要临时使用国有土地或者农民集体所有土地审批	《中华人民共和国土地管理法》第57条；《贵州省土地管理条例》第24条	国土局	
83	开发未确定土地使用权的国有荒山、荒地、荒滩等用于种植业、林业、畜牧业、渔业生产审批	167	开发未确定土地使用权的国有荒山、荒地、荒滩等用于种植业、林业、畜牧业、渔业生产审批	《贵州省土地管理条例》第15条	国土局	
84	具体建设项目使用土地利用总体规划确定的国有未利用土地审批	168	具体建设项目使用土地利用总体规划确定的国有未利用土地审批	《贵州省土地管理条例》第23条	国土局	
85	划拨国有土地建设项目选址意见书核发	169	划拨国有土地建设项目选址意见书核发	《中华人民共和国城乡规划法》第36条；《贵州省城乡规划条例》第24条	规建局	
86	规划许可证变更、核发	170	变更规划条件许可	《中华人民共和国城乡规划法》第43条	规建局	
		171	建设用地规划许可证核发	《中华人民共和国城乡规划法》第37条、第38条	规建局	
		172	建设工程规划许可证核发	《中华人民共和国城乡规划法》第40条	规建局	
		173	临时建设工程规划许可证核发	《中华人民共和国城乡规划法》第44条；《贵州省城乡规划条例》第40条	规建局	
		174	临时建设用地规划许可证核发	《中华人民共和国城乡规划法》第44条；《贵州省城乡规划条例》第40条	规建局	
87	建设工程消防设计审核	175	设工程消防设计审核与消防验收	《消防法》；《建设工程消防监督管理规定》；《贵州省消防条例》	贵安新区消防支队	
88	建设工程消防验收与公众聚集场所使用、营业前消防安全检查	176	公众聚集场所使用、营业前消防安全检查	《消防法》；《建设工程消防监督管理规定》；《贵州省消防条例》	贵安新区消防支队	
89	权限内建设项目环境影响评价文件及环境保护设施验收审批	177	权限内建设项目环境影响评价文件及环境保护设施验收审批	《中华人民共和国环境影响评价法》（中华人民共和国主席令第77号，2002年10月28日公布）；《中华人民共和国环境保护法》（中华人民共和国主席令第22号，1989年12月26日公布）；《中华人民共和国放射性污染防治法》（中华人民共和国主席令第6号，2003年6月28日公布）；《建设项目环境保护管理条例》（国务院令第253号，1998年11月29日发布）；《建设项目竣工环境保护验收管理办法》（国家环境保护总局令第13号，2001年12月27日发布）；《电磁辐射环境保护管理办法》（国家环境保护总局令第18号，1997年3月25日发布）	环保局	
90	权限内排污许可证、辐射安全许可证核发	178	排污许可证核发	《中华人民共和国环境保护法》第四十五条；《贵州省环境保护条例》第十五条；《贵州省污染物排放申报登记及污染物排放许可证管理办法》第十一条	环保局	
		179	辐射安全许可证核发	《中华人民共和国放射性污染防治法》第二十八条；《放射性同位素与射线装置安全和防护条例》第五条	环保局	

序号	保留合并事项名称	子项序号	子项名称	法律依据	审批部门	备注
91	防治污染设施拆除或者闲置的审批	180	防治污染设施拆除或者闲置的审批	《中华人民共和国环境保护法》；《贵州省人民政府关于2013年度取消和调整行政许可项目的决定》（省政府令第146号）附件2省人民政府决定下放的行政许可项目目录	环保局	
92	危险废弃物收集经营处置和转移许可	181	危险废物集中处置经营许可	《中华人民共和国固体废物污染环境防治法》（2013年，主席令第5号）第57条；《危险废物经营许可证管理办法》（国务院令第408号）第2条、第7条	环保局	
		182	医疗废物集中处置单位危险废物经营许可	《危险废物经营许可证管理办法》（国务院令第408号）第7条；《医疗废物管理条例》（国务院令第380号）第22条	环保局	

附件2

贵安新区取消的行政审批项目目录

（共计30项）

序号	事项名称	法律依据	审批部门	备注
1	二、三级房地产估价机构资质核准	《房地产估价机构管理办法》（2013修正，住房城乡建设部令第14号）第14条	行政审批局	
2	工程造价咨询企业暂定级资质认定	《工程造价咨询企业管理办法》（建设部令第149号）；《省人民政府关于省直机关继续实施的行政许可项目的决定》	行政审批局	
3	中央驻黔和省级单位主办或扶持劳动就业服务企业认定	《劳动就业服务企业管理规定》（国务院令第66号）第8条；《贵州省人民政府关于2013年度取消和调整行政许可项目的决定》（省政府令第146号）附件2；《省人民政府决定下放的行政许可项目目录》第5项	行政审批局	
4	房地产开发企业暂定级资质核准	《工程造价咨询企业管理办法》（建设部令第149号）；《省人民政府关于省直机关继续实施的行政许可项目的决定》	行政审批局	
5	设立旧机动车鉴定评估机构审批	《二手车流通管理办法》第十条设立二手车鉴定评估机构，应当按下列程序办理：一申请人向拟设立二手车鉴定评估机构所在地省商务主管部门提出书面申请，并提交符合本办法第九条规定的相关材料。	行政审批局	
6	从事经营性的殡葬服务业批准	《贵州省殡葬管理条例》第9条；《贵州省部分地方性法规条款修改案》（2004年5月28日贵州省人大常委会第3号公告）	行政审批局	
7	治丧悼念场的批准	《贵州省殡葬管理条例》第12条	行政审批局	
8	国有馆藏文物复制品、模具、资料提供许可	《贵州省文物保护条例》第20条；《省人民政府关于第一批取消、下放管理层级、转变管理方式的行政许可事项的决定》（省政府令126号）附件2；《省人民政府决定下放管理层级的行政许可事项项目目录》31项	行政审批局	
9	出版物零售单位经营许可	《出版管理条例》（2011年修订，国务院令第594号）第35条	行政审批局	

序号	事项名称	法律依据	审批部门	备注
10	在寺观教堂以外的固定宗教活动处所内改建或新建建筑物改变现有布局和功能的审批	《贵州省宗教事务条例》第16条	行政审批局	
11	在宗教活动场所改建或新建建筑物（不影响现有布局和功能）审批	《贵州省宗教事务条例》第16条	行政审批局	
12	省属企业实行其他工时制度的审批	《中华人民共和国劳动法》第39条；《贵州省人民政府关于2013年度取消和调整行政许可项目的决定》（省政府令第146号）附件2《省人民政府决定下放的行政许可项目目录》第4项	行政审批局	
13	申请筹备成立社会团体的审批	《社会团体登记管理条例》（国务院令第250号）第9、11、12条	行政审批局	
14	海洋大型拖网、围网作业以外的渔业捕捞许可证核发	《中华人民共和国渔业法》（2013年修正）第23条	行政审批局	
15	在草原上修建直接为草原保护和畜牧业生产服务的工程设施批准	《中华人民共和国草原法》第41条	行政审批局	
16	在草原上开展经营性旅游活动批准	《中华人民共和国草原法》第52条	行政审批局	
17	需政府出资的乡镇企业建设项目立项审批	《国务院关于投资体制改革的决定》（国发〔2004〕20号）；《国家发展改革委关于审批地方政府投资项目的有关规定（暂行）》（发改投资〔2005〕1392号）	行政审批局	
18	24米以上的内河渔业船舶船员考试发证	《中华人民共和国渔港水域交通安全管理条例》（国务院令第38号）第14条；《贵州省人民政府关于2012年度取消和调整行政许可项目的决定》附件2《省人民政府决定下放的行政许可项目》第6项	行政审批局	
19	24米以上渔业船舶初次检验、营运检验和临时检验	《中华人民共和国渔业法》第26条、《中华人民共和国渔业船舶检验条例》（国务院令第167号）第7条、第12条、第18条、第20条、第22条；《贵州省人民政府关于第二批取消、下放管理层级、转变管理方式、合并的行政许可事项的决定》附件2《省人民政府决定下放管理层级的行政许可项目目录》第20项下放	行政审批局	
20	农村集体经济组织修建水库审批	《中华人民共和国水法》第25条	行政审批局	
21	取消、变更客班船次航线起讫站点审核	《贵州省水路交通管理条例》第13条	行政审批局	
22	建立固定狩猎场所审批	《中华人民共和国陆生野生动物保护实施条例》（林策通字〔1992〕29号）第17条；《贵州省人民政府关于2013年度取消和调整行政许可项目的决定》（省政府令第146号）附件2《省人民政府决定下放的行政许可项目目录》第25项	行政审批局	
23	矿藏开采和工程建设征用或使用草原七十公顷及其以下的审核	《中华人民共和国草原法》第38条；《国务院关于取消和下放一批行政审批项目的决定》（国发〔2014〕5号）第29条；《贵州省人民政府关于2013年度取消和调整行政许可项目的决定》（省政府令第146号）附件2《省人民政府决定下放的行政许可项目目录》第9项	行政审批局	
24	临时占用草原审批	《中华人民共和国草原法》第40条	行政审批局	
25	改变公共体育场地用途的审批	《贵州省体育条例》第30条	行政审批局	

序号	事项名称	法律依据	审批部门	备注
26	国有土地有偿使用许可	《中华人民共和国土地管理法》第54条；《中华人民共和国土地管理法实施条例》第22条、第23条	国土局	
27	以划拨方式取得的国有土地使用权作价出资或入股、联营、联建等审核	《贵州省土地管理条例》第25条	国土局	
28	矿山和用于生产、储存危险物品的建设项目的竣工验收	《国务院印发清理规范投资项目报建审批事项实施方案的通知》（国发〔2016〕29号）；《建设项目安全设施"三同时"监督管理办法》（安监总局令第36号）	安监局	
29	建设项目安全预评价备案	《国务院印发清理规范投资项目报建审批事项实施方案的通知》（国发〔2016〕29号）；《建设项目安全设施"三同时"监督管理办法》（安监总局令第36号）	安监局	
30	职业病危害预评价备案	《国务院印发清理规范投资项目报建审批事项实施方案的通知》（国发〔2016〕29号）；《建设项目安全设施"三同时"监督管理办法》（安监总局令第36号）	安监局	

附件 3

贵安新区改为备案的行政审批项目目录

（共计 37 项）

序号	事项名称	法律依据	审批部门	备注
1	从事城市生活垃圾经营性清扫、收集、运输、处理服务审批	《国务院对确需保留的行政审批项目设定行政许可的决定》（国务院令第412号）第102项	行政审批局	
2	权限内中外合作职业办学机构审批	《中华人民共和国中外合作办学条例》（国务院令第372号）第十二条第二款	行政审批局	
3	城市建筑垃圾处置核准	《国务院对确需保留的行政审批项目设定行政许可的决定》（国务院令第412号）第101项	行政审批局	
4	权限内水能资源使用权有偿出让（转让）审批	《贵州省实施〈中华人民共和国水法〉办法》（2005年9月23日贵州省第十届人民代表大会常务委员会第十七次会议通过）	行政审批局	
5	公共汽车客运线路、站次、班次、运营首末班发车时间或者车辆数量调整审批	《贵州省城市公共交通条例》第30条	行政审批局	
6	在公路两侧的建筑物与公路路肩边缘之间填土要高原地面标高的许可	《贵州省公路路政管理条例》第28条	行政审批局	
7	燃气企业、供应点停业、分离或合并审查	《贵州省燃气管理条例》第二十条	行政审批局	

序号	事项名称	法律依据	审批部门	备注
8	人力资源服务机构设立审批	《贵州省人力资源市场条例》（2013年9月27日贵州省第十二届人民代表大会常务委员会第四次会议通过）12条	行政审批局	
9	台、港、澳人员在内地就业许可	《台湾香港澳门居民在内地就业管理规定》（劳动和社会保障部令第26号）第4条、第7条	行政审批局	
10	高中教师、中等职业学校教师和中等职业学校实习指导教师资格认定	《教师资格条例》（国务院令第188号）第13条第一款	行政审批局	
11	养老机构设立许可	《中华人民共和国老年人权益保障法》第44条	行政审批局	
12	文艺表演团体设立审批	《营业性演出管理条例》（国务院令第528号）第7条、第9条	行政审批局	
13	申请设立音像制品批发、零售经营单位的审批	《音像制品管理条例》（国务院令第341号，2001年12月25日公布）	行政审批局	
14	营业性演出审批	《国务院对确需保留的行政审批项目设定行政许可的决定》（国务院令第412号）195项；《省人民政府关于第一批取消、下放管理层级、转变管理方式、合并的行政许可事项的决定》（省政府令126号）附件2《省人民政府决定下放管理层级的行政许可目录》34项	行政审批局	
15	举办健身气功活动及设立站点的审批	《国务院对确需保留的行政审批项目设定行政许可的决定》（国务院令第412号）195项；国务院《关于第五批取消和下放管理层级行政审批项目的决定》（国发〔2010〕21号）附件2《国务院决定下放管理层级的行政许可目录》62项；《省人民政府关于第一批取消、下放管理层级、转变管理方式、合并的行政许可事项的决定》（省政府令126号）附件2《省人民政府决定下放管理层级的行政许可目录》58项	行政审批局	
16	临时占用公共体育场（馆）设施审批	《中华人民共和国体育法》第46条；《贵州省体育条例》第29条	行政审批局	
17	法规汇编正式出版的核准	《法规汇编辑出版管理规定》（国务院令第63号）第5条；《关于调整省直机关继续实施的非行政许可审批项目目录的通知》（黔府办发〔2014〕2号）附件2第3项	行政审批局	
18	设立文物商店许可及销售文物审核	《中华人民共和国文物保护法》56条；《文物保护法实施条例》（国务院令第377号）第40条；《省人民政府关于第二批取消、下放管理层级、转变管理方式、合并的行政许可事项的决定》（省政府令129号）附件2《省人民政府决定下放管理层级的行政许可项目目录》第81项	行政审批局	
19	拍卖企业从事文物拍卖经营活动初审及拍卖文物审核	《贵州省文物保护条例》22条、第23条、24条；《省人民政府关于第二批取消、下放管理层级、转变管理方式、合并的行政许可事项的决定》（省政府令129号）附件2《省人民政府决定下放管理层级的行政许可项目目录》第83项："拍卖企业从事文物拍卖经营活动初审由省文化厅委托下发。"第84项："对拍卖企业拍卖文物的审核由省文化厅下发。"	行政审批局	
20	设立从事包装装潢印刷品和其他印刷品印刷经营活动企业审批	《印刷业管理条例》（国务院令第315号）9条；《省人民政府关于2012年度取消和调整行政许可项目的决定》（省政府令第138号）附件2《省人民政府决定下放的行政许可项目目录》14项	行政审批局	
21	印刷业经营者兼营包装装潢或者其他印刷品经营活动审批	《印刷业管理条例》（国务院令第315号）11条；《省人民政府关于2012年度取消和调整行政许可项目的决定》（省政府令第138号）附件2《省人民政府决定下放的行政许可项目目录》15、16、17、18项	行政审批局	

序号	事项名称	法律依据	审批部门	备注
22	印刷业经营者兼并其他印刷业经营者审批（不含出版物印刷企业）	《印刷业管理条例》（国务院令第315号）11条;《省人民政府关于2012年度取消和调整行政许可项目的决定》（省政府令第138号）附件2《省人民政府决定下放的行政许可项目目录》第17项	行政审批局	
23	印刷业经营者因合并、分立而设立新的印刷业经营者审批（不含出版物印刷企业）	《印刷业管理条例》（国务院令第315号）11条;《省人民政府关于2012年度取消和调整行政许可项目的决定》（省政府令第138号）附件2《省人民政府决定下放的行政许可项目目录》第18项	行政审批局	
24	内部资料性出版物印证核发（宗教内容的内部资料、连续性内部资料、内容涉及重大选题、印数3000册以上及跨省印制的内部资料出版物除外）	《印刷业管理条例》（国务院令第315号）18条;《省人民政府关于第二批取消、下放管理层级、转变管理方式、合并的行政许可事项的决定》（省政府令129号）附件2《省人民政府决定下放管理层级的行政许可事项目录》106项	行政审批局	
25	从事包装装潢印刷和其他印刷品印刷经营活动的企业变更印刷经营活动审批（不含出版物印刷）	《印刷业管理条例》（国务院令第315号）11条;《省人民政府关于2012年度取消和调整行政许可项目的决定》（省政府令第138号）附件2《省人民政府决定下放的行政许可项目目录》16项	行政审批局	
26	基层法律服务工作者执业核准	《国务院对确需保留的行政审批项目设定行政许可的决定》（国务院令第412号，2004年6月29日公布）	行政审批局	
27	香港、澳门永久性居民中的中国居民申请在内地从事律师职业核准	《国务院对确需保留的行政审批项目设定行政许可的决定》（国务院令第412号）;《省人民政府关于省直机关继续实施的行政许可项目的决定》（省政府令第139号）	行政审批局	
28	香港、澳门律师担任内地律师事务所法律顾问核准	《国务院对确需保留的行政审批项目设定行政许可的决定》（国务院令第412号）;《省人民政府关于省直机关继续实施的行政许可项目的决定》（省政府令第139号）	行政审批局	
29	香港、澳门律师事务所与内地律师事务所联营核准	《国务院对确需保留的行政审批项目设定行政许可的决定》（国务院令第412号）;《省人民政府关于省直机关继续实施的行政许可项目的决定》（省政府令第139号）	行政审批局	
30	权限内建设项目职业卫生"三同时"审查	《贵州省建设项目职业卫生"三同时"监督管理暂行规定》（黔安监职安健〔2011〕95号）第4条	安监局	
31	对出卖、转让、赠送集体所有、个人所有以及其他不属于国家所有的对国家和社会具有保存价值的或者应当保密的档案审批	《中华人民共和国档案法实施办法》第十七条	行政审批局	
32	中介机构从事会计代理记账业务审批	《中华人民共和国会计法》第36条；《代理记账管理办法》（财政部令第27号）第3条	财政局	
33	检疫并签发出入疫区交通工具及其乘运人员、物资的检疫合格证明	《国内交通卫生检疫条例》（国务院令第254号）第9条	行政审批局	
34	电影放映设立、变更及注销许可	《电影管理条例》第38条	行政审批局	
35	危险化学品重大危险源审查备案	危险化学品重大危险源监督管理暂行规定》（国家安监总局令第40号）	安监局	
36	生产经营单位生产安全事故应急预案备案	《生产安全事故应急预案管理办法》（国家安监总局令第17号）	安监局	
37	易制毒危险化学品备案	《易制毒化学品管理条例》（国务院令第445号）	安监局	

附件 4

贵安新区下放乡镇的行政审批项目目录

（共计 11 项）

序号	事项名称	法律依据	审批部门	备注
1	木材运输许可	《中华人民共和国森林法》第 37 条；《中华人民共和国森林法实施条例》（国务院令第 278 号）第 35 条	行政审批局	
2	木材经营加工许可	《中华人民共和国森林法实施条例》（国务院令第 278 号）第 34 条	行政审批局	
3	主要农作物杂交种子及其亲本种子、常规种原种、主要林木良种种子生产经营许可证核发	《中华人民共和国种子法》（中华人民共和国主席令第 26 号，2004 年 8 月 28 日修正）；《食用菌菌种管理办法》（农业部令第 62 号，2006 年 3 月 27 日公布）；《贵州省林木种苗管理条例》（2004 年 9 月 24 日贵州省第十届人民代表大会常务委员会第十次会议通过）	行政审批局	
4	主要农作物常规种和非主要农作物种子生产、经营许可	《中华人民共和国种子法》第 20 条、第 26 条；《贵州省农作物种子管理条例》第 11 条	行政审批局	
5	水产苗种生产审批	《中华人民共和国渔业法》第 16 条	行政审批局	
6	草种经营许可证核发	《中华人民共和国种子法》第 20 条、第 76 条	行政审批局	
7	森林防火期野外用火批准	《森林防火条例》（国务院令第 541 号）第 25 条	行政审批局	
8	农业植物产地、调运检疫许可	《植物检疫条例》（国务院令第 98 号）第 7 条、第 11 条	行政审批局	
9	兽药经营许可证核发	《兽药管理条例》第 22 条	行政审批局	
10	生鲜乳收购许可	《乳品质量安全监督管理条例》第 20 条	行政审批局	
11	乡村建设规划许可证核发	《中华人民共和国城乡规划法》第 41 条	规建局	

六、贵州省贵安新区管理委员会办公室关于印发直管区投资项目审批改革试点方案的通知（黔贵安管办发〔2016〕116号）

贵州贵安新区管理委员会办公室文件

黔贵安管办发〔2016〕116号

贵州贵安新区管理委员会办公室关于印发直管区投资项目审批改革试点方案的通知

新区各部门、各单位，开发投资公司，华芯投资公司，直管区各乡镇：

《贵安新区直管区投资项目审批改革试点方案》已经管委会研究同意，现印发给你们，请认真抓好落实。

2016年12月29日

贵安新区直管区投资项目审批改革试点方案

　　为深入贯彻落实《国务院办公厅关于建设大众创业万众创新示范基地的实施意见》（国办发〔2016〕35号）文件关于"持续增强简政放权、放管结合、优化服务改革的累积效应，支持示范基地纵深推进审批制度改革和商事制度改革，先行试验一批重大行政审批改革措施"的要求，全面深化贵安新区直管区（以下简称直管区）投资项目审批制度改革，提高项目审批效率，促进项目快速落地建设，着力营造一流的投资发展环境，结合直管区实际，制定本方案。

一、总体要求

　　深化投资项目审批改革是落实简政放权、放管结合、优化服务的重要举措。要围绕认真落实中央和省赋予贵安新区的系列重大试验示范任务，全面深化投资项目审批改革，率先开展"投资项目审批改革"试点，全面改革审批方式，优化审批流程、简化审批手续、压缩审批时限，加快投资项目审批从"重审批、轻监管"向"轻审批、重监管"转变，从政府监管向"市场 + 政府"联合监管转变，切实有效解决投资项目落地难、审批难等问题，激发创新创业活力，积极探索国内领先的投资项目建设管理创新实践，为直管区发展提供有力保障。

二、试点改革目标

(一)缩短审批时限,降低投资成本

简化现有投资项目审批机制,制定符合投资项目建设规律的管理体系,最大限度简化投资项目涉及的审批事项、审批环节,缩短审批时限,降低投资成本,提高投资主体自主权和激发市场活力。

(二)理顺责任边界,创新监管模式

按照"谁投资谁受益谁负责、谁审批谁监管,谁主管谁监管"的原则,进一步理顺政府行政管理、市场资源配置,投资决策负责三者之间的关系,建立完善"宽进严管"的制度机制,探索以诚信为核心的新型监管模式,充分发挥市场在资源配置中的决定性作用。

(三)推进制度创新,强化系统集成

统筹开展政府投资项目和社会投资项目审批改革,全面加快项目落地建设、强化项目开工建设和竣工验收环节监管,探索投资项目审批和监管的程序流程、技术标准等制度机制集成创新,全面降低制度性交易成本。

三、试点改革措施

(一)改革准入审批

1.减少投资前置要件。对企业投资项目除国家规定的重特大项目应当将环评审批作为前置条件外,只将规划选址、用地预审作为企业投资项目准入的前置审批,其他前置审批事项与项目核准报告并联同步审批。对建成运营后能耗较低的基础设施类建设项目,投资主体可在项目开工前完善相关

前置审批手续。(责任单位:行政审批局,环境保护局)

2. 减少中介评审环节。探索建立投资项目"多评合一、统一评审"的新模式。对投资强度不大、建设内容单一、工程技术简单的项目可视情况取消可行性研究报告的中介机构评审环节,建设单位和设计单位对可行性研究报告中关于建设项目的可行性、合规性、合法性等作出书面承诺,实行"即报即批"的非实质性审查审批。同时,建立对建设单位和设计单位违法违规的惩戒约束机制。(责任单位:行政审批局)

3. 试行环评豁免和备案管理。凡未明确列入《建设项目环境影响评价分类管理名录》,且不涉及自然保护区、饮用水源保护区等环境敏感区,不存在噪声废气扰民,没有明显污染物排放或造成生态影响的建设项目,原则上不纳入环境影响评价管理,执行《贵州省建设项目环境影响评价豁免管理名录》,在《豁免名录》范围内的建设项目试行环境影响评价豁免管理。《建设项目环境影响评价分类管理名录》规定应当填报环境影响登记表的建设项目,按规定办理环境影响登记表备案手续。建设单位是通过网上填报或现场登记两种方式进行信息采集,由环境保护主管部门实行备案管理。(责任单位:环境保护局)

4. 创新社会稳定风险评估审查方式。由直管区本级审批、核准的重大固定资产投资项目,建设单位在可行性研究报告、项目申请报告中将社会稳定风险分析设为独立篇章的基础上,可按规定自行开展社会稳定风险预评估工作。对预评估风险等级为低风险的,可取消评估论证环节,由建设单位自行编制《社会稳定风险预评估报告》、出具低风险等级声明一并列入独立篇章;对预评估风险等级为高风险和中风险的,应当按规定开展评估论证工作。需核报国家和省审批、核准的项目,按国家和省有关规定执行。(牵头单位:政法群工部;责任单位:有关行政审批部门)

5. 开展产业园区项目直落地试点,各产业园区管委会根据产业指导目录和园区产业定位,组织编制区域性水土保持、压覆矿产资源、地质灾害、雷电灾害风险等区域性整体评估报告,以区域性整体评估代替单个项目评估,入园建设项目不需重复进行上述评估。对控制性详细规划已通过审查的产业园区和产业聚集区,符合新区总体规划、土地利用总体规划以及产业园区控制性详细规划的入园建设项目,项目方案(或项目简介)中作出符合相关规划的声明并报产业园区管委会审核同意后,可取消规划选址和用地预审前置审批。在规划环评已通过审查的产业园区或产业聚集区,对符合规划环评审查意见的入园建设项目,其环评手续可按照规划环评的意见进行简化。(牵头单位:各园区管委会;责任单位:有关行政审批部门)

(二)改革规划审批

6.减少建设工程规划许可前置要件。对已取得《土地使用证》或土地出让合同、规划设计方案和海绵城市专项设计方案满足城市规划强制性指标的建设工程,经公示并由建设单位作出施工图阶段不改变规划方案要件的承诺后,即可核发《建设工程规划许可证》。(责任单位:规划建设局、行政审批局)

7.简化规划许可手续。对国民经济与社会发展规划、本级和上级政府投资计划、管委会相关决策和会议纪要已经明确用地预审意见的政府投资建设项目和重大工业项目,建设单位可申请将遗址意见书与建设用地规划许可合并办理,将修建性详细规划方案审查与建筑设计方案审查合并为建设工程设计方案审查。对道路、垃圾、污水处理等基础设施以及教育、医疗等公共服务建设项目,由规划建设部门会同相关单位先行审定建设项目设计方案并出具审查意见,项目单位可依据审查意见到相关部门办理审批手续,并组织开展有关工作;相关审批手续齐备后,即可办理建设项目选址意见书、建设用地规划许可证、建设工程规划许可证。(牵头单位:规划建设局;责任单位:有关行政审批部门)

（三）改革用地审批

8. 减少用地预审前置要件。压缩本级立项项目的用地预审范围，已取得建设用地批复文件（或土地使用证）的项目及已办理批次用地的园区内不涉及新增建设用地的单个项目，不再办理用地预审手续（涉及土地用途变更的除外）。对本级审批、核准且所在区域已完成区域性整体评估的建设项目，办理建设项目用地手续时，评估报告结论显示"未形成重要矿产资源储量"的区域内不需重复进行压覆重要矿产资源核查工作，评估报告结论显示"没有地质灾害隐患"的区域内不需重复进行地质灾害危险性评估工作。对单独选址和需报上级审批、核准的项目报批问题，按有关规定办理。（责任单位：国土资源局、行政审批局）

9. 改革地质灾害危险性评估办法。备案类项目申报用地预审时，无需提交地质危险性评估证明，但需提交相关红线图和拐点坐标等，证明不属于地质灾害易发区，审批单位将地质灾害危险性评价结果通过用地预审意见告知建设单位。（责任单位：国土资源局）

10. 试行政府统一代办用地手续。各产业园区入园建设项目的部分专项评估评审事项可由所在区域的产业园区管委会在土地挂牌出让前统一代办和实施。对于本级审批（核准、备案）的经营性和工业类项目，可由项目所在区域产业园区管委会向国土资源部门统一办理用地预审手续，预审意见提出的有关要求作为土地出让条件纳入土地招拍挂方案，建设单位在履行土地招拍挂程序后严格落实。（牵头单位：国土资源局；责任单位：各园区管委会）

（四）改革施工审批

11. 试行建筑工程项目分阶段报建施工。建筑工程报建施工可分阶段立项备案，建设单位可自主选择整体立项备案，也可自主选择将软基处理、基坑支护、桩基础、主体结构等工程单独立项备案。行政审批部门根据规划建设部门关于建筑工程总平面图施工图及单体方案的审查意见，结合建设单位需求实际，可分阶段核发软基工程、基坑支护工程、桩基础工程、主体结构工程的施工许可证，使项目单位提前启动基础工程施工，缩短项目建设周期。（责任单位：行政审批局）

12. 开展"先建后验"试点。对具备开工建设条件的企业投资项目，其报建审批手续试行"先建后验"，建立以"部分审批事项前置代办＋企业依法承诺＋备案"为核心的并联审批模式。企业获得建设用地，对照报建审批清单自主进行分析评估，只要依法作出承诺及时办理相关手续且在竣工验收前能全部补齐补正，并经公示和备案后，项目即可"先建"，行业主管部门按承诺内容和行业规范加强监管，并制定报建审批手续"先建后验"具体实施办法。（牵头单位：行政审批局；责任单位：有关行政审批部门）

13. 改革消防审批方式。经新区管委会批准立项的建设工程（不含村民自建住宅）消防设计审核和设计备案不再以规划部门的许可证明文件为前置，消防部门负责对建设工程是否符合消防技术标准和消防安全条件进行审查审批，其他法律、法规或行政规章规定了审批前后置关系的，在不影响有关审批部门履行职能的前提下，按照"流程优化、高效服务"的原则，后置部门可提前介入。（责任单位：消防支队，有关行政审批部门）

（五）改革竣工验收

14. 推行分阶段报建施工验收新机制。对分阶段报建施工的建筑工程项目，可在各阶段工程竣工后分阶段验收，前后阶段施工单位需按"贵安新区直管区政府投资项目实物移交，竣工验收及产权移交管理细则》有关要求落实好技术交底和责任交接。审批部门将前一阶段的交接资料作为后一阶段申请施工许可的必备条件。（牵头单位：行政审批局；责任单位：规划建设局）

（六）改革审批方式

15. 实行"单一接口"报件。对企业投资项目所有审批手续及报件，实行"一个窗口办理、过程内部流转、限期完成审批"。积极对接全国投资在线审批监管平台，实现相关部门的横向联通和纵向贯通；按照全面覆盖、全程在线，全部共享的原则，各部门逐步实现非涉密项目"平台受理、在线办理、动态跟踪、限时办结，依法监管、全程监察"，实施网上在线并联审批，并联过程中实行"超时默认制"。（牵头单位：行政审批局；责任单位：有关行政审批部门）

16. 实行报建清单告知管理。分门别类编制从"项目准入—规划设计—施工许可—竣工验收"项目建设全链条涉及的所有审批事项（含标准）、监管事项（含标准）的告知清单，并形成新区投资项目建设领域的制度汇编，减少投资主体信息不对称增加的时间和经济成本。（审批事项告知清单及项目建设制度汇编牵头单位：行政审批局；责任单位：有关行政审批部门；时限要求：2016 年 12 月底前。监管事项告知清单汇编牵头单位：经济发展局；责任单位：有关行业监管部门）

17. 实行"预审批"：对重大工业项目、政府投资项目实行"预审批"，即项目用地未办理征收或出让手续，由国土部门先行出具用地预审初步意见、相关审批部门先行受理申报材料要件、提前介入、提前咨询、提前辅导、提前服务，模拟正式审批过程，出具与正式审批要素相对应相衔接的项目初审意见，项目业主根据项目初审意见开展前期相关工作，待项目用地完成征收和出让手续并达到法定条件后，项目业主在规定期限内补齐补正相关材料，相关审批部门将项目初审意见转化为正式审批文件。（牵头单位：行政审批局；责任单位：有关行政审批部门）

18. 实行技术审查与程序审查分离。技术审查全面推行政府向中介机构购买服务，技术审查结果作为行政审批部门程序审查审批的依据。将技术单列审查调整为集中联合审查,对非土木工程技术审查(节能、环评、水土保持、人防、交通影响、林业等)采取"备案制＋承诺监管制"方式,推行"即报即批";对特殊项目、重大项目已经明确须开展节能、环评、水保等技术审查事项的,联合审查实行"缺席默认制"。(牵头单位:行政审批局;责任单位:有关行政审批部门)

19. 培育和规范中介咨询服务市场,加快引进和培育社会专业技术中介咨询机构参与技术审查和咨询,逐步放开审图、工程检测、地震评估、人防、电力,消防等技术性审查市场,同时明确投资主体、法定认可人、施工单位、设计单位、勘察单位、项目管理单位的责任,尝试构建支撑新型监管模式的工程担保与保险体系,建立行政审批"中介云"平台,构建公平开放、竞争有序、诚实守信、执业规范的中介咨询服务市场。(牵头单位:行政审批局;责任单位:有关行政审批部门和金融办、供电局)

四、监管措施

(一)强化监管职责

按照"权力与责任同步、谁主管、谁监管"的要求,有关部门要强化简政放权后的监管意识,积极探索创新监管方式方法,切实承担起监管责汪,各有关部门根据监管职责制定监管措施。经济发展部门要根据发展规划、产业政策、总量控制目标、技术政策、准入标准等,对投资项目进行全程监管。规划、建设、国土、环保、安全等部门要严格履行法律法规赋予的监管职责、加强事中、事后监管。各有关部门要建立年度监管报告发布制度。

(二)突出诚信监管

规划建设部门要会同行政审批部门建立完善建筑工程信用和监管体系,探索构建以"承诺制＋诚信监管"为核心,建设工程五方责任主体及法定认可人、工程顾问公司、造价咨询公司、招标代理、劳务工人等主体行为的诚信监管系统,建立"一处失信、处处受限"的信用惩戒机制。规划建设部门、综合行政执法部门要完善违法违规处罚机制,借鉴交警式执法模式,强化执法检查和违法违规查处,提高违法违规成本。行政审批部门要建立项目信用公示制度,除涉密项目外,将项目监管信息通过在线平台发布。

(三)加强协同监管

各有关部门要通连在线审批监管平台实时交换项目信息,实现信息共享和协同监管。建立审批部门和监管部门协同监管机制,全面加强对项目建设全过程动态监管,重点要做好项目开工建设和竣工投产环节的监管,坚决依法查处和纠正违法违规建设行为。鼓励公众和新闻媒体等以投诉、举报、曝光等方式参与项目建设监督。

(四)严格责任追究

项目竣工后,建设单位按承诺书的要求提交验收报告。有关部门和专家开展竣工验收,作出同意投产(使用)、或者限期整改、或者全面整顿的意见,验收合格后颁发相关证照。凡是验收不合格的,一律不得投产(使用),能整改的限期整改,整改到位后才能投产(使用);无法整改的,或者不按有关规定组织施工的,验收不合格仍投入使用的,要依法作出处理。建设单位不能履行承诺以及未能及时完善相关手续的造成的经济损失由其自行承担,且纳入企业诚信记录,情节严重者纳入黑名单。建设单位、施工单位及勘察、设计、监理等中介咨询机构有违法行为的,依法追究相应责任。

五、保障措施

(一)加强组织领导

新区各有关部门、各园区管委会要高度重视,协调推进,认真实施,2017年2月底前, 结合自身职能职责根据本方案制定各项试点改革措施配套实施办法(或实施细则),并报新区改革办、职能转变办备案,确保试点改革2017年3月1日起全面实施。对落实试点改革措施中存在的困难和问题,要及时向管委会报告并提出建议意见。

(二)加强督促检查

新区职能转变办要加强统筹协调,强化相关制度机制建立,切实解决改革中遇到的新情况、新问题,不断深化投资项目审批改革,有关重要情况及时向管委会报告。管委会督查室、新区职能转变办要加强对投资项目审批改革的督促落实,及时通报落实情况。

(三)加强宣传培训

各有关部门和新闻宣传部门要通过多种途径、采取多种形式宣传投资项目审批改革的措施、进展情况和成效,形成理解、关心、支持改革的良好氛围和舆论监督环境。各有关部门要采取集中学习、外出学习等方式开展投资项目审批改革培训,确保改革措施快速落地。

(四)加强环境建设

行政审批部门会同经济发展、纪检监察等有关部门加强新区投资项目审批,建设和服务环境建设,建立新区各职能部门和开投公司、华芯公司等一线工作人员"无否决权、即时上报"的制度机制。

参考文献

1.艾琳、王刚:《行政审批制度改革探究》,人民出版社,2018年。

2.艾琳、王刚:《重塑面向公众的政务服务》,社会科学文献出版社,2015年。

3.陈奇星:《综合配套改革中服务型政府的构建:以浦东为例》,人民出版社,2012年。

4.顾平安等:《开局之局——中国第一个行政审批局的探索与实践》,国家行政学院出版社,2016年。

5.国务院推进职能转变协调小组办公室:《简政放权　放管结合　优化服务:来自各地区各部门的改革实践》,人民出版社,2017年。

6.龙海波、王雄军:《行政审批改革红利与绩效评价:2013—2015(2016)》,中国发展出版社,2016年。

7.全国行政审批标准化工作组秘书处:《行政许可标准化指引〈2016版〉实施指南》,中国标准出版社,2016年。

8.宋林霖:《世界银行营商环境评价指标体系详析》,天津人民出版社,2018年。

9.王克稳:《行政审批制度改革中的法律问题》,法律出版社,2018年。

10.王浦劬:《重塑政府:"互联网+政务服务"行动路线图(实务篇)》,中信出版集团,2016年。

11.魏礼群:《中国行政体制改革报告(2014—2015)No.4:行政审批制度改革与地方治理创新》,社会科学文献出版社,2015年。

12.俞可平:《改革开放研究丛书:中国的治理变迁(1978—2018)》,社会科学文献出版社,2018年。

13.中共浙江省委党校:《"最多跑一次"改革的衢州实践与未来设计》,科学出版社,2018年。

14.朱光磊:《当代中国政府过程》(修订版),天津人民出版社,2002年。

15.朱光磊:《中国政府发展研究报告》(2014),中国人民大学出版社,2014年。

16.朱光磊:《中国政府发展研究报告》(2015),中国人民大学出版社,2015年。

17.朱光磊:《中国政府发展研究报告》(2016),中国人民大学出版社,2017年。

18.朱光磊:《中国政府研究发展报告》(2017),南开大学出版社,2017年。

19.朱光磊等主编:《构建行政审批局:相对集中行政许可权改革的探索》,中国社会科学出版社,2017年。

20.艾琳、王刚:《商事登记制度改革的行政审批视角解析——兼评广东省及深圳市商事登记制度改革的实践》,《中国行政管理》,2014年第1期。

21.艾琳、王刚:《行政审批制度改革的理性思考》,《中国行政管理》,2014年第8期。

22.艾琳、王刚:《行政审批制度改革中的"亚历山大绳结"现象与破解研究——以天津、银川行政审批局改革为例》,《中国行政管理》,2016年第2期。

23.鲍静、张勇进:《政府部门数据治理:一个亟需回应的基本问题》,《中国行政管理》,2017年第4期。

24.陈奇星、吴津:《行政审批制度改革:浦东的实践和思考》,《中共浙江省委党校学报》,2011年第3期。

25.陈天祥、李倩婷:《从行政审批制度改革变迁透视中国政府职能转变——基于1999—2014年的数据分析》,《中共党史研究》,2015年第7期。

26.杜宝贵、杨学敏:《中国行政审批制度改革的特点与推进思路》,《行政科学论坛》,2014年第3期。

27.高小平:《以科学发展观指导转变政府职能》,《中国行政管理》,2005年第1期。

28.顾平安:《加快推进行政审批制度改革的二次设计》,《中国行政管理》,2015年第6期。

29.寇炳灿、孔祥敬:《关于行政审批制度改革的动因和目标》,《中国行政管理》,2002年第8期。

30.李林:《深化行政审批制度改革推进法治政府建设——以海南省行政审批制度改革为视角》,《法学杂志》,2012年第11期。

31.吕同舟:《政府职能转变的理论逻辑与过程逻辑——基于国家治理现代化的思考》,《国家行政学院学报》,2017年第5期。

32.骆梅英:《非行政许可审批的生成与消弭——行政审批制度改革视角中的观察》,《浙江学刊》,2013年第5期。

33.马怀德:《行政审批制度改革的成效、问题与建议》,《国家行政学院学报》,2016年第3期。

34.彭向刚:《我国行政审批制度的突出问题与改革的目标模式》,《学术研究》,2003年第9期。

35.任进:《推行政府及部门权力清单制度》,《行政管理改革》,2014年第12期。

36.荣仕星:《论政府行政审批制度改革》,《中央民族大学学报》,2004年第1期。

37.尚虎平:《合理配置政治监督评估与"内控评估"的持续探索——中国40年政府绩效评估体制改革的反思与进路》,《管理世界》,2018年第10期。

38.尚虎平:《我国政府绩效评估的总体性问题与应对策略》,《中国行政管理》,2010年第5期。

39.宋华琳:《全球规制与我国政府规制制度的改革》,《中国行政管理》,2017年第4期。

40.宋林霖、何成祥:《大数据技术在行政审批制度改革中的应用分析》,《上海行政学院学报》,2018年第1期。

41.宋林霖、何成祥:《行政审批局建设的四维机制:基于行政组织要素理论分析框架》,《北京行政学院学报》,2019年第1期。

42.宋林霖、何成祥:《优化营商环境视阈下放管服改革的逻辑与推进路径——基于世界银行营商环境指标体系的分析》,《中国行政管理》,2018年第4期。

43.宋林霖、蒋申超:《放管服改革背景下行业协会去行政化探析》,《天津社会科学》,2018年第1期。

44.宋林霖、李晓艺:《全球视野下公共服务标准化模式比较研究——基于国外市民公约模式的理论探索与改革实践》,《国外理论动态》,2019年第1期。

45.宋林霖、莫仁芳、王文瑜:《深化商事登记制度改革优化营商环境》,《中国市场监管研究》,2019年第1期。

46.宋林霖、庞尚尚:《营商环境视阈下我国跨境贸易便利度提升路径》,《中国机构改革与管理》,2019年第1期。

47.宋林霖、许飞:《论大市场监管体制改革的纵深路径——基于纵向政府职责系统嵌套理论分析框架》,《南开学报》(哲学社会科学版),2018年第6期。

48.宋林霖、赵宏伟:《论"放管服"改革背景下地方政务服务中心的发展新趋势》,《中国行政管理》,2017年第5期。

49.宋林霖:《"行政审批局"模式:基于行政组织与环境互动的理论分析框架》,《中国行政管理》,2016年第6期。

50.宋林霖:《刚性原则与弹性空间——论地方政府行政服务中心的发展趋势》,《南开学报》(哲学社会科学版),2013年第4期。

51.宋林霖:《三维推进行政审批制度改革》,《中国社会科学报》,2013年7月19日。

52.宋林霖:《行业协会承接行政审批事项的政府监管失灵及其解释》,《新视野》,2015年第5期。

53.宋林霖:《制度创新与难题破解:行政审批局的改革推进研究——基于

贵安新区行政审批局的调研与思考》,《中国机构改革与管理》,2016年第9期。

54.孙涛、孙宏伟:《比较视野下的中国地方政府改革及其挑战》,《行政论坛》,2018年第5期。

55.孙涛、张怡梦:《从转变政府职能到绩效导向的服务型政府——基于改革开放以来机构改革文本的分析》,《南开学报》(哲学社会科学版),2018年第6期。

56.唐亚林、朱春:《2001年以来中央政府行政审批制度改革的基本经验与优化路径》,《理论探讨》,2014年第5期。

57.佟德志:《中国国家治理的复合体系与合力效应》,《政治学研究》,2016年第5期。

58.王克稳:《论行政审批的分类改革与替代性制度建设》,《中国法学》,2015年第2期。

59.王克稳:《我国行政审批制度的改革及其法律规制》,《法学研究》,2014年第2期。

60.王澜明:《深化行政审批制度改革应"减""放""改""管"一起做——对国务院部门深化行政审批制度改革的一点看法和建议》,《中国行政管理》,2014年第1期。

61.王浦劬、季程远:《新时代国家治理的良政基准与善治标尺——人民获得感的意蕴和量度》,《中国行政管理》,2018年第1期。

62.王浦劬:《中央与地方事权划分的国别经验及其启示——基于六个国家经验的分析》,《政治学研究》,2016年第5期。

63.徐湘林:《行政审批制度改革的体制制约与制度创新》,《国家行政学院学报》,2002年第6期。

64.薛澜:《行政审批改革的最大难点》,《人民论坛》,2013年第25期。

65.应松年:《基本建成法治政府的若干重要问题》,《国家行政学院学报》,2016年第4期。

66.应松年:《行政审批制度改革:反思与创新》,《人民论坛·学术前沿》,2012年第3期。

67.俞可平:《中国地方政府创新的可持续性(2000—2015)——以"中国地方政府创新奖"获奖项目为例》,《公共管理学报》,2019年第1期。

68.张定安:《全面推进地方政府简政放权和行政审批制度改革的对策建议》,《中国行政管理》,2014年第8期。

69.张定安:《行政审批制度改革攻坚期的问题分析与突破策略》,《中国行政管理》,2012年第9期。

70.张康之:《行政审批制度改革:政府从管制走向服务》,《理论与改革》,2003年第6期。

71.张锐昕、刘红波:《地方政府行政审批制度改革中的政策选择——以吉林省政务大厅为例》,《东疆学刊》,2011年第2期。

72.张锐昕、杨国栋:《中国地方政府行政审批制度改革模式的探索及其应然走向——基于吉林省相对集中审批模式的分析》,《内蒙古社会科学》(汉文版),2012年第2期。

73.赵惠芳:《对我国行政审批制度改革的理性思考》,《社会主义研究》,2004年第4期。

74.周汉华:《行政许可法:观念创新与实践挑战》,《法学研究》,2005年第2期。

75.周丽婷:《我国地方政府行政审批制度改革的现状与发展思路——基于广东省佛山市行政审批流程改革的分析》,《暨南学报》(哲学社会科学版),2012年第7期。

76.周望:《超越议事协调:领导小组的运行逻辑及模式分化》,《中国行政管理》,2018年第1期。

77.周望:《如何"由点到面"?——"试点—推广"的发生机制与过程模式》,《中国行政管理》,2016年第10期。

78.周望:《治国理政机制的延续与现代化——对全面深化改革实践中三

个关键机制的分析》,《科学社会主义》,2018年第1期。

79.朱光磊、宋林霖:《创新事中事后监管机制 推进行政体制变革》,《光明日报》,2015年8月19日。

80.朱光磊、张志红:《"职责同构"批判》,《北京大学学报》(哲学社会科学版),2005年第1期。

81.朱光磊:《全面深化改革进程中的中国新治理观》,《中国社会科学》,2017年第4期。

82.朱慧涛:《日本行政审批制度改革的启示》,《地方政府管理》,2001年第5期。

83.朱新力、石肖雪:《程序理性视角下的行政审批制度改革》,《中国行政管理》,2013年第5期。

84.朱旭峰、张友浪:《创新与扩散:新型行政审批制度在中国城市的兴起》,《管理世界》,2015年第10期。

85.朱旭峰、张友浪:《新时期中国行政审批制度改革:回顾、评析与建议》,《公共管理与政策评论》,2014年第3期。

86.竺乾威:《行政审批制度改革:回顾与展望》,《理论探讨》,2015年第6期。

87.Zhang N, Rosenbloom D H. Multi-Level Policy Implementation:A Case Study on China's Administrative Approval Intermediaries'Reforms[J]. *Australian Journal of Public Administration*.

88.Schellekens H,Boon W P C,Moors E H M,et al. Conditional Approval and Approval Under Exceptional Circumstances as Regulatory Instruments for Stimulating Responsible Drug Innovation in Europe[J]. *Clinical Pharmacology & Therapeutics*,2010,88(6):848-853.

89.Carpenter D,Grimmer J,Lomazoff E. Approval regulation and endogenous consumer confidence:Theory and analogies to licensing,safety,and financial regulation[J]. *Regulation & Governance*,2010, 4(4):383-407.

90.Dragos D C, Neamtu B, Cobarzan B. Procedural Transparency in Rural Romania:Linking Implementation with Administrative Capacity? [J]. *International Review of Administrative Sciences An International Journal of Comparative Public Administration*,2014,78(1):134-157.

91.Jianmiao H. A Research on the Depth of Administrative License Review [J]. *Journal of Zhejiang University*,2008.

92.Ani M,Lucica M, Diana-Camelia I. Socio-Statistical Research on the Internalization of European Administrative Space Principles in the Romanian Public Administration[J]. *Administrative Sciences*,2011,1(1):45-55.

93.Matei L,Matei A I. The Administrative System of the European Union-From Concept to Reality[J]. *Transylvanian Review of Administrative Sciences*, 2011,7(33).

94.Yan-Ping H E , Bing-Bing F . Online Administration Examination and Approval System Development Based on MDA[J]. *Computer Systems & Applications*,2010,28(4):553-562.

95.Sinem Ezgi Gülmez,Séverine Lignot-Maleyran,Vries C S D,et al. Administrative complexities for a European observational study despite directives harmonising requirements[J]. *Pharmacoepidemiology and Drug Safety*,2012,21 (8):0-0.

96.Johns C M,PATRICIA L. O'REILLY,Inwood G J. Intergovernmental Innovation and the Administrative State in Canada[J]. *Governance*,2010,19 (4):627-649.

97.Grasse N J,Curry B,Heidbredrer B. Organized interests and administrative rulemaking:The state of Wisconsin's lobbyists and coalitions[J]. *Journal of Public Affairs*,2015,16(3).

98.Buck A E. Recent steps toward administrative consolidation in state governments[J]. *National Municipal Review*, 1925, 14(11):672–680.

99.Josimovski A G. Tax cooperation among member states of European U-
nion and Directive on administrative cooperation in the field of taxation[J].
Zbornik Radova, 2013, 47(3):537–555.

100.Fang K. Research of approval flow scheme based on consignation A-
gent model[J]. *Journal of Computer Applications*, 2006, 26(2):491–493.

101.Zhou L T. The Present Situation and Developmental Ways of Local
Government Administrative Examination and Approval System Reform in
China——Based on the Study of the Administrative Examination and Approval
Process Reform in Foshan City, Guangdong Province[J]. *Jinan Journal*, 2012.

102.Li T J, Xu G J, Wei Y F. Reform of China's administrative examina
tion and approval system: motivations and the path[C]//International Confer-
ence on Management Science & Engineering. 2013.

103.Cai X S, Feng D. Administrative Examination and Approval System
Reform of Local Governments in China–A Case Study of Construction Enterprise
[C]//International Conference on Public Administration. 2015.

104.Lemmergaard J. From administrative expert to strategic partner[J].
Employee Relations, 2009, 31(2):182–196.

105.Choi J W. Governance Structure and Administrative Corruption in
Japan: An Organizational Network Approach[J]. *Public Administration Review*,
2007, 67(5):930–942.

106.Mpenzi D, Mafuru W, Swai I.Politico–Administrative Relations in Tan-
zanian Local Government Africa[J]. *Public Administration & Development*,
2015, 35(5):360–371.

107.Yeung, Karen. Better regulation, administrative sanctions and constitu-
tional values[J]. *Legal Studies*, 2013, 33(2):312–339.

108.None.III.ADMINISTRATION ADMINISTRATIVE STAFF[J]. *Higher Education Abstracts*, 1985,21(1):63-100.

109.Smith B C,Stanyer J. Administrative Developments in 1968:A Survey [J]. *Public Administration*,1969,47(3):329-366.

110.Oberst R. Administrative conflict and decentralization:The case of Sri Lanka[J]. *Public Administration & Development*,2010,6(2):163-174.

111.Benish A,Levi-Faur D. NEW FORMS OF ADMINISTRATIVE LAW IN THE AGE OF THIRD-PARTY GOVERNMENT[J]. *Public Administration*, 2012,aop(aop).

112.Papadopoulos D A. Side Effects of Bureaucratic Formalism:Some Ad ministrative Aspects of CAP Implementation in Greece[J]. *Sociologia Ruralis*, 1997,37(2):15.

113.Persons G A. Administrative Policy Initiatives and the Limits of Change: Lessons from the Implementation of the Bush Faitha? Based and Community Initiative[J]. *Politics & Policy*,2011,39(6):949-978.

114.Wolf M R,Holian D B. Polls,Elite Opinion,and the President:How Information and Issue Saliency Affect Approval[J]. *Presidential Studies Quarterly*,2010,36(4):584-605.

115.Bashford G. Going Commercial in the Department of Administrative Services[J]. *Australian Journal of Public Administration*,2010,49(2):157-163.

116.Gilboy J A. Administrative Review in a System of Conflicting Values [J]. *Law & Social Inquiry*,1988,13(3):515-579.

117.Knox C. Northern Ireland:At the Crossroads of Political and Administrative Reform[J]. *Governance*,2010,12(3):311-328.

118.Khan M M. Politics of Administrative Reform and Reorganization in Bangladesh[J]. *Public Administration & Development*,2010,7(4):351-362.

后　记

　　"贵州贵安新区行政审批制度改革创新研究"的课题于2016年年底启动，本书旨在比较全面地梳理和总结放管服改革背景下，详细论述了贵州贵安新区行政审批制度改革的特色、经验与基本方法，为国内其他地区相同和相似的改革探索提供较为鲜活、可行的经验素材和对策建议。贵安新区行政审批制度改革给我留下了非常深刻的印象，作为主要关注政务中心建设与行政审批制度改革的研究者，笔者深知，将中国政府改革实践中宝贵的创新经验进行总结梳理，用所学的专业理论描述、解释和尽可能的解决问题，是我工作中的重要使命。贵州贵安新区作为西部地区相对集中行政许可权改革的典型样本，提供基于学理背景的比交系统的考察和分析，以便为不断深化改革和在更高的基点上总结、推介奠定基础。

　　关于行政审批局的改革，作为一项试点改革举措，具有创新性、探索性和时代性的鲜明特点。目前，继天津在区级层面全面推广行政审批局改革经验之后，全国各地陆续出现了更多的行政审批局改革的试点。这一改革创新的生命力愈发显示出来。同时，包括构建行政审批局改革在内的行政审批制度改革在全国范围内也还处于不断深化与完善的过程之中。就此而言，本书的研究成果仍然是一个"中间报告"，更为系统的研究还有待于进一步的积累，书中的不妥之处，敬请学界和实务界批评指正。

　　作为一项兼具对策性和学术性的研究课题，我们努力在寻求学理逻辑的完整性和一致性的同时，兼顾经验和对策的可复制性与可操作性。所以，报告中的许多内容，特别是表述方式，可能对行政审批改革实践领域的朋友们更多的是一种参考，请予理解。

在研究工作中，天津师范大学课题组得到了贵安新区管委会领导和很多单位的大力支持与帮助。本书是集体合作的成果，研究提纲、内容和思路，研究要求和纲目安排由主编宋林霖、朱光磊提出，冯宏良教授负责第一章、第二章和第三章的编撰工作，宋林霖负责第四章、第六章和附录的编撰工作，张继亮副教授负责第五章、第七章和第八章的编撰工作。最后由宋林霖、朱光磊先后审修统稿；何成祥和莫仁芳参与了文稿的资料收集和校稿工作。贵安新区行政审批局朱麟局长和吴科长等同志也参与研讨编写，在此，对参加本书编写的全体人员表示衷心感谢！贵安新区行政审批局办公室做了大量的工作，特别是在协调调研、组织基础资料等方面做了很细致、很重要的工作。

当然需要说明的是，本书提出的具体观点、建议和语言表述均为课题组成员的见解，并不代表天津师范大学政治与行政学院或任何其他机构。

宋林霖

天津师范大学政治与行政学院

2019年4月

政治文化与政治文明书系书目